谢柏梁 主编

中国京昆艺术家传记丛书

仙乐缥缈
李淑君评传

陈 均 著

上海古籍出版社

《中国京昆艺术家传记》丛书
指导支持单位与编纂委员会名单

丛书指导单位

中华人民共和国文化部
中国人民政治协商会议全国委员会京昆室
中国文学艺术界联合会
中国戏剧家协会

丛书财政支持与直接领导单位

北京市教育委员会
北京市财政局
中国戏曲学院

丛书顾问委员会

曾永义　龚和德　洪惟助　薛若琳　齐森华
廖　奔　季国平　赵景发　舒　晓　吕育中

丛书主编

谢柏梁

少女时代的李淑君

1957年，北方昆曲剧院建院，全体演员在中山公园中山堂会场外留影
前排右七起：白云生、韩世昌、金紫光、侯永奎；
前排左二起：秦肖玉、李淑君；后排左一为丛兆桓。

《游园惊梦》（1957年），白云生饰柳梦梅，李淑君饰杜丽娘

《昭君出塞》（1957年），张兆基饰王龙，李淑君饰王昭君，侯长治饰马童

《红霞》（1958年），李淑君饰红霞

《红霞》（1958年），李淑君饰红霞，丛兆桓饰白五德

《文成公主》（1960年），李淑君饰文成公主，侯永奎饰松赞干布

《游园惊梦》（20世纪50年代末），李淑君饰杜丽娘，丛兆桓饰柳梦梅

《游园惊梦》（20世纪50年代末），李淑君饰杜丽娘，崔洁饰春香

《千里送京娘》（1960年）
李淑君饰赵京娘，侯永奎饰赵匡胤

《千里送京娘》排练照（1978年），左为李淑君，右为侯少奎

《李慧娘》（1961年），李淑君饰李慧娘

《李慧娘》（1961年）
李淑君饰李慧娘，丛兆桓饰裴禹

《李慧娘》（1962年）
李淑君饰李慧娘，周万江饰贾似道

《血溅美人图》（1980年）
李淑君饰红娘子（中），蔡瑶铣饰陈圆圆（左），白士林饰李岩（右）

录制《通天犀·坐山》（1984年），李淑君饰许佩珠，侯玉山饰许世英
（陈家让摄，侯广有提供）

学生董萍（左）演出《红霞》之后（1984年左右，长安大戏院），李淑君与之合影

《游园惊梦》（1989年），李淑君饰杜丽娘，朱世藕饰柳梦梅

"纪念昆曲表演艺术家韩世昌先生诞辰九十周年"专题曲会合影（1988年12月）
前排左起：楼宇烈、陶小庭、金紫光、傅雪漪
后排左起：朱復、李倩影、韩洪林、樊书培、李淑君、周万江、陈颖、孟庆林

总 序

一

在宇宙的浩瀚星空中，我们人类所居住的地球，无疑是最有灵性的星球之一。

人类作为地球的主人，其源远流长的创造与发展变化的历史，主要由各行各业的杰出人物所代表，由各色各样的奋斗历程所体现。

在美丽地球的东方世界，在古老而又年轻的中国，历朝历代的历史大家们，一向以对各式各类人物事迹的记述与描摹作为己任。我国的人物传记体裁丰富多样，大致可以分为纪传（皇家大事记）、文传（文学化传记）、史传（历史家所写人物传记）、志传（各地方志中所记载的本地人物传记）这四大类别。四类传记彼此发明，互为补充，构成了中国传记文化的多元谱系。

从左史记言、右史记事的专业化分工，到《左传》、《国语》、《战国策》式的整体氛围感的描述，最后由司马迁振臂一呼，以人物传记体为中心的《史记》横空出世。《史记》记载了地球东方的上自传说中的黄帝时代、下至汉武帝元狩元年（前122年）共3000多年的华夏历史。概述历代帝王本末的十二本纪，记录诸侯国和汉代诸侯兴废的三十世家，描摹重大历史人物的七十列传，使之成为号称"史家之绝唱，无韵之《离骚》"的中国历史上第一部纪传体通史。

在《史记·孔子世家》所记载的夹谷会盟中，孔夫子面对"优倡侏儒为戏而前"的表演场面，在非常严肃而力图放松的外交场合下，做出了特别粗暴野蛮的极端化处理。这也成为历代梨园界对于孔子不够恭敬的源头。此后历代史书方志,都不同程度地涉及到优伶们的言行事迹。

魏晋以降,文史两家由混成到分野,自一体而两适。文者重藻饰心曲,史家倡材料事实,各臻其至,泾渭分明。隋唐而后,碑铭行传,五花八门,高手操觚,佳作如云。韩愈的《祭十二郎文》情深委婉,柳宗元为慧能所作的碑文机趣横生。

北宋乐史作《太平寰宇记》,分地区而织入姓氏人物,因人物又详及诗词、官职,"后来方志必列人物艺文者,其体皆始于史"(《四库全书总目提要》)。

太平世界,因人物而繁盛;梨园天地,赖优伶而生存。

美妙绝伦的中华戏曲艺术从唐代的梨园开始,至少存在了漫长的10个世纪。千百年以来,戏曲艺术一直在蓬勃兴旺地发展,成为中国人民雅俗共赏的朵朵奇葩、民族文化中不可忽视的重要部类、戏剧天地内中华文化的闪亮名片、国际社会审美天地中的东方奇观。

较早对优伶进行分类撰述的史书,是宋代大文学家欧阳修的《新五代史》。该书包含了分类列传四十五卷,这种分类传的体例较有特色,其中就包括了《伶官传》。

一向被人们所津津乐道,甚至还被收入到中学教科书的《五代史伶官传序》云:"《书》曰:'满招损,谦受益。'忧劳可以兴国,逸豫可以亡身,自然之理也。故方其盛也,举天下之豪杰,莫能与之争;及其衰也,数十伶人困之,而身死国灭,为天下笑。夫祸患常积于忽微,而智勇多困于所溺,岂独伶人也哉!"尽管欧阳修的本意是说祸患之起乃多方面的原因所累积爆发而成,但还是对表演艺术家们带来了较大的负面影响。

与东土中国的情形完全不同,西方世界对于戏剧艺术家的看法与评价完全不一样。对于以三大悲剧家和一大喜剧家作为代表的古希腊戏剧家,对于以莎士比亚、歌德、席勒等的西方戏剧界的灿烂星座,西方人给予了无限崇敬和由衷热爱。

晚清以来最早睁开眼睛看世界的中国人,是那些在西方世界出使、考察或者读书的官员士子。当他们瞻仰到西洋剧院的建筑艺术之华美绝伦、内部装饰之金碧辉煌后,不由地发出由衷的赞美,感叹西洋剧院其"规模壮阔逾于王宫",特别是舞台上的机关布景之生动逼真,变幻无穷,"令观者若身历其境,疑非人间";至于西方的戏剧艺术家地位之高贵,更是令国人叹为观止:所谓"英俗演剧者为艺士,非如中国优伶之贱","优伶声价之重,直与王公争衡"!

人类的艺术天地原本皆是可以共同分享的，何以东西方对于戏剧艺术家的认同度与景仰度，相差之大犹若天壤之别呢？泱泱中华，文明古国，难道就没有有识之士站出来振臂一呼，为戏剧艺术家们说几句公道话吗？

二

江山代有才人出，是非终有识者论。

我国历史上，首度给予戏曲艺术家们全方位高度评价的文人，是元代的钟嗣成（约1279～约1360）。这位祖籍大梁（今河南开封）的人士，长期生活在素有天堂之称的杭州城。他先在杭州官学读书，师从于邓文原、曹鉴、刘濩等名家宿儒，又与对戏曲有着共同爱好的赵良弼、屈恭之、刘宣子、李齐贤等人同窗攻书，其乐融融。有记载说，钟嗣成曾一度在江浙行省任掾史。他自己写过《寄情韩翊章台柳》、《讥货赂鲁褒钱神论》、《宴瑶池王母蟠桃会》、《孝谏郑庄公》、《韩信泜水斩陈余》、《汉高祖诈游云梦》、《冯驩烧券》等7种杂剧，但不知为何皆已散佚。

真正使得钟嗣成开宗立派、名传青史的著作，还是其为中华民族有史以来第一代剧作家描容写心、传神存照、树碑立传的《录鬼簿》。

《录鬼簿》上卷分"前辈已死名公有乐府行于世者"、"方今名公"、"前辈已死名公才人有所编传奇行于世者"三类，这三类名公才人之情形，乃其友陆仲良从"克斋吴公"处辗转所得，故"未尽其详"。下卷分为"方今已亡名公才人余相知者为之作传，以［凌波曲］吊之"、"已死才人不相知者"、"方今才人相知者，纪其姓名行实并所编"、"方今才人闻名而不相知者"四类。这上下两卷书大体依据时代之先后加以排列，一共记述了152位元杂剧及散曲作家的基本情况，同时也记录了400余种剧目。

我很欣赏钟嗣成的"不死之鬼"说。在他看来，天地开辟，亘古及今，自有不死之鬼在。何则？圣贤之君臣，忠孝之士子，小善大功，著在方册者，日月炳焕，山川流峙，及乎千万劫无穷已，是则虽鬼而不鬼者也。

不死之鬼，是为不朽之神或曰永恒之圣。在钟氏的神圣谱系中，那些门第卑微、职位不振的剧作家，那些高才博识、俱有可录的梨园才人，都值得传其本末，叙其姓名，述其所作，吊以乐章，使之名传青史，彪炳千秋，泽及后世。

因此，写作《录鬼簿》更为重要而直接的意义，还在于对于后学的直接指导和

3

充分激励。"冀乎初学之士,刻意词章,使冰寒于水,青胜于蓝,则亦幸矣。名之曰《录鬼簿》。"惟其如此,则杂剧戏文创作之道,才可能被一代代年轻的才人们所自觉自愿地衣钵相传,推陈出新,生生不已,得到更加健康的发展。

元杂剧作为中国戏剧史上第一个黄金时代,需要有人进行认真的归纳和总结。从此意义上言,钟嗣成在中国的地位,因为其成书于至顺元年(1330)的《录鬼簿》之横空出世,甚至可以与西方的大学问家亚里斯多德的《诗学》等书相提并论。

有明一代,在贾仲明所增补的天一阁蓝格钞本《录鬼簿》之后,又附有约成书于洪熙、宣德(1425～1435)年间的《录鬼簿续编》一卷。该书直接受到《录鬼簿》的影响,以相同的体例记述了元、明之间一些戏曲家、散曲家的大致事迹,接续前贤,踵事增华,令人欣慰。

自兹之后,从总体上对于当代戏曲作家进行专门记载和研究的著作,从明清两代至中华民国,皆未得见。中华人民共和国建国以来,安葵的《当代戏曲作家论》和谢柏梁的《中国当代戏曲文学史》等相应的专著,都属于《录鬼簿》的悠远传统在新时代的传承、师范和发展。

三

与《录鬼簿》蔚为双璧的元代重要戏曲典籍,是生于元延祐年间、卒于明初的华亭(今上海松江)人夏庭芝所撰的《青楼集》。前书论作家,后者集演员,正好勾勒出元代戏曲艺术家中两个最为重要部类的旖旎景观和绰约风采。

《青楼集》成书于元至正乙未十五年(1355),该书记述了从元大都到山东,从湖广武昌到金陵、维扬以及江浙其他地方的歌妓、艺人共110余人的简约事迹。这些女演员们各自身怀绝技,有的在杂剧、院本、诸宫调方面负有盛名,有的在嘌唱、乐器和舞蹈等项目上造诣颇深。有的演员如珠帘秀的弟子赛帘秀在双目失明之后,依然能在舞台上正常表演,"出门入户,步线行针,不差毫发";脚步地位,规范犹在,这是多么高深的艺术造诣!

也正是因为她们的色艺双绝,声名鹊起,所以才引起了社会各界的热切关注和诸多应酬往还。书中除了记载与她们有过合作关系的20多位男伶之外,还记录了她们与诸多戏曲散曲作家等文人士子的交情。甚至有50多位达官贵人、名公士大夫,都与这些女演员们有着或多或少、或深或浅的广泛交往。一部《青楼集》,作为第一部比较简练而系统的表演艺术家史传,对研究元代演剧、表演艺术、演员行迹与时代风尚等多方面的话题,都具备非常重要的史料价值和文化意义。

明清以来,与关于戏曲剧作家的记录相对寂寥的研究局面不一样,类似明代潘之恒《鸾啸小品》之类关于演员与表演艺术的文献相对较多。表演艺术家们的优美声容及其较大的社会影响力,使他们得到了较多的关注和充盈的记载。

清代,戏曲艺术进入另一个鼎盛时期,演员记录极为丰富。《清代梨园燕都史料》中所收录的《燕兰小谱》、《日下看花记》等几十种书,都对演员予以了主体性的关注。如小铁笛道人在《日下看花记》自序中论及其作传缘起云:

> 唐有雅乐部。宋时院本始标花旦之名,南北部恒参用之。每部多不过四、三人而已。有明肇始昆腔,洋洋盈耳。而弋阳、梆子、琴、柳各腔,南北繁会,笙磬同音,歌咏升平,伶工荟萃,莫盛于京华。往者,六大班旗鼓相当,名优云集,一时称盛。嗣自川派擅场,蹢躅竞胜,坠髻争妍,如火如荼,目不暇给,风气一新。迄来徽部迭兴,踵事增华,人浮于剧,联络五方之音,合为一致,舞衣歌扇,风调又非卅年前矣。……录成一稿,名之曰《日下看花记》。梨园月旦,花国董狐,盖其慎哉。余别有《杨柳春词》一册,备载芳名,以志网罗,无俾遗珠之叹。凡不登斯录者,毋怼予为寡情也。

这段序言,既有史识在,又有人情浓,令人为之莞尔首肯。

民国以来,由于出版业的发达与报刊传媒业的勃兴,又使得关于演员的记载、评选和评论蔚为大观。民国二十七年(1938)由徐慕云编著的《中国戏剧史》(上海世界书局出版)卷一专列《古今优伶戏曲史》,以编年体形式,研究家的眼光,纵述自先秦以来直到民国戏曲演员的大的历史线索与知名演员,颇具史家眼光。

近些年来,北京学者孙崇涛、徐宏图等人合著的《戏曲优伶史》(文化艺术出版社1990年)和上海学者谭帆的《优伶史》(上海文艺出版社1995年)先后问世,这都是关于中国历代演员事迹的研究著作。

四

中华人民共和国成立以来,戏剧艺术家的位置得到了前所未有的大提高。在全国政协委员和全国人大代表的席位中,戏剧家特别是戏曲表演艺术家都占有一定的比例。

与此同时,关于戏曲表演艺术家的各种传记资料愈来愈繁盛起来。最富盛名的自传性著作,是梅兰芳的《舞台生活四十年》。关于盖叫天的《粉墨春秋》,也激励过业内外的诸多读者。

20世纪末叶到21世纪初叶以来,戏曲艺术家的传记纷纷面世。诸如河北教育出版社、中国戏剧出版社、中国青年出版社、文化艺术出版社等多家单位,都出版过不少戏曲家传记。

有鉴于目前出版的一些戏曲家传记,还存在着收录偏少、体例不全的遗憾,随着新资料的发现、新人物的涌现,社会各界迫切需要一套相对系统、完整些的戏曲人物传记资料。这既是对于钟嗣成、夏庭芝等人开拓的曲家与伶人传记之风的现代传承,也是在国学与民族艺术学越来越受到全民重视的前提之下,从戏曲艺术家传记方面所做出的积极呼应。

在中国已经崛起为世界上第二大经济体的今天,在中国商品出口多、文化输出少的不对称情形下,在国际社会与世界戏剧界关于中国民族戏剧的热切关注下,一部系统的中国戏曲家传记丛书呼之欲出。

作为中国戏曲人才培养与学术研究的专业化最高学府,中国戏曲学院理所当然地应该担当起编纂中国戏曲艺术家传记丛书的重任。而且今天的戏曲艺术家丛书,既包括了演员与编剧在内,也同样不会遗漏著名的戏曲音乐家和舞美设计家等不同专业的代表人物。

中国戏曲学院的表、导、音、舞、美等不同系科,都对本专业的佼佼者了如指掌。在教师、研究生和本科生三结合的编纂模式下,在文献资料收集、当事人采访调查、专辑文本写作修改等较为漫长的过程中,学院都有着较为雄厚的人才基础。有道是铁打的校园水流的学生,也只有中国戏曲学院才能一直具备较为丰富而新鲜的专业化人力资源。

在北京市财政的大力支持下,在北京市教育委员会的慧眼关照下,在中国戏曲学院领导与师生的有效指导与大力参与下,在社会各界贤达众人相帮、共襄盛举的积极姿态下,中国戏曲艺术家丛书终于正式立项,并将从2010年开始,由上海古籍出版社推出首批25种人物传记。

五

本辑丛书首批推出的25种传记，都属于中国京昆艺术家的可观序列。

昆曲，既是京剧之前最具备代表意义的"前国剧"，又是戏曲剧本文学性较强、表演艺术趋于典范精美的大剧种，还是2001年起首批被联合国教科文组织列入到"人类口头与非物质文化遗产"名录、具备较大国际影响的古典剧种。

从1917年开始，吴梅先生在北大开辟了戏曲教学的先例。在他的指导、启发和参与下，由上海的实业家穆藕初赞助，昆剧传习所在苏州正式开班，培养了承前启后的"传"字辈演员。设非如此，兰苑遗音，古典仙音，险些儿做广陵散，斯人去矣，芳踪难寻。至于北昆的韩世昌、白云生等人，也都是正式拜过吴梅先生的嫡传徒弟。这些人，这些事，不可不写，不可不传。

京剧，至今被公认为中国戏曲最具备代表性的剧种，海内外的不少人索性将其称之为"国剧"，也能得到社会大众的认同。京剧表演艺术家，流派纷呈，各称其盛，具备非常广泛的群众基础，也在世界各国都具备较高的知名度。这些角儿，这些流派，不可不述，不可不歌。

因此，昆曲类传记中，首先推出的是近代戏曲学术大师吴梅、昆剧表演艺术大师俞振飞和素负盛名的昆剧"传"字辈老艺人；京剧类传记中，梅、尚、程、荀等四大名旦的传记当然也名列前茅。王卫民、唐葆祥和李伶伶等戏曲传记方家给了我们莫大的支持，在此要致以衷心感谢。

细心的读者很快将会发现，在本套丛书中，既有众所公认的戏曲界名家大师，也有还正处在发展过程中的年方盛年的代表人物。或许有人要问：既然曰传，树碑立传，盖棺才能论定，中年才俊尚还处于发展过程之中，缘何仓促为之写传？

此问有理，但又不全正确。须知任何一时代较有影响的人物，首先是被同时代的人们所热爱。举例说来，于魁智、李胜素和张火丁等人都还处在发展前进的艺术路上，可是他们也确实拥有大量的观众群。那些忠实的粉丝们，迫切需要知道他们心中偶像的更多情形。那么，为同时代的人们的戏曲界偶像树碑立传，实属必要。再比方今天我们的诸多梅兰芳传记，实际上更多的是具备历史文献的意义，因为现存的大部分观众再也无缘得睹梅大师演出的现场风采了。

更有甚者，我们与《中国京剧》的朋友们总是在计划某月某日去采访某一位德高望重的艺术家。可是每当我们如期去实地采访时，常常会发现老人家年事已高，对于昔日的风采与精彩的艺术，已经很难清楚地加以表述了。英雄暮年，情何以堪？

至于有时候看到讣告上的名家，原本已经列入我们要拜访的日程表上，但是拜访者尚未成行，受访者却已经远行，远行到另外一个遥远而不可及的世界中去也！天壤永隔，沟通万难，那就更属于永远的遗憾了。

有鉴于此，我们提倡两次写传法或曰多次写传法。此次先写名家的壮年时期，未来再补足传主的晚年事迹，这样的传记，也许更加齐备可靠一些。若必要年老而可写，若必等盖棺而论定，却使后人对前辈艺术家知之甚少，叙之渺渺，称之信史，恐也非理想之传记。

我们打算用三年时间，首先推出京昆艺术家当中的重要评传。三年之后，评传工程将向着越剧、黄梅戏和豫剧、粤剧等地方戏的各大剧种之领军人物转移，持续推进。积之以时日，继之以心力，伴随着梨园界各方贤达和社会各界有识之士的支持，中国戏曲艺术家的系列评传就一定能够在太平盛世当中积少成多，聚沙成塔，共同托举出中华文化中戏曲艺术家的辉煌群像。

评传的生命力在于讲述一个个真实的故事，演出一幕幕人生的大戏。但是如何讲好故事，怎样使得故事讲得精彩动人，令人读后余香满口，味道袭人，实属不易。《史通》说："夫史之称美者，以叙事为先，至若书功过，记善恶，文而不丽，质而非野，使人味其滋旨，怀其德音，三复忘疲，百遍无斁。"

戏曲艺术家们在舞台上创造了富于美感的各色人物形象，但在生活中却还是一位凡人，或者说往往是一位烦恼更多的凡人。如何使得生活中的凡人和舞台上各色才子佳人、贤士高官和其他或正或邪的人物形象有机地对接起来，更是亟需在传记写作过程中不断探索的难关。

评传包括家族身世、教育承传、艺术人生和舞台创造等部分，也酌选精彩而有历史价值的照片，以期图文并茂，赏心悦目。评传强调文献记载、口述历史与适度评述相结合。附录包括大事年表、源流谱系、研究资料索引等。每位传主的评传大约15万字，俱以单行本方式印行出版。

本套丛书所收人物的时间跨度，大抵在20世纪初叶到21世纪初叶。百年之间，风云变幻，梨园天地，名家辈出。区区一套丛书，尽管编者力图使之相对完整系统一些，但挂一漏万、沧海遗珠的现象，还是不能避免。即便收入本丛书中的名家大师，由于多侧面历史的诸多误会以及材料的相对匮乏，由于诸多热情有余、经验不足的年轻人的参与，错讹之处，在所难免。尚求方家不吝指正，遂使学问一道，有所长进；梨园群星，光芒璀璨。这也正好呼应了马克思的人物传记理想，那就是写人物应当从感情气势上具备"强烈色彩"、"栩栩如生"，力求达到恩格斯关于人物形象应当"光芒夺目"的审美理想。

尽管为梨园界的艺术家们作传，从理论上看厥功甚伟，但是实际工作却常常会举步维艰。甚至梨园界的一些同仁乃至某些传主的家属学生，也都会存在着一些不一致的想法。尽管前路漫漫，云雾遮蔽，甚至常常山重水复，坎坷难行，但是坚定的追求者和行路人还是会历经千辛万苦，抹去一路风尘，汇聚锦绣文章，迎来晨曦微明。

彼时彼刻，仰望戏曲艺术的长空，那一颗颗晶莹的晨星正在深情地闪烁着动人的光华。晨钟响起，无限芳馨远播，那正是全体传记写作人和得以分享传记的读书人，以及关心本套丛书的戏迷和社会各界朋友们的无量福音。

谢柏梁

2010年3月21日

写于中国戏曲学院戏文系

目　录

引 子：寻找 "李慧娘"

电梯上升。

我们要去拜访的是"《李慧娘》事件"的主角之一——"李慧娘"的扮演者李淑君。

"那时，西单剧场里挂着北昆主演的大照片，有这么大吧——"杨仕老师用手比划着，又讲起那意味十足的初遇，"在墙上挂着韩世昌、白云生、侯永奎……有一张是李淑君身着浅色旗袍的便装照。我一看到李淑君的大照片，眼睛就直勾勾地看着，腿就迈不动了……"

电梯沉默地上升。

"你们是找李淑君的吧？"忽然，电梯里的阿姨发问。

"对啊。"

"那你们帮着把报纸拿去吧，她们家还没来人。"

"好。"

这是一幢伫立在闹市边的老楼房。据说，在20世纪80年代初，这是全北京条件最好的宿舍楼，甚至比市委宿舍大院都要好，住户大多是单身的文化界知名女士，因而被负责落实分房政策的政协工作人员戏称为"寡妇楼"。楼的对面是明代的城墙遗址。如果时光再倒转六十年，墙的另一边就会出现两所著名的教会学校——慕贞女中和汇文中学。随着钟声响起，慕贞女中的女学生三三两两地出现了，或许，这样的情景还少不了一两名慕名而至的汇文中学男生。女生们还击，在哄笑中，男生悄悄不见了。女生们继续往前走着，直到在某一个路口分手。其中一位高个的女生穿着时髦好看的衣服——这是假期在上海和姐妹们一起采购的，骑着"大把车"——最新式最拉风的自行车，唱着周璇和白光的歌，朝着城墙的这边飞驰而来……仿佛是沿着时间的隧道，我们远远地望着。

"她现在还下来活动吗？"杨仕老师问。

"很长时间都不下来了。"电梯里的阿姨一边织着毛衣，一边回答。

"可她说她每天锻炼来着，就在楼道里走一个小时。"

"那也没见过。"

电梯继续上升。

但是，冥冥中自有一种音乐。在拜访李淑君之前的几日，内子反复播放《戏宝》中李淑君唱的［皂罗袍］，那声音天真自然、无拘无束，就像在空无人烟的大山里，一个人在自由地唱，自由地听，未有丝毫人间的烟火气。那声音袅袅，依然回荡在意识的深处。

"记得读大一时，有一天下课后，在回宿舍的路上，听到一阵旋律奇妙的声腔伴着悠扬的笛声在空中回旋。我从未听到过这样美妙的唱腔，是那样的超凡脱俗，好像是从天外飞来的仙乐！"一日，我读到这么一段话，出自王小转老师——另一位李淑君的老戏迷的笔下，她写到对于昆曲的初遇，"过了很久的一个周末，办公楼礼堂有专业剧团来演出，我也买了一张票。那天演的是《百花赠剑》。当美丽的百花公主开口唱出第一句时，那似曾相识的旋律使我心头一震：这不就是我那次听到的仙乐吗！"[1]

"见到李淑君老师，代我问好！说有一位她的戏迷在默默地关心着她。"王小转老师曾这样叮嘱我。

"您不去见见她么？"

"还是不去吧，我不想打扰她。我们这一代，不像现在的追星族。"

电梯升至五楼，吐出我们三人——杨仕老师、我及内子——还必须爬上一层又高又陡的楼梯。杨仕老师的腿真的迈不动了，内子搀扶着她往上走。

"我们要去见一位真佛了，但名字暂时不便透露。"出发之前，内子在博客

---

［1］王小转：《美的记忆——回忆李淑君》，《歌台何处》，陈均、杨仕著，人民文学出版社2007年版，第306—312页。

上这样宣布。

　　大约在一年前，因为对"李慧娘"事件的好奇——在20世纪60年代，《李慧娘》案影响颇大，被视为文化大革命的先声。但对这一事件的追溯，基本集中在《李慧娘》作者孟超的含冤而死上，而其他的案中人呢？——我访问了丛兆桓先生。丛先生是《李慧娘》一剧中"裴禹"的扮演者，当年英姿勃发的阳刚小生，如今忙碌于昆剧的导演工作和理论思考。丛先生经历坎坷，但素来乐观，虽在文革中遭八年大狱，但仍然谈笑自如。

　　"我在牢房里一米见方的床上拉山膀，练《夜奔》。"

　　"我脑袋里掌握了一百多人的案情。一想：哟，他比我还冤。"

　　"当年签名送我进监狱的人，后来就和我一个办公室。还一起演戏，她演我的夫人。"

　　但是，每当谈及李淑君，他的话音便沉重起来，仿佛还带着依稀唱叹。在一篇回忆文章中，他便如此道来：

　　　　我和她从歌剧院时就是舞台搭档：开始是《钗头凤》，我饰陆游，她饰唐琬；在梨园戏《陈三五娘》中，我饰陈三，她饰五娘；歌剧《小二黑结婚》，我饰二黑，她饰小芹。调北昆后，她和我在《百花公主》中演公主和海俊；《游园惊梦》中演杜丽娘和柳梦梅；《渔家乐》里演邬飞霞和简人同；《奇双会》中饰桂枝与赵宠等；在《红霞》、《师生之间》、《文成公主》等剧中，她都演女主人公，我则老生、小生、正派、反派全配合她；最后同台是李慧娘和裴禹。[1]

　　据说在很多场合，丛先生都是这样毫不避讳地谈到李淑君：

　　"我对李淑君是很有感情的。"

　　"可以说，我是傍着李淑君的。"

　　当我整理好这篇由丛先生口述的名为《我所亲历的"李慧娘"事件》[2]的文章时，发现正好——或许是巧合，或许是自然——以李淑君的命运为结尾。

　　[1]丛兆桓：《北昆思忆》，载《中国戏剧》1997年第8期。丛兆桓先生原名为丛肇桓，本书中凡引用以往演出资料保持"丛肇桓"原名外，一般采用现名"丛兆桓"。此外，在演出预告中，侯长治为"侯长志"，张兆基为"张肇基"，陶小庭则"陶小亭"、"陶小庭"皆有。特此说明。
　　[2]载《新文学史料》2007年第2期。

"1979年北昆剧院恢复时，第一个工作就是把《李慧娘》恢复起来。1979年李淑君演过几场《李慧娘》，1980年就不演了，最后演的一个戏是《血溅美人图》，没演完就进精神病院了。"丛先生拿过文章，又添上了："'文革'毁了北昆这位天才的功勋女演员，太可惜了。"

这重重一笔悲怆如休止符。

门开了，这截又高又陡的楼梯正对着门口，一个嘶哑的声音传来：

"你们来了！欢迎！请进！"

这一下，是不是就瞧见"真佛"了？

"不敢高声语，恐惊天上人。"抵达之前，我和内子怀着浪漫的想像，譬如传奇的身世、美丽的容颜、甜美的声音，再加上绝美的艺术、非常时代的政治与情感、津津乐道的八卦野史……我反复在脑海里勾勒一个"红都名伶"的形象。

一霎时的感觉，难以描述。或者说，这样的一个世界，以如此令人惊异的方式展现在我的面前，这是我们身边"活着的历史"，也是失落已久的世界。

我能够做什么呢？聂鲁达在一首诗中写道：

> 每个白昼
> 都要落进黑夜沉沉
> 像有那么一口井
> 锁住了光明
> 必须坐在
> 黑洞洞井口的边沿
> 打捞着掉落下去的光明

"打捞""掉落下去的光明"即是"打捞"已被尘封的记忆，或者说打捞记忆，就如同打捞微弱的光明。

"她们说我是特务，我也有点小脾气，就不录《李慧娘》了。我都练了，不录了。"[1]

这说的是1989年中央电视台准备给昆曲《李慧娘》录像，已经录好音，只等

---

[1] 引自2007年3月15日作者对李淑君的采访。

着他们去录像。可是，据说李淑君受到了剧院某位主演的挤兑和讥讽，说："您都这么大年纪了，给我们留半碗饭好不好！"于是又一次进了精神病院。当年曾轰动一时的由原班人马所演的昆曲《李慧娘》终究没能拍成录像，留下了永远的遗憾。

"我叫小时工去买便宜坊的烤鸭，你们都在这儿吃饭，算是给我平反。我这特务的帽子，不好受哇，总算可以摘下来了。"[1]

杨仕老师忽又递给我一盘磁带，这是她在1994年采访李淑君的录音，磁带中的声音热情、欢快、高而甜美，仿佛是在一切声线之上。

在这忽而悦耳、忽而低哑的声音之间，犹如身处于忽明忽暗的空间，我寻找着、努力辨识着"李慧娘"所处的世界，在隐秘的通道，我乘坐的大概只能是通向往昔的"大把车"。我跟随着李淑君的身影。读者诸君，"寻找李慧娘"之旅现在开场。

---

[1] 引自2007年3月27日作者对李淑君的采访。是日，请来丛兆桓先生与李淑君共同回忆，李淑君非常高兴，请小时工买来便宜坊烤鸭两只宴请之。但在2007年时，一起来讨论这个"平反"、"特务"的问题，委实有一种让人一下子坠入到几十年前的某个情境、不知今夕何夕之感。

第一章　家世、身份及少女时代

　　在我的面前，摆放着两条材料：一条是1945年1月22日，南京汪伪政权的任命书，任命路朝元、程仲清、李实甫、卢英为陆军中将，在"徐州绥靖军"一栏中，标明"李实甫"为第12旅旅长；另一条是任命李实甫为"海州警备司令"，并标明"一旅，驻海州"。

　　李实甫，又名李春芳，就是李淑君的父亲。

　　海州，就是李淑君的家乡，属于现在的江苏省连云港市。

　　1986年，连云港市有客来拜访李淑君，当问及李淑君的家世时，李淑君不愿提，最后告诉家乡的客人："我家是住在海州城里，父亲是一位盐商。"[1]

　　"您父亲是盐商吗？还是先当过盐商，后来当了官？"十一年后的某日，我看到这篇访问记，有些困惑地问。

　　"我父亲一辈子都当官。没做过盐商，那时我没说实话，蒙他的。"李淑君回答得挺爽快。[2]

　　我理解这善意的谎言——因为家世的阴影太深，李淑君的大半生都笼罩在巨大的阴影之下，尤其在曾经是"血统论"和"出身至上"的历史时期，"家世"

---

[1] 夏荷：《昆剧表演艺术家李淑君追记》，载《艺苑往事：连云港文史资料》第16辑。
[2] 引自2007年3月21日作者对李淑君的采访。不过，从李淑君的档案中得知，其伯父为"盐商"，因此这一托辞也并非毫无根据。

随时会反扑过来，将人拖下不可知的深渊。

在家世和身份无形之手的左右下，少女时代的李淑君咀嚼和体味着小小天地的小小心事，喜悦和忧愁，感伤和希望……时代在大转折中，个人的命运也被抛入到这种动荡、流离之中。这是一切皆难以想象、一切皆有可能发生的岁月……

一、"出生"之谜

关于李淑君的出生地、出生日期、亲生母亲，可能永远会是一个谜。

在李淑君的多数档案中，出生地——填的都是"上海"，唯独有一份简历上却写着"山东济南"。而在十余种收有"李淑君"词条的词典中，对于出生地大多含糊其辞，或者直接省略，也只有一个词条写着"山东济南"。

"您祖籍在哪儿呢？"我问。

"江苏东海。现在归连云港管。"李淑君回答。

"那您出生在哪儿？"

"海州。"

"可词典上写的是山东济南？"

"对。山东济南。我父亲当时在山东当官。"

"也就是说，您在山东济南出生，然后很快就回海州了。"

"小时候很多事情都记不清楚了。"[1]

在一份大约写于1955年的《自传》中，李淑君是这样开始叙述自己的：

> 我是1930年生于上海，五岁到山东胶县，我父亲当时作胶县县长，六岁回老家东海，七岁1937年抗日战争开始，又回到上海，住太原路台柱别墅193号。[2]

这是一个典型的中国式的殷实大家庭，住楼房，有汽车和佣人，一共有三十多口人。上有祖母，中有五兄弟，以及众多女眷，李淑君的父亲李实甫排行第二。李实甫出身于讲武堂，十八岁时因无钱读书，参加革命，从此开始了戎马生

---

[1] 引自2007年3月21日作者对李淑君的采访。
[2] 这份《自传》保存于李淑君的档案中，较为详细地叙述了李淑君"参加革命工作"之前的经历。

涯。他有三房太太，下有各房的兄弟姊妹，子女男孩子以"兆"字、女孩子以"淑"字贯名。

李淑君的祖父曾经当过县长，李淑君出生时，他早已故去。留在年幼的李淑君的记忆中的是，逢年过节都会请出祖父的画像，全家大小依次磕头。但是，李淑君的母亲是姨太太，规矩是每次要等小孩子们磕完头，才能轮到姨太太们。祖母过生日的时候也是如此，所有的人都磕完头，才让李淑君的母亲磕头。这种日式大家庭的礼仪和秩序，给身为偏房之女的李淑君留下的阴影是可想而知的。

李淑君的母亲是第三房姨太太，名叫李美芳。在1952年所写的一份简短的思想汇报里，李淑君又称自己是二母亲（第二房姨太太）生的，二母亲很早去世，便由三母亲（第三房姨太太）抚养长大。不过，这一说明也仅仅出现一次。一般情况下，李淑君都直接承认自己的母亲是第三房姨太太。在采访李淑君的中学同学王群兰时，王群兰老师问我：

"那个——她的妈妈是姨太太，她说了没有？"

"说了。她说是第三房姨太太。"我回答。

"前几年我们去看望过一次李淑君——她家的楼梯太陡了——她越长越像她妈妈老年那个样子了。" [1]

李淑君的母亲李美芳，本来家住北平，父亲是个厨子。有一年，李实甫到北京，"骗"了李美芳当第三房姨太太，那时她二十岁，李实甫已经四十多岁了。虽然李实甫平时对她宠爱有加，钻戒、玄狐大衣……只要是阔太太有的东西，都是有求必应。但是，在大家庭里，李美芳没有地位，很受欺负，甚至感觉自己是玩物，地位和佣人差不多。于是，时不时地就想回北京的娘家。

1937年，抗日战争爆发，李淑君的家乡江苏海州也"闹起了日本"。兵荒马乱，全家三十多口人乘着洋车，从海州逃往上海，一路颠沛流离自不必提。时至今日，李淑君还记得吃鸡蛋的事。全家一路逃难，虽然所到之处都是地主接待，但是地主也没有饭吃，就大锅煮鸡蛋，大伙都吃鸡蛋充饥。好不容易到了上海，李淑君的四叔在法租界订了一座三楼三底的法国房子，在太原路台柱别墅193号，全家老小才安顿下来。

"您的出生日期是1930年5月20日吗？"

---

[1] 引自2007年4月12日作者对王群兰的采访。

"不是，是阴历二月二十二号。"

"5月20日是词典是写的呀。"

"那是错的。"

"阴历二月二十二号是阳历什么时候呢？"

"不知道。我就记得是阴历二月二十二号，你查一下日历就知道了[1]。"

"那您是1930年还是1931年出生的？"

"1930年。"

"我看到有的地方说是1931年？"

"我考中央戏剧学院崔承喜舞蹈研究班是1951年，但是中央戏剧学院报考条件是20岁以下，我已经21岁了。于是我就说自己的虚岁是21岁，其实是20岁，就这样瞒了一年。我考上了。"

"噢，那您的出生日期应该是1930年阴历的二月二十二日。"

"对。今年我77了。别人到这个岁数，还能活动。丛兆桓比我小一岁，还在东奔西跑为昆曲作贡献。我就不行了，只能待在家里。我身体不好，我的一腔鲜血都献给北昆了。年轻时候演《昭君出塞》，一天能演三场，后来累得都坐在舞台上了，我还坚持爬起来把这戏演完了。《红霞》，我一辈子演了二百场，这是杨仕查很多资料查到的，我自己都不知道。"[2]

二、在上海、北京和南京之间

1938年，李淑君8岁，在上海海光小学读一年级。1941年时，李美芳回北平的娘家，就把李淑君给搁在那儿了。《自传》[3]上写道：

> 1941年时，我父亲就到南京活动他反动的事情，做东海灌云日伪汪精卫36师师长。当时我母亲带我回娘家北京，不叫我回上海，因她是姨太太，非常受压迫。她想把我留在北京，将来她也来北京，脱离上海的家。她把我留在北京，就回上海了。

---

[1] 1930年的阴历二月二十二日为阳历3月21日。
[2] 引自作者2007年3月15日对李淑君的采访。
[3] 李淑君：《自传》，写于1955年，未刊。

到北京后，李淑君跟着外祖父一家住在西马尾帽胡同，并在崇文门外的金台书院继续读小学四年级。外祖父一家三口，有外祖父、外祖母，还有一个抱养的儿子。李淑君对北平的生活是很不习惯的，主要是身份的巨大落差。在上海，在海州，虽然她是姨太太的女儿，在家里被瞧不起，但出门还算是有钱人家的小姐，有洋车，有佣人伺候。但是在外祖父家，全家都靠李淑君的父母养活，出出进进都是北平南城贫民的景象。寒假回上海，李淑君就不愿再回北平，但是母亲不答应，硬是派佣人把李淑君送回北平。但如此一来，开学时间早就过去了，不能再继续读金台书院，于是转到崇文门外东花市回教慕德小学。这种身份的落差和两难，很大程度上影响了小时候李淑君的生活和性格。譬如，往往她会在上海和北平之间选择，留在上海，虽然不自由、被歧视，但是有钱、有身份；去北平，没人管、自由，但是没身份。此时发生的一件事情也颇能表现出李淑君的这种心理：小学五年级时，李淑君12岁了，她跟着外祖母去参加了一次一贯道的活动。外祖母是在邻居的宣传、建议下加入的，但李淑君只是去看了一次，就再也没去了。李淑君在《自传》中写道："因我看不起那些人。从思想上觉得他们像佣人一类的人。""我们家是书香门第，与一般人不同。我们是'上等人家'，使我认为我是上等人家的小姐，与那些又脏又穷的人是两类人，认为自己命运好，生在有钱有势的家庭。"[1]此时李淑君的成绩不错，经常考第一，还当班长，老师也喜欢，唱歌、跳舞、演讲样样都行，比赛经常拿奖。

读完五年级，暑假回到上海，李淑君再也不肯回北平了。正在此时，李实甫担任伪职，经常去南京汪伪政府活动。李淑君的四叔也在南京，担任和泰钱庄的总经理，住在南京丰富路196号。四叔家中有三个女儿李淑珍、李淑英、李淑堇，正好读中学，于是李淑君到了南京，和姐妹们一起读南京模范女中。这时李淑君其实小学还没毕业，跳了一级，直接读初一。

南京模范女中可以说是汪伪政权的"高干学校"，许多汪伪高级官员的子女都在此就读，包括褚民谊、林柏生的女儿。老师们基本上不敢管学生，上课也要求不严。李淑君本来就缺了一年的课，再加上在学校里整日所见的都是互相效仿和攀比，但比的不是功课——她们认为读书用功既吃苦又没前途，比的是玩乐和时髦，功课自然是一落千丈。李淑君经常跟着李淑珍、李淑英几个姐妹一起去

---

[1] 李淑君：《自传》，写于1955年，未刊。

看电影，每一部新电影是必去看的，电影中的流行歌曲都会唱，还模仿电影明星穿衣打扮。不过，在家里不能唱，因为小姐要有小姐的样子。有时李淑君不小心唱了起来，四婶就会跑过来骂："姨太太生的孩子没好东西！"见到父亲就更是不得了，站在旁边一动也不能动。1943年暑假，父亲接李淑君到驻防地灌云县去玩，虽然有好吃好喝，但不让她出门，李淑君觉得很闷，吵闹着要回南京。

回到南京，就升入初二了。到教师节时，李淑君参加演讲比赛，模范女中初中部的学生都是童子军，李淑君穿裙子带船帽，一副童子军的装束。不料，到了1944年暑假，李实甫到徐州，被徐州绥靖军总司令郝鹏举扣留下来，还革职查办。李淑君的母亲派副官把李淑君和弟弟李兆仁——她又抱养了一个男孩子——送回北平，并拿出所有的积蓄，托外祖母买了一所一共有十九间的房子，就在崇文门外香串胡同11号。

在上海、南京两地上学和生活，对李淑君来说，自然有欢愉的一面，比如说和姐妹们一起看电影、购物、玩耍，经济上不成问题，出门有车有佣人……阔小姐的身份和派头，颇能满足小女孩的虚荣。但也有压抑的一面，因父亲总是在外地驻防，母亲要陪着父亲，李淑君独自生活在大家庭里，寄人篱下，加之又是庶出，被家里的长辈和姐妹瞧不起，李淑君曾写过此时的感觉：

> 我在家里的地位低下。我很恨她们，但也认为自己是姨太太生的，是一种耻辱，很自卑。也常常被姐妹欺负。[1]

那么，重返北平又如何呢？

三、"尽情地唱"

回到北平，李淑君已经14岁了，感受和以往大不相同。在北平，没有长辈来教她怎样做阔小姐，没人计较和议论她是嫡出还是庶出，也没人再管她，外祖父、外祖母只负责李淑君的吃饭洗衣，其他的——李淑君干脆地说："我自己管自己"。

---

[1] 李淑君：《自传》，写于1955年，未刊。

我回家把书包一扔，有一个躺椅，我坐在那个躺椅上，从流行歌曲到京戏，没有我不会的。我尽情地唱，谁都知道我嗓子好。[1]

在李淑君的回忆中，这是出现频率最高的一个场景。几乎每次李淑君都要回到这里，回到那个坐在躺椅上自由自在尽情歌唱的少女，开始回忆她的一生。

李淑君的母亲李美芳喜欢京戏，尤其迷"四大名旦"中的尚小云，坐着车、带着李淑君天天看。小李淑君回来，拿着毛巾，提在手上，跑到床上当舞台，扭来扭去。这时还在上海，四叔看着不顺眼，就来干涉了："不能让小胖这么扭来扭去，一定要管管她。"等回了北平，她还是跟着母亲各个戏园子里跑，三庆、中和……都跑遍了。

无线电里播放的流行歌曲和京戏，李淑君听几遍就学会了。周璇、白光、姚莉的歌，她一学就会；很多京戏的段子，什么《苏三起解》，什么《四郎探母》，什么《借东风》——"我坐在城楼观山景"，她张口就来。加上嗓子又好，虽然平时很少参加学校活动，但每当学校开运动会或者大型活动，老师经常叫李淑君边唱边表演，就唱起了《渔光曲》。不过，关于听无线电学唱歌，李淑君有个很特别的解释："中学的时候，我老坐在后边，老师讲的我都听不懂，我就在那儿混日子，重点就是在无线电里学流行歌曲，听戏。"[2]

当我访问李淑君的中学同学王群兰时[3]，她的第一句话便是："李淑君老爱唱歌。"

"喜欢唱那些歌呢？"我问。

"好多歌都爱唱，唱得多了。爱唱《天上人间》，爱唱《夜深沉》、《四季歌》、《渔光曲》，还有这首歌……"

"哪首歌？"

"就是'人皆有父，翳我独无'那个，我们这伙都爱唱——上次同学聚会时我们还一起唱来着。不过，李淑君没去，她出不来了。"

王群兰老师一边回想，一边轻声哼唱起来：

---

[1] 引自2007年3月15日作者对李淑君的采访。
[2] 同上。
[3] 本节中王群兰所述情节，除特别注明外，均引自2007年4月12日作者对王群兰的采访，不再另注。

人皆有父，翳我独无？

人皆有母，翳我独无？

白云悠悠，江水东流。

小鸟归去已无巢，

儿欲归去已无舟。

何处觅源头？何处觅源头？

莫道儿是被弃的羔羊！

莫道儿已哭断了肝肠！

人世的惨痛，

岂仅是失了爹娘？

奋起啊孤儿，

惊醒吧，迷途的羔羊，

收拾起痛苦的呻吟，

献出你赤子的心情。

老我老以及人之老，

幼我幼以及人之幼。

收拾起痛苦的呻吟，

献出你赤子的心情。

服务牺牲，

服务牺牲，

舍己为人无薄厚。

浩浩江水，霭霭白云，

庄严宇宙亘古存。

大同博爱，共享天伦。

　　"这首歌的歌词是根据孙中山的话改的，你看，词写得多好，多好听。"王群兰老师唱了好几遍，在等我抄完歌词的当儿，歌名她也想起来了——"这首歌叫《天伦歌》。当时李淑君最爱唱，特别是'大同博爱'，她唱得响极了。"

　　不过，李淑君爱唱歌也有挨批评的时候，但这回不是像在上海、南京的家那样管着不让唱，而是唱得还不够。在上音乐课的时候，教音乐的宋老师叫同学们一个个唱，轮到李淑君时，李淑君就站在那儿唱，她嗓音好，唱的声音又高，好听极了。宋老师是学美声的，批评她说："你嗓子这么好，天赋这么好，怎么不好好练嗓子呢？嗓子好，就该好好发展，你得好好利用你这个天赋。"这是一个善意的批评，因为李淑君虽然喜欢唱歌，却是跟着无线电学会的，没有经过系统的训练。很多年后，李淑君对于唱歌挨批评还记忆犹新，她说："在音乐课上，有一次老师叫几个学生唱歌，我唱小夜曲，老师说我唱歌有流行歌曲的味道。从此以后我再也不想练了。"[1]

在以前的李淑君眼中，在北平生活意味着和下层人在一起，没有身份，很没面子，宁愿回上海忍受大家庭的歧视和管束。而如今的李淑君，就如同鱼儿脱网一般，尝到了自由的快乐——至少可以尽情地唱歌。她的同学们只知道她父亲是个高级军官、母亲是个姨太太，但是也不在意，反而认为李淑君不像一般有钱人家的孩子——"有的有钱人家的孩子，上学时汽车送来，放学时汽车接回家，平时跟我们没接触。李淑君不一样，很平民化，放学时有自行车也不骑，和我们一起走。"王群兰如是回忆。

远远地，远远地，走来一群女学生，她们唱着歌，是《渔光曲》还是《夜上海》？噢，原来是《天伦歌》，其中一位推着自行车的高个女生，唱得特别高，特别好听。她们在路口分了手，这位女生骑着车，拐进香串胡同，一边骑车，一边放声歌唱。她推开11号的大门，丢下书包，坐在躺椅上，尽情地唱啊……

这是谁呀？

只要是香串胡同的人都知道："这是李淑君在唱。"

"她是学校的校花。"香串胡同的人也这么传说。

四、转学的"玄机"

在北平，虽然没有了大家庭的管束，"庶出"身份的压力大大减轻，似乎不再困扰着李淑君了，但另一个问题却凸显出来：功课跟不上。本来，在上小学时，李淑君功课尚好，经常考第一，唱歌、讲演、跳舞样样都行，比赛也经常得第一、拿奖状，当班长，老师喜欢……是个优等生。但自从到南京上初中，小学

---

[1] 李淑君：《自传》，写于1955年，未刊。

少读了一年，又受周围环境影响，没怎么用功读书，自然功课就拉下了；而且，李淑君对功课也并不是那么"上心"，按王群兰的说法便是："她喜欢，但不是很重视。家庭条件也挺好，不像别的同学死读书。她的爱好是音乐。"[1]

对于"功课不好"这一点，李淑君倒是毫不避讳："上学，我老不及格，老留级。"[2]

不过，翻开李淑君的档案，发现在中学阶段，李淑君压根就没有留过级。这是因为，每到考试不及格、可能要留级时，她就转到了另一个学校，继续升学。

> 我主要上学的时间是在北京上中学。辅仁附中、光华大学附中、中国大学附中、慕贞，都是我转的学校。我的档案上，转来转去都花哨了。[3]

1944年，李淑君刚到北平，想转到慕贞女中。本来，她在南京模范女中已经读完了初二，如果转到慕贞女中，就不能继续读初三，只能再读一次初二。正在犹豫间，李淑君的小舅舅李振亚——也就是外祖父外祖母抱养的小男孩，比李淑君大几岁——正在北方中学读书，就介绍她到北方中学女校去读，每天上学下学护送她。可是，等李淑君到北方中学女校上学后才知道，这个学校名誉不好，校长姓罗，很反动，投靠日本人……她很不愿意读，认为很丢人，别人问她在哪个学校读书，她也不肯说。平时放了学，她就到母亲的干姐妹那儿玩，母亲的干姐妹叫各符珍，住在崇文门外东马尾帽胡同，是个打字员，喜欢给李淑君讲古文。好不容易等到毕业，和同学们一起到电台唱完毕业歌，李淑君总算是解脱了。

升高中时，她还是想读慕贞女中，可是没考上，只考上了中国大学附中女子部。对于这个新学校，李淑君也是不满意的，所幸她有了一个好朋友，叫做白丽石，是青岛人，功课很好，经常帮李淑君辅导功课。李淑君总是和白丽石一起玩，也不参加学校的课外活动。为什么呢？一个原因是因为学校的课外活动大多是演话剧，李淑君不喜欢话剧；另一个原因是为了避免男生的纠缠，李淑君在《自传》中说："因我在学校比较惹人注意，穿得突出，同学说我长得漂亮，有的男同学想认识我，我是谁也不理的。"

---

[1] 引自2007年4月12日作者对王群兰的采访。
[2] 引自2007年3月15日作者对李淑君的采访。
[3] 同上。

有一次放学了，李淑君站在教室里，正准备离开，忽然一个女同学走过来，手上拿着一个小本子，对李淑君说："你也来演话剧吧！"李淑君回答说不会。那个女同学开玩笑式地对她说："不要紧，就签个名，用你的别名。"原来，当时学生都爱在自己的本子上写个别名，李淑君在本子上给自己起的别名是"李琳"。李淑君急着离开，就答应了，那个女同学就在本子上签上"李琳"的名字。可是，当她们骑车回家时，经过一个房间，门口什么都没写，在房间里有几个男学生在排话剧，这是中国大学附中男子部。那个女同学将李淑君叫了进去，然后拿出本子，上面是签名，下面是空格，要她按手印。

"为什么要按手印？"李淑君很不解。

"你不是签名了嘛？"女同学回答。

看见房间里的男男女女围了过来，李淑君急于离开，便在本子上按了手印。不过，直到李淑君离开中国大学附中，话剧也没有排成，也就没人来找她了。

等高一上学期结束，李淑君和好朋友白丽石又报考慕贞女中，这次如愿以偿考上了，在慕贞女中读高一下学期。但是，在慕贞女中，李淑君的功课跟不上，到期终考试时，三角和生物不及格，不能升级。李淑君认为留级很丢人，于是用"李琳"的名字转考华光女中，读高二上半学期。不久，华光女中的教务处发现李淑君的转学证和在慕贞女中的成绩单用的名字都是"李淑君"，就又改了过来。

在华光女中，李淑君很偶然地演了一次话剧。由于学校举办游艺会，每班都要出节目，李淑君所就读的高二班出了一个短剧。因为是女校，没有男生，李淑君的个头高，就让她扮演男的，观众都是同学和家长。这算是李淑君平生第一次演戏。

在华光女中读完高二上学期，1946年的寒假，李淑君又考回慕贞女中，但功课还是跟不上，她的代数和化学不好，等到期终考试，又是两门不及格，要补考。但在暑假时，李淑君回了上海，每天跟姐妹们看电影，买大衣，买鞋，"整天注意时髦的衣服，也没准备功课"[1]，开学后补考不及格，只能留级。

李淑君不想留级，就想和前几次一样，转到其他学校去，可是到了高三，再插班就不容易了。正好有一个亲戚以前是辅仁大学毕业的，做洋行生意，跟神甫很熟，李淑君的父亲李实甫此时也正在北平闲住，她就经这个亲戚介绍考到辅仁

---

[1] 李淑君：《自传》，写于1955年，未刊。

女附中。但是，辅仁女附中的功课也很严，更糟糕的是，教英文和化学的修女不喜欢她，因为修女认为她不用功读书，而且也不信天主，不够虔诚——李淑君仅仅跟着同学去过一次教堂，还是抱着看热闹的目的去的。如此一年下来，到高中毕业时，英文和化学不及格，毕业证拿不到了，李淑君只领到了一张肄业证明。

五、慕贞女中的幸福生活 [1]

其实，李淑君之所以频繁转学，"功课跟不上"固然是一个原因，但不能说是主要的。北方中学女校、华光女中、中国大学附中女子部的功课，她应付起来还是绰绰有余的，但她总想转到慕贞女中。然而，慕贞女中、辅仁女附中这样的"名校"要求很严，本来就底子薄、爱玩爱唱的她在功课上就捉襟见肘了。

在几次转学中，从北方中学女校到中国大学附中女子部是从初中升到高中；高一、高二、高三的三次转学，则都与慕贞女中有关——三次转学，总共在慕贞女中读了两学期：高一下学期、高二下学期。在《自传》中，当李淑君叙述到由"中国大学附中女子部"转到"慕贞女中"时，还特意在"慕贞女中"后加了个小括号来说明，括号里面写着"我久已想读的"。看来，此时李淑君最大的心结还是在"慕贞"。

"古城古校慕贞，悠悠天地共含芬"，慕贞女中创设于1872年，位于崇文门外孝顺胡同，在北平城中，是和贝满女中、汇文中学、育英中学并称的教会名校，有一篇文章这样介绍慕贞的校园：

> 慕贞的校园是个优美的所在，虽处北京东南城角，然交通既甚方便，环境乃越显得可爱，城墙巍列校园南部，可作全校屏障，东部为卫理公会compound，树林荫翳，丛楼耸峙，不啻为本校花园。北部接亚斯立堂，已成本校会聚之所。西邻妇婴医院大楼，不但有卫生上的方便，且为本校校景作陪衬。校里则北中南三楼屹立，洋槐、白杨、丁香、灌木，枝干茂密，满院生香。在本市所有女校中，校园可称第一。 [2]

---

[1] 时下流行杂志中，有怀旧文章，多以"慕贞女中的幸福生活"为题，故本节亦以之为题。
[2] 《我们的校园和一个憧憬……》，载《慕贞校刊》，约编辑出版于20世纪40年代末。

在另一篇文章中，慕贞的校园也被描绘得如此诗情画意：

> 春花烂漫的时候，遍校嫩红新绿，坐在草茵上、花丛前，可以读书。夏日赤阳似火，紫藤架和白杨树都已搭成了伞盖一样的荫凉帐篷，可以读书。秋风吹起，树叶蝉联飘坠地脱离母枝，校园中的花草也呈出荒青老翠的样子，受着楼前温和的阳光，听着楼里铿锵的琴声，可以读书。寒冬闭岁的时候，阳光从窗外探进头来，屋子里暖气烘烘，薄薄的衣衫，也受不到寒气的袭击，可以读书。[1]

自然，在慕贞读书的费用不菲，有一张表公布了读高中一学期所需的费用：学费30元，饭费80元，宿舍费20元，杂费30元，学生自治会费1元，习琴费（钢琴30元不习者免）。[2]如此昂贵的学费，对贫寒人家来说，显然是承担不起的。更何况当时能上学的女生也属少数，所以能够上慕贞女中的女生，一般都出身于中等以上的家庭。

虽然李淑君并不热衷出风头，也很少参加学校活动，但由于个头高，长得漂亮，打扮入时，歌也唱得好，还是很惹人注意的。有一次上国文课，班主任刘若珠老师讲《唐诗三百首》，讲到杜甫的《佳人》一诗，一边朗诵，一边讲解："绝代有佳人，幽居在空谷。自云良家子，零落依草木。……天寒翠袖薄，日暮倚修竹。"李淑君正好坐在窗户旁，同学们一看，这不就是倚窗的佳人嘛？于是，"佳人"、"佳人"就叫开了。

当我采访李淑君时，谈到慕贞女中的生活，她对我说起这个外号，却记成了"大美"。我以之询问李淑君在慕贞女中的同学王群兰老师，她在电话中和另一同学刘桂芬老师回忆了一番，最后给我讲了这个故事，并说："外号肯定是'佳人'，跟老师在课堂上讲唐诗有关。'大美'多俗啊，我们不会起这样的外号的。'佳人'多好听。"

在王群兰和刘桂芬家中，还保存着三张在慕贞女中时和李淑君一起出游的照片，其中两张是到颐和园游玩时照的。一张是四位女生站在桥上，倚靠着白玉阑干，背后是昆明湖。另一张是四人站立在旧宫室前灿烂开放的玉兰花树下，其

---

[1]《慕贞——一个读书的好地方》，载《慕贞校刊》，约编辑出版于20世纪40年代末。
[2]载《慕贞校刊》，约编辑出版于20世纪40年代末。

1947年春，与慕贞女中的好友共游颐和园
左起：刘桂芬、王群兰、李寿英、李淑君

他三人皆着褶子长褂中山装，惟独李淑君穿洋装，显得身材格外高挑。还有一张是李淑君和刘桂芬在王府井一家照相馆前的合影，旁边斜放着李淑君的自行车，李淑君身着洋装，上面是小西装，下着窄身长裙，脚蹬皮鞋，手抄小口袋，十分洋气的样子。在相片背后，刘桂芬题有三句诗："商店林立，王府街前。车马穿梭，各奔其前。时不我待，留影街前。"

"那时我们经常一起玩，有时她到我家来，有时我到她家去，我见过她妈妈，他爸爸也见到过。我们到颐和园去玩，一叫，骑车就去。记得在谐趣园，买了荸荠，去洗时，问那儿的人：这水脏不脏？人家说：老佛爷都喝这儿的水哩。"[1] 除了课外去颐和园游玩，王群兰最津津乐道的便是学校的各种活动。

比如"姊妹节"，这是慕贞女中独创的节日。《慕贞校刊》上是这样记载的：

我们让每个新来的慕贞女儿，襟上缀了黄色或红色的绸花，来度过入校第一个尝试的姊妹节，所有慕贞的女儿，都聚到大礼堂去，把新到校的女

---

[1] 引自2007年4月12日作者对王群兰的采访。4月23日，当我再次采访王群兰老师时，她补充说："那时穿个外衣，还冷，春天，洗荸荠的事，问那老头这水干不干净。春天不是荸荠下来了吗？藕和荸荠都下来，那时很冷，井水洗荸荠还很凉的。"

儿们，请坐到前排，然后由校长主领来拈花，卜取自己的姊妹。每个高中学生，要拈一个初中的妹妹，拈定以后，姊姊和妹妹便要成为同胞一样的亲密，姊姊要在这一年里，照顾她的妹妹……

除此之外，还有"高三椅"等活动。每到圣诞节时最为热闹，演话剧，泼冰场，唱圣歌……这些集体活动，李淑君也参加，但大多是观看，并不去表演。每到放学时，李淑君和同路回家的同学一起走，有车也不骑，大伙一起有说有笑地走着，经常会有一墙之隔的汇文中学男生尾随着她们。

"李淑君那时很漂亮，好多男孩子就追她，有时还缠着她。后来，我、刘桂芬，还有住在崇文门外的几个同学，我们一块儿走。她住崇文门外香串胡同，我住英子胡同，那同学住中二条，还有住花市的，很多同学一块儿走，那些男孩子一般就不跟着了。我们再说些不礼貌的话。不过，还是有些男生跟着。" [1]

王群兰印象最深的是其中的一个男生，油头粉面，梳个小分头，骑自行车，老是跟在后面，所以"我们就保护她，一起走"[2]。

尽管"慕贞女中"之于李淑君如此重要，但让人颇感意外的是，在20世纪50年代，李淑君填写简历时，往往会将慕贞女中给省略掉，是转学转得太"花哨"——要写的中学实在太多了，因而省略，还是有其他考虑？这不得而知。

六、辅仁丽影（上）

"接着您读的是辅仁大学？"

"是的，我读的是辅仁大学经济系，读了一年，我就考上中央戏剧学院崔承喜舞蹈研究班了。"

"可是，词典上都写着您在辅仁大学读了三年啊？"

"一年，我记得是一年。我还是作弊上的辅仁大学。"

"怎么作弊呢？"

"请同学代考。那时候没现在这么严，要对相片什么的。我也是没办法，父亲给逼的。"

---

[1] 引自2007年4月12日作者对王群兰的采访。
[2] 同上。当我采访李淑君时，她也时常说："她们保护我。"

"那您到底在辅仁大学读了一年还是三年呢？"

"一年。如果是三年，我年纪大了，就考不了崔承喜舞蹈研究班，报考条件是20岁以下。"

"可是如果按您1944年来北平读初三来算，应该是1948年高中毕业，再读大学，到1951年3月读崔承喜舞蹈研究班，恰好有三年的时间在读大学啊？"

"我记得是在辅仁大学读了一年。我连作弊考大学都告诉你了。"[1]

那么，李淑君到底是何时读辅仁大学的呢？在辅仁大学读了几年？

在访问丛兆桓先生和王群兰老师时——他们两位：一位是李淑君舞台上的"死对"，一位是李淑君中学时的"闺蜜"，我满腹疑惑地提出这个问题。

"一年。后来她考了崔承喜舞研班。"丛兆桓先生说。

"可是，词典上都写的是李淑君1948年读辅仁大学经济系，1951年考入崔承喜舞研班。"

"是吗？"丛先生陷入了沉思。[2]

……

"应该是1948年读的辅仁大学，因为我们都是1948年高中毕业。"王群兰老师想了想，对我说。

"会不会这段时间发生其他事情，李淑君给耽搁了，直到解放后才读辅仁大学？"

"这就不清楚了。高三，李淑君转到辅仁女附中，住校，我们交往就少了，加上又兵荒马乱的。"[3]

……

直到翻开李淑君的档案，这个谜才算解开。

事实上，1948年暑期，李淑君从辅仁大学女附中肄业后，没考上辅仁大学，考上了中国大学。和以往一样，她觉得中国大学不是个好学校，开了学，虽然去交了学费，但她不愿去中国大学上课。家人觉得奇怪，她便说待在家中温习功课，准备来年再考辅仁大学。但是以自己的功课底子，能考上辅仁大学吗？她心中也无把握。于是，一边温习功课，一边又自觉没有考上辅仁大学的希望。时局

---

[1] 引自2007年3月15日作者对李淑君的采访。
[2] 引自2007年4月10日作者对丛兆桓的采访。
[3] 引自2007年4月12日作者对王群兰的采访。

动荡，李淑君整日闲居在家、前途未卜，可谓是心事重重。

辅仁大学女附中的同学王匡毅经常来找她，王匡毅爱玩，功课也很好，现在已经考上辅仁大学经济学系了。王匡毅热衷于参加家庭舞会，就经常带李淑君去，于是，李淑君也学会了跳舞。可没料到，第一次跳舞，就出现了一个戏剧性的插曲。王匡毅带她去西城的一个家庭舞会，李淑君这时还根本不会跳舞。舞会结束时，有几个国民党的飞行员邀请她们去另一个舞会，但被她们拒绝了。过了一个多月，一位认识但不熟的辅仁大学女生来找她，说是一起去看电影。李淑君一去，发现约她的女生不见踪影……等她看电影的，是那些飞行员中的一个。

接下来的故事，就像很多小说中的恋爱情节一般，开始时显得颇为浪漫。那位飞行员告诉李淑君，是他托那位女生约她出来的，并直接跟她说想交个朋友。他说自己叫范文远，是南京人，开运输机。眼前的这位飞行员，外表俊朗，从事着神秘又神气的工作——有这么一个飞行员男朋友，想必女伴们都会羡慕吧。于是，李淑君答应和他交往，一起看电影，逛市场。李淑君家的隔壁邻居是医生，装有电话，飞行员便每半个多月给她打一次电话，约她出来玩。这是李淑君第一次谈恋爱。

不久，王匡毅知道了这件事，赶紧劝告她，说那位飞行员不好，经常跳舞，还专门乱追求女学生。果然，仿佛是要立即印证王匡毅所说的话，有一天，李淑君上街时，发现那位飞行员正在电影院门口买票，旁边站着一位女生。以后飞行员再来找她，她就不予理会了。

自这次风波后，李淑君就很少出门玩了，偶尔找辅仁大学女附中的几个同学玩，她们都劝她好好温习功课。到了1949年暑假，随着考试的临近，李淑君越来越担心：本来功课就不好，又耽搁了一年，还能考上辅仁大学吗？她灵机一动，去找白丽石。白丽石是她在中国大学附中女子部的同学，后来一起转到慕贞女中，如今在北平师范大学的国文系上学。白丽石答应帮忙代考，她们一起到西单，摆出相同的姿势，照了两张照片：白丽石的照片贴在考试证上，李淑君的照片贴在考试证根上，如此，就顺利地蒙混过关。

七、辅仁丽影（下）

辅仁大学创设于1925年7月，较之于北京大学、清华大学等校，虽成立时间晚，但由于校长陈垣不拘一格延揽人才，一时间颇有气象，亦是人们所艳羡的名校。辅仁大学的校部和女院在恭王府，原是清朝乾隆时权臣和珅的府第，园寓点缀仿效圆明园蓬岛瑶台。据说，《红楼梦》中的"大观园"便是依其景致而摹写的。和珅死后，府第被赐给了嘉庆皇帝的弟弟庆郡王。咸丰二年（1852），恭亲王迁入府中。到民国初年，其后人因生活窘迫，将后花园押给西什库教堂，后又移交给辅仁大学。作家张秀亚曾梦萦般忆起初入辅仁时的"震慑"：

> 那校舍原是逊清恭王府的府邸，朱红的门、柱，琉璃瓦的屋顶，显得如此华贵庄严。当我那年于初秋放榜后，第一次跨进校门时，为那肃穆的气象震慑住了——一道石阶，又是一道石阶，一座院宇，又是一座院宇。那风中飘拂的垂杨，织出了一片似烟似雾的翠帷。[1]

"细雨鱼儿出，微风燕子斜。"恭王府前、什刹海边的漫步也时常出现在辅仁学子的梦中。什刹海是一个小湖，据说因附近有十座王府而得名。一位曾就读于辅仁大学的女生如此描绘："盈盈绿水，为一条逶迤的宽宽的长堤分隔开来。早春，薄冰初绽，青波微漾，沿堤嫩柳染黄，柔风拂面，倘佯其间，胸中一冬的积郁瞬间皆消。""夏日此处又成为露天休憩场所。长堤两侧，高高搭起凉棚，内设茶座。两边一碧荷田，竞粉争红，乃成为品茗，赏荷，吟诵、休憩的绝佳所在。时有清风徐来，十里飘香，更使人暑气全消，悠然自得。"[2]每到午后、黄昏，闲暇时分，辅仁学生常漫步湖边，或纵论国事，或漫议人生，或谈情说爱，或于绿荫下觅一石凳捧书吟诵……

当年，李淑君想必是骑着"大把车"[3]，沿着什刹海的长堤，步入恭王府的司铎书院——这里便是辅仁大学的女院。1949年，李淑君考入辅仁大学经济学系。说起来，李淑君根本不知道什么是"经济学"，"经济学"又要学些什么。只因好友王匡毅正在辅仁大学读经济学系，又听说辅仁的经济学系很好，随手就报了。等一上课，才后悔起来，学的会计学、政治经济学这些课程，她根本就不

---

[1] 张秀亚：《母校女院常在我的梦中》，载《辅仁往事》（第一辑），北京辅仁大学校友会编，2006年。
[2] 秦汉：《母校门前一泓水》，同上。
[3] 关于"大把车"，据李淑君回忆，曾被起有"大把车"的外号："快解放的时候，中山公园不是有摆摊卖车的嘛，我买了一个'大把车'，我就骑着这'大把车'上学，所以她们就管我叫'大把车'。"引自2007年3月15日作者对李淑君的采访。

感兴趣，而且这些课需要数学基础，这恰恰是她的弱项，让她很头疼，整天算算数也不合她的心意。

> 我每天想的是今天应该穿什么衣服，头发怎么梳，注意别人穿了什么新样子，我在学校和李静华（读外文系），别人叫我们上海小姐。穿得很突出。听大课不去，根本就不关心。[1]

她继续和王匡毅一起参加家庭舞会，王匡毅这时比她高一个年级，两人住在一个宿舍，非常要好。到了1949年冬天，李淑君开始恋爱了，男朋友名叫陈子谨，是经济学系同年级另一个班的班主席，广东人，曾参加青年军到过印度，从香港来北平读辅仁大学，一直在追求她。

"恋爱的基础也是资产阶级的观点，我觉得他长得很漂亮，功课很好，当班主席，在同学中有威信，并且他还帮助我功课。"[2]李淑君如是说。自然，恭王府的亭台楼榭、什刹海边，断断少不了两人的身影。

谈了恋爱，李淑君的心思更不在功课上了。第一学期结束时，会计学和政治经济学不及格。到第二个学期，这两门课还是不及格，结果自然是要留级。以往，每当面临留级，李淑君觉得很难看，就会换一个学校继续读。这次的打算也是如此。暑假，她回到上海，准备考上海的学校，不再回北京了。但陈子谨一封接一封地写信，其他同学也写信，催她回北京。为了男朋友，她又回到辅仁大学。到开学时，李淑君留了一级，还是读经济学系的一年级。对于爱面子的她来说，"在同学中都抬不起头来"[3]，这种难堪和难受是可想而知的——当年的中学同学王匡毅，都读三年级了。

那年冬天，陈子谨响应抗美援朝的号召，报名参军，去了东北航校。临走前，两人订了婚。陈子谨去后，李淑君更觉心灰意懒，本来她回辅仁是陈子谨叫她来的，如今他却走了，只留下她单独一人，读着不喜欢的经济学课程，在同学中进进出出，听旁人的闲言冷语。

对于少女时代的李淑君来说，这大概就是"生命的沉湖"了吧。

---

[1] 李淑君：《自传》，写于1955年，未刊。
[2] 同上。
[3] 同上。

恰在此时，体育教员刘老师带来一个消息：中央戏剧学院的崔承喜舞蹈研究班要招收学员。刘老师曾跟崔承喜学过舞蹈，她认为李淑君的身体条件好，推荐李淑君去报考。

到底要不要放弃辅仁的学业，去考中央戏剧学院学舞蹈呢？

八、家世的阴影

在交待自己"参加革命工作"前的经历时，说到为何报考中央戏剧学院崔承喜舞蹈研究班，李淑君列举了以下理由：

> 一是不喜欢念经济系，功课不好，留级不好看。一个是从小就喜欢文艺，但在旧社会处于那样的家庭，这理想是无法实现的。解放后社会上对文艺的看法，也转变，家里也没人管我，从兴趣出发。当时在辅仁，由体育教员刘老师介绍辅仁四个同学考中央戏剧学院崔承喜舞研班学习舞蹈。[1]

身份和家世，始终左右着李淑君的人生抉择。以前，虽然她喜欢唱歌，但她根本无法想像自己去从事这一职业，来发展自己的爱好——在大家庭里，连唱一唱都会被非议——因为这不是阔人家小姐的作派。像李淑君家这样自认为是"上等人家"的女子，从小被划定的人生轨迹就是小学、中学、大学、留洋……最后当一名官太太。李淑君大概也是如是想的。

从上海、南京到北平，对李淑君来说，最大的解脱就是可以"尽情地唱"，从流行歌曲到京戏，只要是无线电里有的，她很快都能学会——这种能力和天赋，未经雕琢，犹如璞玉，给同学和老师都留下了很深的印象。从大家庭中、从"姨太太之女"的身份歧视中脱身而出，当然是美妙之事，香串胡同内外充盈着少女初获自由时亮丽的歌声。

李淑君于1944年赴北平读初三时，正是沦陷时期，父亲在汪伪政府中任职，并有所升迁，从少将旅长到中将师长。这些家事国事，似乎并没有触及这位少女的生活。换句话说，即使有所触动，但又能如何呢？她可以不喜欢一位巴结日本

---

[1] 李淑君：《自传》，写于1955年，未刊。

人的中学校长，却无法不接受自己的家世。这种微妙的心理，可能也和喜欢唱歌、功课不好、买衣服、照相、游玩等等事情一样，是小女孩们悄悄思忖、喜悦或烦恼的小小事由吧。

但是，时代变化得太快，不久日本人失败，李淑君的父亲和叔叔们陷入惶恐之中。李实甫躲到了北平，除到银号提钱外，整日闭门不出。国民党军队进入北平，李淑君跟着中国大学附中女子部的同学一起去欢迎，别人都是兴高采烈，庆祝胜利，但李淑君看到站在大卡车上、手提手枪、面无表情的国民党士兵，浮上脑海的却满是"父亲是汉奸，一定会被他们抓去"的念头。这样一来，自然是无法和旁人一般兴高采烈了。过了几天，蒋介石在太和殿对全市学生讲话，中国大学附中女子部被挑去听演讲，同去的同学都很兴奋，以站在前排、和蒋介石握手合影为荣，但李淑君却一人呆立在人群后，只见到蒋介石身穿黑斗篷，其他就不知道了。她谈到当时的感受是：

> 我对这些是不感兴趣的，我总感觉我们家将要遭到不幸。 [1]

经过一番在南京的活动，就像众多伪军一样，李实甫不但没有被抓作汉奸，反而成为"曲线救国"的英雄，担任国民党第59军的参议长，并成为军长亲信。

但好景不长，随着国民党在中国大陆的溃败和新中国的建立，李淑君的大家庭再一次被抛入时代的大动荡中。在淮海战役里，李实甫被俘，由于他隐瞒了身份，被认为只是一个伪军中校，受了四个月的训就被释放了。他一开始躲在上海，但又怕上海熟人多，容易暴露，就于1950年4、5月间跑到北京藏了起来，整天待在家里，靠在上海的弟弟汇款以及变卖家中的古董度日。有一天，李淑君从报上读到"镇反运动"抓反革命分子的消息，心想："我父亲做这样的官啊，肯定不会好。"于是，赶紧回家将镇反运动的消息告知父亲，李实甫听闻后，遂决定从广州逃往香港。这是在1950年11月。

关于李淑君送父亲逃往香港之事，有好几种传闻。其中一个版本是：李淑君给父亲买了火车票，一直送到广州，依依不舍，目送父亲去往香港。这种兵荒马乱中历遍大半个中国的父女之情，显然能够满足人们对于传奇的期待。

---

[1]李淑君：《自传》，写于1955年，未刊。

他走的时候带了一块欧米茄的表和一个二两重的金牌子，是我到天津给他买的，我跟我在辅仁大学的男朋友陈子谨，两人送他到前门的老火车站走的。[1]

李实甫到广州，先去投奔一位老朋友的女儿郝湘华，然后在郝湘华的帮忙下逃到香港。在香港的妹妹李春茹处待了半年后，他和住在台湾的大女儿李淑苹联系上了，就去投奔大女儿。

虽然故事并没有传说中的那么动人，虽然李淑君在20世纪50年代所写的《自传》中多次提到由于父母平常不在身边，也没什么感情，但在父亲从北京逃往香港这一事件中，李淑君表现出的发自内心的情感，还是颇能让人感动的。

从李淑君的档案中所保留的两封来信中，可见出李淑君对父亲的境况很是关心，这两封信都来自广州的郝湘华——也就是父亲到广州所要投奔的老朋友的女儿，信封上的收信人是"北京辅仁大学女院 李淑君小姐"。第一封信写于1950年11月12日，是对李淑君告知父亲去广州之事的回信，写道："你写来的信已经收到了，分别了十年，我们还是记得你的。上次你大姐来广州，她告诉我，你在北京读书，我们听了非常高兴。昨日接你来信，知道李大伯来广州，我们非常欢迎，不知何日南下？可到车站来迎接，舍间离车站很近，可在舍间住些时候，一切请不用客气……"第二封信写于1950年12月4日，这是送父亲南下后，李淑君去信问父亲的情况，郝湘华给她回的信。信中写道："前日接你上月二十二日写来的信，知道一切。大伯已于上月20号下午动身去港，并且我们托深圳中国旅行社的朋友带大伯过深圳。前几日深圳旅行社有人来广州说：大伯已过了深圳。大约已平安到了香港。请你勿念。到香港后大约会有信给你的。……"果然，不久李淑君的父亲从香港来信，要她好好读书，还要她和陈子谨分手——因为这一番逃亡漂泊的经历，让他觉得广东人很狡猾、不可靠。到1951年7月，父亲不再有信来，李淑君揣测他大概去了台湾。

父亲的逃走，给李淑君"反动军官"的出身又添加了一条罪名——"送父亲逃往台湾"，在李淑君的多份档案的"主要问题"栏中，几乎一字不差地保留着这样的记录：

---

[1] 引自2007年3月21日作者对李淑君的采访。

李淑君之父李实甫，化名李春芳，系一有严重罪行之反革命匪首，抗战前在海洲市第八区专员公署任保安司令，七七事变后任日伪暂编36师中将师长，后又任南京宪兵队队长。在其任职期间，有搜刮民财、强奸妇女、扫荡解放区、杀害群众、村干部等罪行。1950年镇反时畏罪潜逃香港后去台湾。

据李淑君交待：1950年其父由上海逃来北京，住其家，适值北京搞镇反，怕被捕，由李淑君购买火车票，将其父送至车站去广州其姐家，由广州转去香港后到台湾。走后一直未通信。

在其后的岁月里，这段历史如影随形，被反复审查，甚至被充满想像力地无限夸大：

"文化部知道我的出身了，派人到我家里去了解我的情况。上海，家里跟她们说，她就是一个学生，什么政治都没参加过，所以文化部还是重点培养我。"

"我的院长跟我说，我的父亲是有血债的，要是不走的话，肯定会被枪毙。我跟他是父女关系，我不懂阶级斗争，我还没参加工作呢。还没给我这教育，我这个事是错的，后来我觉得我对不起共产党。"

"他们不让我唱戏，编排我台湾有关系，我姐姐、父亲都在台湾，说我是潜伏特务。" [1]……

当然，这其间也穿插有让人津津乐道的故事：

"在中南海的草坪上，总理把我叫到他的桌前，问了我的家庭，问了我的工作，我说我的出身不好，父亲是国民党的中将师长。罗瑞卿部长在旁边说：'你爸爸跑什么，小官呀。'总理要我放下包袱。"

据说80年代初，李淑君大姐的孩子 [2] 还曾回大陆看望过李淑君，共话别后之情。但岁月如梦，三十年已成烟云，因为这"反动军官"、"海外关系"的家世，在非常的年代里，李淑君经受了多少难言的痛苦，又磨平了多少曾经的情感……李淑君的父亲李实甫70岁时去世，大姐59岁时去世。这一别，便是生死，便是天涯。

---

[1] 以上三句话引自2007年3月21日作者对李淑君的采访。

[2] 在2007年3月21日的采访中，李淑君回忆说："他们来看我，我一点感情都没有，在我这儿待了十五分钟就走了。哪一年我记不住。"不过，又据2007年7月17日对李淑君之女小君的采访，来访的是李淑苹的儿子，曾一起吃饭。

第二章 从中央戏剧学院到中央实验歌剧院

一、崔承喜舞研班

1950年10月，由欧阳予倩编剧、戴爱莲主演的大型舞剧《和平鸽》上演了，轰动一时，李淑君也买票去看。《和平鸽》的舞蹈采用的是芭蕾的舞姿和造型，虽然报纸上评为"大腿满台跑，工农兵受不了"，但李淑君却非常喜欢——原来中国也有芭蕾了！以前她只是在电影里看到过西方人跳芭蕾，如今在中国也能学芭蕾、跳芭蕾了。

"我太喜欢芭蕾了！"每当回忆到这一时刻，李淑君总是露出激动、倾慕的神情，"我听说中国也有芭蕾舞了，就放弃了辅仁大学。"

《和平鸽》的演出在辅仁大学也引发热潮，不久，辅仁大学西语系学生排演了《和平鸽》。"王连成同学自告奋勇，四次去剧场观看揣摩，记住了剧情、舞蹈动作、音乐、布景等。在他的组织下，同学们集体编剧，自己制作布景、道具，设计场面……主要角色分别由李志谦、章亚杰担任，贯穿全剧的音乐由1947届的陈伯男钢琴伴奏。"[1]不知很少参加校园活动的李淑君，对辅仁校园内的《和平鸽》热有否参与，或观看过西语系的演出？大概也会有相当的关注吧。1951年

---

[1] 严凤鸣：《老辅大的校园文艺体育活动》，见于《辅仁校友网》。

初，曾向崔承喜学过东方舞的体育教员刘老师告诉李淑君："中央戏剧学院要开办崔承喜舞蹈研究班了。你身材这么好，应该去考考中央戏剧学院。"在刘老师的推荐下，李淑君和其他三位同学报考了中央戏剧学院崔承喜舞蹈研究班。

> 我以前就喜欢唱、跳，因当时家里不允许，认为这是不正当的，所以一直压在心里。这时我父亲走了，没人管我了。还有我母亲和我的感情并不好，她认为儿女无所谓，最主要自己存几个钱养老。[1]

考中央戏剧学院既无人干涉，又可摆脱"整天算账"、让人烦恼的经济学，那就考吧。但还面临一个问题：崔承喜舞蹈研究班招收的是二十岁以下的学员，此时李淑君已是21岁，超过了一岁，这该如何是好呢？于是，李淑君称自己的虚岁是21岁，实际年龄是20岁，在报考的表格上填上自己出生日期是1931年。

接下来是十五天的集训。到考试那一天，每个考生都要脱下外衣，只穿着背心短裤，在平衡木上走，接受十几位教员的考查。看到这阵仗，有的年龄小的考生甚至被吓哭了。辅仁大学的四位同学王连成、李淑君、章亚洁、陈春绿都顺利过关，保留辅仁大学的学籍，上了中央戏剧学院崔承喜舞蹈研究班。据李淑君说，她们之所以能考上，除了身体条件不错外，还因为她们是大学生，中央戏剧学院重视文化。

崔承喜是著名的朝鲜舞蹈家，有"现代舞后"、"东方舞姬"之称，1943、1944年两度在中国上海演出，曾刮起一股"崔承喜风"。崔承喜年轻时在日本学习现代舞，后游学欧美，广泛接触西方舞蹈，后转向于民族文化中寻根，创造具有民族风格之舞蹈。据说张爱玲观看过崔承喜的舞蹈后，以为即使卓别林的电影也"不及崔承喜的这支舞"，因为"讽刺也是这么好意的，悲剧也还能使人笑"，并感慨"到底是我们东方的东西最基本"。[2]1944年，崔承喜在北京创办"东方舞蹈研究所"，在教授中国学生习舞之时，亦与梅兰芳、尚小云、李万春等京剧名家探讨中国戏曲中的舞蹈。1950年11月，由于朝鲜战争爆发，崔承喜流亡于中国，"为在北京继续举办舞蹈学校，并（拟）协助训练中国舞蹈人才，此

［1］李淑君：《自传》，写于1955年，未刊。
［2］胡兰成：《张爱玲与左派》，载《天地》1945年第6期。

外尚拟完成彼创作计划及研究中国舞蹈"[1]，在中朝两国政府的协商下，刚成立不久的中央戏剧学院创办"崔承喜舞蹈研究班"，请崔承喜培养中朝舞蹈人才，并探索舞蹈民族化的道路。

1951年3月1日，由崔承喜主持的"崔承喜舞蹈研究班"和由吴晓邦主持的"舞蹈运动干部训练班"同时开课，李淑君所在的舞研班共110人，中朝学生各55人，其中中国学生有40人来自各地文工团，仅15人为新招学生。[2]

> 在戏剧学院，我过得可苦了，跟戏校三年级小学生练的功是一样的，拿大顶、下腰，横叉得贴墙，竖叉得一下就下去，我们走卧鱼……所有的戏校的那一套的功夫，我们都练了。我呀，比较晚，二十岁了，得那么高的分，是很不容易的。[3]

谈起在中央戏剧学院的生活，李淑君颇为自豪。虽然生活艰苦，"吃着小米饭，穿着'二尺半'（发的制服），拿很少的补贴"，但"情绪却很高昂，大家比着练功，看谁起得早，练得苦"。[4]据舞研班的同学回忆，当时她们的待遇是115斤小米（调训干部135斤小米），每月补贴9元。不过，李淑君回忆说："当年的补贴是15元，王连城说，我们15块卖给中央戏剧学院了。15块是生活费，每月都给。服装都是中央戏剧学院给发的，冬棉夏单都给发，连女同志用的卫生纸都给发。"

舞蹈的学习和训练也是非常苦的，"早上五点钟就起床，每天七个小时练功，一个小时政治学习，到晚上睡觉时，得用手搬着大腿才能上床"[5]。张善荣曾在文章提及和李淑君一起练功的情景："那时大家练功都是非常刻苦的。清晨，教室里总有许多人练习早功，压腿、下腰、拿顶、劈叉……真可以说是热

---

[1]转引自《桃李不言 下自成蹊——难忘崔承喜先生，难忘舞研班》，李百成执笔，载《新中国舞蹈艺术的摇篮》，主编田静、李百成，中国文联出版社2005年9月版。文中这一段话引自"文化部呈中央文教委员会文件"。

[2]此处数据引自《新中国舞蹈史1949-2000》。又据《新中国舞蹈艺术的摇篮》所列"崔承喜舞蹈研究班学员名单"，中国学生86人，朝鲜学生35人，实际学生人数应为121人，也许是其后学员有所增加。

[3]引自2007年3月21日作者对李淑君的采访。

[4]李淑君：《我的艺术生命从这里开始》，载《新中国舞蹈艺术的摇篮》，主编田静、李百成，中国文联出版社2005年9月版。

[5]引自2007年3月21日作者对李淑君的采访。

气腾腾，百相丛生。为了练习腿胯的开度，我经常和李淑君、刘兰等同学在一起互助，一个人坐在地板上紧抱着收拢回的双腿，另一个人从背后踩在这个人的双腿上，轻轻地边压边颤动，直至把僵硬的如同'元宝'形的双膝，慢慢地压平着地。"[1]当我访问张善荣时，虽然关于当年李淑君的记忆如同沙漏、再难寻觅，但他再次提及了这一场景，可见印象之深。

但是"苦"中自有"乐"，舞研班的同学舒巧记得两种常吃的零食。一种是"苹果片"——"灰灰的、暗暗的，带点暗红，两面都是灰沙"，但是她们"就爱那玩意，酸酸的略带甜味，百吃不厌"，还"十分享受"。另一种是"土冰激凌"，是一个老头推着一架板车来卖的，"一个小小淡黄色的烤面托，一撮甜甜的碎冰叠在上面"。这种"土冰激凌"也是相当受欢迎的，她们每有余钱，就去买，然后"我们总是不舍得一口吃下它（实在它只有一口），慢慢地舔、抿，凉凉爽爽，然后再细嚼那托盘，慎而重之地完成享受的全过程"[2]。大家讨论邓肯也颇有兴致，邓肯的传记在同学中流传，这位现代舞之母一度成为宿舍夜话的热门话题，"还记得那个炎热的夏天，我们宿舍的同学都在蚊帐里传阅《邓肯女士自传》，管生活的老师刚走，我又偷偷打开手电直到把它读完。那段时间整个宿舍议论的主要话题就是邓肯"[3]。还有热闹的校园生活，"暑期去北戴河赶海，每个周末学院有集体舞会"[4]，坐小马扎听大课，开运动会……

舞研班的舞蹈课程很多，"大部分或可分为两个类型：一类是着重基本功的训练方面"，"通过芭蕾舞基训课和德国新兴舞（属于现代舞）来训练舞蹈学员的基本能力、素质、舞蹈基本技巧的"；另一类是"南方舞、朝鲜舞和中国戏曲舞几门舞蹈专业课"，"侧重于风格的训练"。[5]在这些舞蹈课程中，颇受学生欢迎的是"崔承喜老师和中国昆曲表演艺术家韩世昌、白云生老师共同研究的一套中国戏曲舞蹈课堂教材"；最喜欢的"要数芭蕾舞课了"；最头疼的是南方舞，"整堂课双膝跪地，下课时双腿都不听使唤站不起来了"；最怕的是新兴舞，"跌、翻、滚、跳也就罢了，怕的是一个动作不够标准的话，十遍、二十遍地重

---

[1]张善荣：《我的舞蹈摇篮曲》，载《新中国舞蹈艺术的摇篮》，主编田静、李百成，中国文联出版社2005年9月版。
[2]舒巧：《十七八岁时》，同上。
[3]陆易：《母校的甘露》，同上。
[4]李百成：《桃李不言 下自成蹊——难忘崔承喜先生，难忘舞研班》，同上。
[5]李正一：《念此如昨日》，同上。

复，往往一堂课下来，身上又要增加几处青紫"。[1]

与以往读中学、大学混日子的状态大不相同，因为学习的是自己感兴趣的"艺术"，李淑君此时不但能吃苦，"我在家里是吃香的喝辣的，我家里有钱，可是我热爱我的艺术，我吃小米饭、炒土豆，我就坚持下来了"，还"每门课都在九十分以上"[2]，成为功课优秀的学员。直到五十六年后的一天，当我访问曾与李淑君在中央实验歌剧院、北方昆曲剧院共事的李倩影老师时，她还称赞李淑君的基本功好，因为"舞蹈训练的基本功和我们戏曲训练的基本功是不一样的，要严格得多"[3]。

二、初识昆曲

崔承喜之所以主办舞蹈研究班，其目的是"一面借助研究中国舞蹈来丰富朝鲜舞蹈，一面帮助中国舞蹈界来完成整理中国舞蹈的动作"。1951年2月18日，崔承喜在《人民日报》上发表《中国舞蹈艺术的将来》，谈到"应当着重摄取古典舞中最典型的、优美的、英武的，有它独特性的代表动作和舞姿"。利用中国戏曲尤其是昆曲京戏中的舞蹈动作，经过提炼和整理，来创立"中国古典舞"，这是当时致力于中国舞蹈"民族化"的一个方向。

崔承喜的想法得到了中央戏剧学院院长欧阳予倩的支持，欧阳予倩是中国话剧的先驱，曾当过十年京剧演员，"中国古典舞"这一概念据说就是他首先提出的。在崔承喜舞蹈研究班的开学仪式上，欧阳予倩发表讲话说："今天建立新中国的舞蹈艺术，整理中国的古典舞蹈艺术、民间舞蹈艺术、兄弟民族的舞蹈艺术等是一项非常重要的工作。"[4]多年后，对于中国戏曲之于中国古典舞的关系以及改编的可能，他还发表文章进行详细的论证[5]。此时，崔承喜频频出入于欧阳

［1］吕伦：《忆校园二三事》，载《新中国舞蹈艺术的摇篮》，主编田静、李百成，中国文联出版社2005年9月版。
［2］这两句为作者于2007年3月15日对李淑君的采访。记得说到这里时，李淑君的自豪之情溢于言表，可以说是一扫谈及转学、留级的自嘲式的表达。
［3］引自2007年7月17日作者对李倩影的采访。
［4］转引自《桃李不言 下自成蹊——难忘崔承喜先生，难忘舞研班》，李百成执笔，载《新中国舞蹈艺术的摇篮》，主编田静、李百成，中国文联出版社2005年9月版。
［5］欧阳予倩：《我们要发扬中国舞蹈艺术的优良传统》，载《人民日报》1957年2月20日。文中谈到："戏曲的根源是歌舞。尽管我们在昆曲京戏当中成套的单独表演的舞蹈不多，就是跟剧情相结合的舞蹈动作，它那种鲜明的节奏，幽雅的韵律，健康美丽的线条，强大的表现力，显然看得出中国古典舞蹈特有的风格，这是世界任何一个地方所没有的。"

予倩家中，一个有趣的细节是：两人都会说日语，但从不用日语交谈，而是通过懂日语的学生来翻译。[1]

在这样一种共识之下，请来昆曲、京戏老艺人与崔承喜合作，教授、整理中国戏曲的舞蹈动作，成为崔承喜舞蹈研究班的一个特别引人注目又顺理成章的举动[2]。韩世昌、白云生、侯永奎、马祥麟等昆曲表演艺术家，王荣增、刘玉芳、荀令香、马鸿麟等京剧表演艺术家，都被请到舞蹈研究班的课堂上。

其实，早在1944年，崔承喜就开始向韩世昌学习昆曲身段，据介绍人朱炳荪回忆：

> 第一堂课教了下来，崔承喜就大为惊讶地对我说："韩先生平常看起来淳朴之至，而且不大开口。可是一做起身段来，眼波流慧，顾盼生姿，身材婀娜，体态轻盈，完全是个豆蔻年华、不解世故的小姑娘，这真是奇迹。"此后，崔承喜一直跟韩先生学身段，断断续续，一直学到了北京解放以后。[3]

不仅如此，崔承喜的舞蹈与中国戏曲渊源甚深，在观者看来，崔承喜的舞"颇有中国旧戏味道"，评论者则认为是"日本的色，中国的形，朝鲜的线"，在一位拜访者的印象中，"记得她就说过她的舞技是受了中国旧戏一些影响。在她十年前侨居中国时期，很醉心昆曲的舞蹈身段，似乎韩世昌的《游园惊梦》最令她难忘"。此外，"好多戏她都能唱几段"。[4]

1950年底，崔承喜和韩世昌、白云生、马祥麟、侯永奎、荀令香等昆曲京剧老艺人一起合作，在北京饭店，她请来这些老艺人在课堂上示范，"把生、旦、净、末、丑的各种动作，让老先生领着几个学生一遍遍地教，崔先生在旁边边看

---

[1] 据曾任院长秘书的董锡玖回忆："在东城铁狮子胡同三号（现张自忠路5号）欧阳院长家中常常出现她修长窈窕的身影。"见《欧阳院长与崔承喜》，董锡玖，载《新中国舞蹈艺术的摇篮》，主编田静、李百成，中国文联出版社2005年9月版。

[2] 蒋祖慧回忆说："崔承喜老师把她在朝鲜整理的一套教材拿来教我们，同时她又说：'我以前来中国演出时，认识了梅兰芳、韩世昌等一些著名的演员，和他们成了朋友，我很佩服他们的表演艺术，戏里的舞蹈很丰富，美极了。我现在要多请些昆曲、京剧演员来教你们，你们一定要好好学习，我来加以整理……'"，见《怀念舞研班》，蒋祖慧，载《新中国舞蹈艺术的摇篮》主编田静、李百成，中国文联出版社2005年9月版。

[3] 朱炳荪：《韩世昌和崔承喜》，载《新民晚报》1956年11月19日。

[4] 魏珉：《忆崔承喜之舞》，载《文汇报》1950年11月1日。

边记录"[1]，并以此整理了花旦、青衣、武旦的舞蹈教材，还拍摄了"中国舞蹈基本动作训练"的新闻纪录片。舞研班开学后，她们继续合作，又整理了"武生、小生的教材，武旦单剑、双剑，武生的单刀，男女的对剑，小生和青衣的对舞等教材"[2]。

在舞研班学员的记忆里，这种合作的场景是非常有趣的。

"在教室里，她用不太熟练的中国话，请白云生老师演示各种戏曲动作，然后，由崔承喜老师确定方位，组合程序与节奏，从步法、指法、眼神、袍袖、扇、枪、剑……到喜怒哀乐都分门别类地纳入各式各样的组合、片断之中。"[3]当然，由于不同行当的差异与沟通上的障碍，有时这种合作还会出现尴尬的场面。"由于白云生老师不习惯、也不清楚崔先生整理程式的思路，也不习惯离开锣鼓经，单一地、均匀地配上节奏，于是白老多年养成的台上自由发挥与崔先生的规范式整理撞了车。"因为戏曲中的"身段"虽有一定程式，但并非全然固定，有很多灵活变化的余地，此时出现的问题便是"白云生老师是演小生的大师，举手投足，皆成神韵，只是容易一遍一个样，很难定式"，"于是，整理中就常出现一方不知所措、一方苦于难以把握的尴尬场面，仿佛白老师不是示范者，反而倒要向这位外国专家和她的学生们讨个究竟"。[4]

等李淑君进入舞研班时，自然也学习了由崔承喜整理改编而来的中国戏曲舞蹈教材，她回忆韩世昌说："最早在1951年，他不唱，崔承喜舞蹈研究班请他教，那时我跟他学，学水袖、花旦的指、花旦舞蹈，所有的古典舞，崔承喜教中国古典舞，所有的身段都是韩世昌老师教的。编的时候没给我们看，课堂上教给我们。"而戏曲的那一套基本功，"卧鱼、甩腰、圆场……都是马祥麟老师指导的"。"在戏剧学院，每天早上，韩世昌、马祥麟老师都教我，所以我的功底很厚的。"[5]

---

［1］斯琴塔尔哈：《缅怀崔承喜先生》，载《新中国舞蹈艺术的摇篮》，主编田静、李百成，中国文联出版社2005年9月版。

［2］李正一：《念此如昨日》，同上。李正一回忆说："我最初接触崔承喜老师是1950年底，她那时为了整理中国戏曲舞蹈，邀请了在京的几位昆曲前辈：韩世昌、白云生、马祥麟、荀令香，同时也找北京人民艺术剧院和中央戏剧学院舞蹈团的一些青年舞蹈演员给她当学生，我也是其中的一个。她亲自对中国戏曲舞蹈进行整理。

［3］蓝珩：《学中散记》，同上。李百成也回忆了这一过程并描述了崔承喜之教材的形成，"每次上课，崔先生都十分专注地观看着这几位戏曲名家的演示，那神情，如入宝山，然后从基本步法开始，前进、后退、横向、斜向，继而是手型、指型，又进而是水袖、褶扇、鸾带，然后是分开行当，随着性格和表情的需要发展成组合或片断，最后配以节奏和旋律，就成了舞研班中国古典舞教材的雏形。"见《忆崔承喜先生》，李百成，载《新中国舞蹈艺术的摇篮》。

［4］蓝珩：《学中散记》，同上。

［5］这三句引自2007年3月21日作者对李淑君的采访。

据李淑君当年的"小同学"张善荣回忆，在京剧、昆曲老艺人的传授下，他们学习了"中国古典舞蹈，如《蜈蚣岭》、《夜奔》、《武松打店》以及一些古典舞蹈的基本技能：圆场、水袖、鸾带、舞剑等等"[1]，其中，张善荣对侯永奎的印象非常深，他至今还记得"侯永奎老师的腿不长，但很有力，蹬得很高"[2]。

为了整理中国戏曲舞蹈，在崔承喜的要求下，还组建了一支民族乐队，由刘吉典、傅雪漪、柯大谐、崔玉山等15位乐师组成。每当崔承喜整理出舞蹈教材，便由刘吉典配上音乐，"记得那时我们一面练，刘先生一面和着舞哼唱着，一面记谱，然后再去指挥乐队配乐"，而且，不仅仅是配乐跳舞，有时还会唱，"刘吉典先生和傅雪漪先生会着乐队唱一段昆曲或是京剧给崔先生听"。[3]不过，这当然只是课余的表演了。

如此这般，在崔承喜舞蹈研究班的学员中，形成了浓厚的戏曲氛围，戏曲的学习和观摩成为他们生活的一部分，"我们是越学越爱学，越学越有味，差不多都迷上了戏曲。当时只要有机会，我们就主动去观摩戏曲演出"[4]，而且，"嘣、噔、仓"的锣鼓经也成为生活的节奏和乐趣。[5]

---

[1] 张善荣：《我的舞蹈摇篮曲》，载《新中国舞蹈艺术的摇篮》，主编田静、李百成，中国文联出版社2005年9月版。

[2] 引自2007年4月19日作者对张善荣的采访。据张善荣回忆，当时男生和女生所学内容是不一样的。韩世昌、马祥麟教女生"花旦"，侯永奎、白云生教男生"武生"和"小生"。至于为什么张善荣会觉得侯永奎的"腿不长"呢？我尝思之。或许是从舞蹈演员的视角来看的吧。

[3] 张奇：《回忆 思考》，载《新中国舞蹈艺术的摇篮》，主编田静、李百成，中国文联出版社2005年9月版。

[4] 蒋祖慧：《怀念舞研班》，同上。

[5] 张善荣回忆"整天总是不厌其烦地叨念着京剧锣鼓经，无论是干什么，都像着魔似地配上'嘣、噔、仓'。练功时如此、走路时如此、甚至连吃饭时也是如此：先是'嘣'的一声，把腿从凳子上蹦过；然后是'噔'的一响，将买好的饭向桌上扎实地一放；最后随着一声'仓'，像'大将'般威风凛凛地稳坐下来……"，见《我的舞蹈摇篮曲》，张善荣，同上。另，对朝鲜舞和中国戏曲的学习，后来还带来一段言慧珠找李淑君学习"如何将朝鲜舞融入京剧"的有趣经历，即言慧珠在排演京剧《春香传》（此"春香"非昆曲《游园惊梦》之"春香"，而是朝鲜民间传说中的"春香"）时，需要学"朝鲜古典舞的基本技术"，她先去找曾毕业于崔承喜舞研班的崔洁学习，"学会了一些朝鲜舞的姿势"，但"表达春香的喜怒哀乐各种情感，随着唱念作各种动作时，仍感到有困难"，此后，她去找李淑君，才解决了这一难题，"很感谢一位搞民间舞蹈的李淑君同志，帮我找到了道路，将朝鲜舞蹈基本动作的特征，引入到戏剧动作中"。言慧珠谈及体会说："例如：京剧青衣身段多利用腰部，朝鲜舞蹈动作多半利用肩部。我们的台步是手脚对衬的，朝鲜舞步是手足肩向同一方向的，我们旦角的习惯比较爱摇头，而她们的头颈是不大摇动的。也就是我们内行的术语'法儿'不同。找到这个规律，使我豁然，在唱念情感变化中都能动作自如了。主要还是内在有了朝鲜舞蹈的节奏感，从呼吸到肌肉的运用上都有所不同。那么在神态上自然就起了变化。"见《关于京剧〈春香传〉的改编与排演》，言慧珠，载《新民晚报》1955年8月27日。

三、"漂亮的大个子"

对李淑君来说，进入舞研班学习，的确是人生中的一个新起点。以往是喜欢唱歌跳舞，但空有天赋，却未经训练，也无用武之地。舞研班的训练，加上她的用功，以及良好的教学氛围，使得她渐渐引人注目。

> 我在学校的时候，老师说，你给我来个芭蕾，我穿着布鞋，立起脚尖来。我给那些同学作表演。
>
> 芭蕾是朝鲜老师教，我们穿上《天鹅湖》的小裙子，穿上和芭蕾舞演员一样的衣服，天天练。

从看电影中外国人跳芭蕾，到看戴爱莲跳芭蕾，再到自己也学了芭蕾，这一番经历犹如梦幻。当李淑君穿上脚尖鞋、像梦境中一般摆出翩翩芭蕾舞姿时，其内心的喜悦当是用语言难以形容的。"'漂亮的大个子'，崔承喜经常这样叫我。"很快，李淑君得到了老师们尤其是崔承喜的喜欢，甚至有一次，她们给崔承喜配舞——崔承喜要演一个皇帝挑妃子的舞蹈，朝鲜老师看李淑君长得高，准备让她扮一个男人（想起在中学演话剧时，李淑君也是因为个子高，因此被安排扮演男的。）崔承喜看见了，走过来说："不行！你看她那线条、那样子，给她扮成女的！"[1]这样，李淑君才改扮过来，和崔承喜一起跳。

除学习舞蹈、研究创立"中国古典舞"之外，演出也是崔承喜舞蹈研究班的重头戏。开班不久，1951年5、6月份间，舞研班就连续在北京、上海公演，据说很受欢迎，在上海演出时还打报告申请延期返京。后来，部分学员还参加了朝鲜访华团和朝鲜赴蒙访问团的演出。演出虽然频繁，但李淑君由于刚刚才开始学习舞蹈，因而与这些热闹无缘，依旧过着早上五点起床、练功七小时、吃小米炒土豆的"苦中作乐"的生活。

在李淑君档案中有一份名为"中央戏剧学院学习总结鉴定"的鉴定表，填写于1951年底。此时李淑君在崔承喜舞蹈研究班的学习已过半程，年龄还写着"20

---

[1] 这四句引自2007年3月21日作者对李淑君的采访。

岁"，所处班组是"舞研二班三组"。"业务方面"的自我总结是："在这半年中一个毫无舞蹈基础的我的确是有了很多的收获。"在这份"总结鉴定"中，李淑君的"个人总结"和"小组鉴定"非常相似，"优点"是"学习比较用功，工作比较热情"，"缺点"列了两条：一是"虚荣心强，不暴露自己的缺点"——由于报考中央戏剧学院时，李淑君隐瞒了一岁，而且还带着出身"反动军官"家世的阴影，不愿解释何以频繁转学的"爱面子"，所以此时与一般同学都保持距离，很少深谈，或许会因此被认为"不暴露自己的缺点"吧。二是"学习业务观点不够正确"，这一点的表现据李淑君的个人陈述便是"学习舞的动机不够明确，时常会犯个人主义的想法，爱表现自己，这样就形成在舞蹈上不平衡的向前发展，有的舞作出来就比较深入，而有的就只作到会而不求精"，"总是为了个人打算，没为了舞蹈事业来打算"。这样一种舞蹈学习和训练上的偏好，固然说明李淑君对不同种类的舞蹈在兴趣上有所差别，有自己的趣向。不过，这也是其时开展的如"文艺整风"等运动的产物，在不断的批评与自我批评中，这类检讨很容易出现。 [1]

1952年3月，崔承喜舞蹈研究班课程结束，大部分来自文工团的学员返回原单位。留下14名学生合到吴晓邦的"舞蹈运动干部训练班"，并筹备毕业公演。

吴晓邦是中国舞蹈事业的先驱，1950年8月，在欧阳予倩的邀请下，到中央戏剧学院主持"舞蹈运动干部训练班"。舞运班的课程和舞研班有所相似，不同之处既在于其目标——舞研班侧重舞蹈表演，舞运班侧重舞蹈理论与编创，也在于其舞蹈理念——提倡"自然法则"，强调在艺术实践中"挤灵感"。因此，当舞研班的同学刚刚转入舞运班时，就有些不适应之感，譬如一位同学爱记笔记，吴晓邦便走过来对她说："不要这么那么地死记，要把别人讲过的东西忘掉，从自己内心深处去体会，顺其自然地寻找自然的规律……" [2]

5月25日到6月15日，舞研班在实验剧场举行毕业公演。演出分为两个部分："第一部分为舞蹈《中华民族大联欢舞》、《童心》、《柴郎与村女》、《朝鲜的母亲》等；第二部分为舞剧《月檀复仇记》，此剧为崔承喜舞蹈研究所创作公

---

[1] 在朱蘋的回忆中，即谈到"各种政治运动特别多，'三反'、'五反'、'肃反'等等，对于有一些经历的大同学来说，他们略涉世事，要交待问题，认识问题。像我这样的人就要来反复检讨自己不安心于舞蹈事业，每个人不单要自我检讨。大伙儿还得发言，批评帮助提高认识。"见《清清白白做人 认认真真舞蹈》，朱蘋，载《新中国舞蹈艺术的摇篮》，主编田静、李百成，中国文联出版社2005年9月版。
[2] 邱书芳：《情缘人未了——忆将我领入艺术人生的三位恩师》，同上。

演。"[1] 6月28日，又举行了舞运班和舞研班两班的毕业汇报演出，值得注意的是，在观众席上，不仅出现了周扬、周巍峙等领导，还出现了工人、农民。演出完毕，便是毕业。以学生身份考入舞研班的同学，和其他高校的毕业生一起，听了周总理关于大学毕业生分配的动员报告，"为社会主义事业到最需要的地方去，到最艰苦、最偏僻、最落后的地方去，到少数民族地区去，建设社会主义祖国，是党赋予的神圣任务"[2]。在这一番讲话的鼓动下，毕业生们纷纷要求"支边"，李淑君申请到新疆，但是最后的分配结果却是留校——留在中央戏剧学院舞蹈系舞运班担任助教。[3]

> 崔承喜一年后走了，我们就归吴晓邦了。到西南建政，我们都去了，深入生活，学习苗族舞蹈，跟苗族同吃同住。我跟盛婕老师到东北学二人转，是学舞蹈，但必须学了唱以后才能把舞学下来，我一唱嗓子就特别好……[4]

其后的两年，李淑君跟随着吴晓邦、盛婕到云南和东北采风，学习民间舞蹈。1952年到1953年，吴晓邦参加民族文工团的建政工作，并带队到西南少数民族地区参加黔东南台江苗族自治县的建政，学习苗族民间舞，还到安顺地区学习花灯舞。在学习苗族民间舞时，为了"忠实于生活"，她们甚至模仿苗家姑娘，用猪油梳理发髻。1953年6月，舞运班被并入中央歌舞团，吴晓邦被任命为中央歌舞团第二副团长，这一年的5月至12月。作为"中国民间舞教学研究小组"的成员，李淑君在组长盛婕的带领下，和其他组员共十余人，来到辽宁、吉林、黑龙江三省的农村，学习盛行于当地的高跷、二人转等东北民间舞蹈。曾参加这项活动的罗雄岩写道："在东北三省近8个月的采风学舞期间，我们每人都及时记下所学舞蹈的曲谱和场记，在和老师一道访问老艺人、和当地的舞蹈同行们交流学习经验时，我们都认真地做笔记，而且多处寻找有关资料。"[5]朱蘋则还记得学耍

---

[1] 李百成：《桃李不言 下自成蹊——难忘崔承喜先生，难忘舞研班》，同上。
[2] 引自《路上脚下》，过德先，载《新中国舞蹈艺术的摇篮》，主编田静、李百成，中国文联出版社2005年9月版。此文描述了毕业时的情景，过德先谈及周总理的讲话"深深地扎在我的心底"。过德先先生是要求支边，但被分配到中央文化部艺术事业管理局，经强烈要求，一年后才如愿以偿。
[3] 参见"一九五二年中央戏剧学院舞蹈系"的职员表，转引自《吴晓邦主持的舞蹈运动干部训练班》，田静，同上。
[4] 引自2007年3月21日作者对李淑君的采访。
[5] 罗雄岩：《我从铁路走来——一个舞蹈文化求索者的历程》，载《新中国舞蹈艺术的摇篮》，主编田静、李百成，中国文联出版社2005年9月版。

手绢的情景："看到老艺人们手绢耍得让人眼花缭乱，真是让人羡煞。老艺人不善讲解要领，我们只能模仿，整天绢不离手地反复练习、琢磨，终于过关了。有人善意地取笑我们像上满了弦的机器人，老是不停地舞动。"[1]本来是想学芭蕾、跳芭蕾，结果却"教学研究"起了"民间舞蹈"，这对李淑君来说，想必是有一个观念的转变过程。在1953年度的"年终干部鉴定表"上，李淑君所属的单位已改为"中央歌舞团舞蹈教学研究班"，年龄填写的是"22"。李淑君作了思想汇报："在西南的一段建政工作与这次东北的向民间舞蹈学习后，在自己对工作及业务上学习的认识提高了一步……通过民间汇演，在自己文艺思想上也有很大教育，具体的对民间艺术的看法转变了。"其后的自我批评与小组鉴定都提到，在这期间，李淑君"在舞蹈事业信心方面一年来一直是动摇的"，何以会对舞蹈动摇呢？李淑君提到，"在思想上存在着搞歌舞剧的想法"。

这种"动摇"实际上是和当时关于"民族文艺工作何去何从"的讨论有关，主要争论是"民族文艺工作"是"转向城市剧场艺术"，还是"坚持""为少数民族服务"。如果"坚持""为少数民族服务"，保持少数民族舞蹈的特色，就会导致在"城市剧场"里观众欣赏的难度。由此而来的问题是是否应当将"歌唱"与"舞蹈"分开，实现舞蹈的专业化。虽然吴晓邦认为，如果将"歌唱"与"舞蹈"分开，就会失去少数民族舞蹈的特色，"少数民族的舞蹈，中间有歌唱，歌唱和舞蹈是密切结合的，是一种载歌载舞的形式，只有演员在台上歌唱的时候，才是少数民族舞蹈中最动人的场面"[2]。但争论的结果却是：由于中央歌舞团里汉族的干部和演员多，"城市剧场艺术"与"舞蹈专业化"的观点占了主导地位。

在这样一种争论背景下，李淑君在"光跳不唱"的"舞蹈专业化"和"载歌载舞"的"歌舞剧"之间，自然会倾向于后者——从她的条件看，虽然跳舞亦是李淑君私心所好，但光跳不唱，她嗓子好的天赋便不得发挥，这就难怪李淑君要"动摇"，想搞"歌舞剧"了。

在辽宁海城，李淑君向著名的"二人转"老艺人齐大辫学了《瞧情郎》，因为《瞧情郎》是"载歌载舞"[3]的，所以李淑君是边唱边跳，孰知这一唱不打

---

[1] 朱蘋：《清清白白做人 认认真真舞蹈》，载《新中国舞蹈艺术的摇篮》，主编田静、李百成，中国文联出版社2005年9月版。
[2] 吴晓邦：《我的舞蹈艺术生涯》，中国戏剧出版社1982年9月版。
[3] 时下，常以昆曲为"载歌载舞"（这一观念值得商榷）。在采访中。李淑君将她"载歌载舞"的表演历程从此时算起。

紧，便唱出一位"青年歌手"，另一条路也就此在李淑君面前延伸开来……

四、歌剧魅影（上）

"您第一次见到李淑君是什么时候？"

"1954年春天。金紫光说去看看，看能不能要点人到歌剧院来。这时看到了她的东北大秧歌。"

"当时您对李淑君有什么印象呢？"

"她跟王连城一起表演，载歌载舞的，当时就是觉得她嗓子很好，动作也很好，唱、舞都非常好。金紫光问我怎么样，我说挺好。"[1]

在这次东北采风回来的汇报演出中，李淑君表演了二人转《瞧情郎》。这是一首诙谐幽默、情趣盎然的民歌，每一段开头不同，但结尾旋律都是相同的，由一人领唱，一人"旁白、调侃"。唱的是一位少女探望情郎，由于兴奋，在心慌意乱中发生了许多令人捧腹之事：

> 梳哇洗呀打呀扮戴上花了
> 我说哎哟哟哟喂
> 情郎哥儿他捎来信
> 让我去瞧瞧他呀
> 倒叫我呀没有啥拿呀哎嗨哎嗨哟
>
> 有烟你就拿烟哪
> 有茶你就拿茶呗
> 眼前有啥你就带点啥呗
> 他也不是别人家呀哎嗨哎嗨哟
> 得儿哪呼一呼哎哟哟哟喂
> 他也不是别人家呀哎哟哎嗨哟
>
> 买了一对鸡呀

---

[1] 引自2007年4月10日作者对丛兆桓先生的采访。

买了一对鸭

买了一对螃蟹

还有那一对虾呀

捎带着两个大西瓜呀哎嗨哎嗨哟

买了一对鸡呀

买了一对鸭

买了一对螃蟹

还有那一对虾呀

捎带着两个大西瓜呀哎嗨哎嗨哟

得儿腊梅呀咿呀

捎带着两个大西瓜呀哎嗨哎嗨哟

天那上啊下呀雨地下滑了

我说哎哟哟哟喂

一不小心就摔了一个仰八叉呀

两只手儿一扎撒呀哎嗨哎嗨哟

飞了一对鸡

跑了一对鸭

爬了一对螃蟹

蹦了一对虾呀

摔坏了两个大西瓜呀哎嗨哎嗨哟

飞了一对鸡

跑了一对鸭

爬了一对螃蟹

蹦了一对虾呀

摔坏了两个大西瓜呀哎嗨哎嗨哟

得儿腊梅呀咿呀

得儿腊梅呀咿呀

这些个礼物，唉！

都算白拿呀哎嗨哎嗨哎！

有趣的是，当我采访李淑君各个年代的好友、同事时，一提起李淑君的成名，必然会从李淑君唱民歌谈起，而问到唱的是哪一首民歌，被访者几乎全都是面露微笑："不就是那首'大西瓜'嘛！"

在表演《瞧情郎》时，李淑君保存了"民间原有唱法中的好东西，那便是明快、开朗的节奏，活泼的旋律行进，以及声音表情和动作的紧密结合"，同时又因为"民间原有唱法生旦二人皆由男演员扮演，按同一高度定调，这常使得演员的发声不自然、吐字不真、表情吃力"。[1]李淑君在发声方法上作了加工，使得这首歌唱得不仅诙谐自然，还悦耳动听。

在汇报演出中，兼任中央实验歌剧院院长的周巍峙看了李淑君的《瞧情郎》，说："这个人的嗓子太好了，光搞舞蹈太可惜！"于是，要调李淑君到中央实验歌剧院去，但吴晓邦不大愿意放李淑君走。

> 他知道我喜欢芭蕾，苏联专家到中国来传授艺术，他说："你喜欢芭蕾，我把你送到他的班上去。"都舍不得我走，盛婕八十岁的时候还跟我说："我们舍不得你。"[2]

李淑君的回答则很干脆，"我最喜欢芭蕾"，但是"我还是喜欢唱，我的声音非常好，我就不管舞蹈了"[3]。最后，周巍峙用四个干部的指标换来了李淑君[4]。1954年3月，李淑君来到中央实验歌剧院，被分到民间戏曲团，恰好和丛兆桓是一个团，命运就此规定了他们在舞台上成为"死对"。

丛兆桓先生回忆说："她当时很瘦，瘦高，因为学舞蹈的，动作也很帅，帅气。特别突出的就是嗓子，嗓子是一般谁也比不上，歌剧院几百人，都是唱歌的，要想超过李淑君还真不容易。"[5]

中央实验歌剧院的前身是华北人民文艺工作团。1950年元旦，以华北人民文艺工作团为基础，新中国建立了第一个国家剧院，即北京人民艺术剧院。1952年，北京人民艺术剧院与中央戏剧学院重新分配组合，北京人民艺术剧院成为纯

---

[1]王晋：《听李淑君唱民歌》，载《人民音乐》1956年第7期。
[2]引自2007年3月21日作者对李淑君的采访。
[3]引自1992年4月1日洪惟助、周纯一对李淑君的采访，载《昆曲演艺家、曲家及学者访问录》，洪惟助主编，（台湾）"国家出版社"2002版，第107页。
[4]引自杨仕对李淑君的采访，时间为1994年。
[5]引自2007年4月10日作者对丛兆桓先生的采访。

粹的上演话剧的剧院，歌舞剧的人员合并到中央戏剧学院，改名为中央戏剧学院附属歌舞剧院。1953年，附属歌舞剧院从中央戏剧学院独立，改名为"中央实验歌剧院"，1964年定名为"北京歌剧舞剧院"。中央实验歌剧院分为三个团：歌剧一团、歌剧二团、民间戏曲团。为何在中央实验歌剧院内部会有这种建制呢？这是当时"如何创造新中国的歌舞剧"这一争论的产物：

> 因为以前中国没有歌舞剧，于是大讨论，分为三派：一派是将西方的东西引进，再加进一点中国的东西，把国际上的歌剧引进中国来演，剧目主要是《茶花女》、《卡门》、《蝴蝶夫人》等。有声乐家在国外学过，带回中国来演出；再一派是在民歌的基础上发展中国的歌剧，要土生土长地发展起来，可以吸收一些外国的东西，比如声乐教学，搞民族唱法。这个剧目上的代表就是《白毛女》、《刘胡兰》、《王贵与李香香》这些民族的歌剧，《小二黑结婚》这些文学作品搬到舞台上演出，由马可先生作曲，歌剧院就排这个戏。还有一派是在中国戏曲的基础上发展中国歌剧或歌舞剧。按照这三种意见，中央实验歌剧院就分成三个团：一个团按民歌，一个团按照西方歌剧，一个团按中国戏曲。[1]

正是因为有这一背景，当时已分散于各地的北方昆弋老艺人被请出来，任教于华北人民文工团及其后的北京人民艺术剧院，给青年学员传授"中国古典舞"[2]。民间戏曲团的主要任务是学习各种地方戏曲，李淑君刚到歌剧院，就被派到华东去学习。在1955年1月14日填写的"自我鉴定"中，李淑君还特意提到了这一段经历，"这段工作当中，学习是积极热情的，主动学会唱腔和背熟剧本为公演时打下基础，对同志关心照顾，我担任卫生员工作，当时有病号：贺敬之、黄曾九、李百成，（我）对他们是热心照顾的。"不过也提到了自己的缺点："工作当中表现得不踏实，如组织准备派我去华东学习，第一天就走，但在当天

[1] 引自2007年4月10日作者对丛兆桓先生的采访。
[2] 在《优孟衣冠八十年》中，侯玉山回忆道："根据需要，韩世昌、白云生、侯永奎、马祥麟等同志也同我一道被分配到了人艺歌舞剧队，在这里除每天从早到晚给学员们教基本功外，偶尔还排演过几出戏，但为数不多。""并明确规定，我们昆曲艺人的当前任务是给青年学员教功和传戏。现在北昆剧院工作的丛兆桓、李倩影、安维黎、秦肖玉等人，都是那时北京人艺的学员，我都给他们教过戏曲基本功和戏曲舞蹈表演动作。"见《优孟衣冠八十年》，侯玉山口述，刘东升整理，中国戏剧出版社1991年版，第105、106页。

晚上组织让我留下搞二人转，虽然是自己克制了自己的个人得失，但在工作当中遇到困难，在情绪上表现得急躁，强调客观上的困难，说明自己爱表现。"在"民主鉴定"中，小组长肯定了李淑君"演出效果较好，业务学习比较踏实"，但是"和同志接触只是生活上的，思想暴露较少"。此时，大概李淑君还隐瞒着自己的家庭出身、转学经历及其出生年份等"思想包袱"[1]，所以与人打交道有所保留，因此会给人"思想接触少"的印象吧。

"歌剧院的宿舍楼在东煤厂5号，后海边上"，虽然已经过去了五十多年，李倩影还清楚地记得和李淑君一起去买牙膏时的趣事："当时我刚结婚，李淑君还是单身，我们都住歌剧院宿舍，是个筒子楼。她经常到我这儿来玩。我们一起逛街，买牙膏，一般是二毛五一支，李淑君就问：'有没有一毛八的？'"[2]从整日想着买衣服爱打扮的千金小姐，到如今要买一毛八一支的牙膏，或许既有当时社会风气之影响，也有经济条件的限制——工作后，她还要供养无业的母亲和读书的弟弟，而刚刚参加工作显然薪水不会很高。

五、歌剧魅影（中）

渐渐地，李淑君开始以"青年歌手"的身份走红，《听李淑君唱民歌》[3]一文开头便写道：

> 在中央实验歌剧院的音乐舞蹈演出中有一个曾引起了大家普遍的注意的节目，那便是李淑君的民歌独唱。这是一个新人，作为一个独唱演员，出现在舞台上还不久，甚至保留节目也不多，但却以突出的风格赢得了观众热烈的爱好。

在演出中，一开始因为李淑君是青年演员，她的节目总是被排在前面，但是等她唱了《瞧情郎》之后，特别受欢迎，观众热烈鼓掌，"再来一个，再来一个"，她三番五次都下不了台，于是她的节目就一个一个往后挪，一直挪到最

---

[1] 我于李淑君的档案中所见《自传》，写于1955年。在这份《自传》中，李淑君较为详细地交待了自己之前的经历。

[2] 引自2007年7月17日作者对李倩影的采访。

[3] 载《人民音乐》1956年第7期。

后——李淑君唱大轴了。[1]

由于唱《瞧情郎》，李淑君还成了"印度朋友发现的人才"，那是在中印建交的时候，印度文化代表团到中国访问，看了李淑君"载歌载舞"的民歌《瞧情郎》，就对周恩来总理说："你们国家有一个非常好的演员。"周总理说："我怎么不知道呢？"正好第二天，周总理宴请印度艺术家，李淑君也去唱了，就在中南海的草坪上。[2]她的搭档丛兆桓当时也参加了这次宴会，他回忆道：

> 周总理很关心："你怎么还不入党啊。"她说："我不够格，家里有些问题，父亲是国民党的将领。"这是在一次跳舞时，周总理问："什么将领啊？什么级别？"她说是中将。李淑君很坦白。罗瑞卿正好在周总理身边，说："小官儿嘛，国民党那儿中将多去了，不是决策人物，说清楚了就完了。不要有什么负担，不要背什么包袱。"[3]

这种政治家"关心"艺术家的逸闻，总是被人们津津乐道，并在回忆中频频出现——似乎是瞬间闪耀的光彩。幸运的是，这只是一个开始，此后周总理还依然"记得"李淑君：

> 1955年的夏天，我们金紫光院长带我参加一次文艺座谈会，会后总理接见。在人民剧场休息室的楼上，大家伙儿、文艺界都站着，总理也站着，那是个夏天，一边吃一边说。说着说着，总理忽然想起来，"今天李淑君来了没有？""李淑君来了没有？"说了好几声，我是个青年演员，扎在后头不敢出来，总理说了好几声我才出来，出来以后，总理就对全体的同志说："她就是印度朋友帮我们中国发现的人才。"我是没齿难忘，那真是没齿难忘。[4]

---

[1] 作者于2007年3月21日采访李淑君和2007年4月10日采访丛兆桓时，这一细节反复出现在他们的记忆里，而且大体相似，可见其戏剧性，亦可见李淑君演唱民歌之"走红"。

[2] 此事亦有报道"十日晚间，周恩来总理为欢迎由钱达先生率领的印度文化代表团全体人员，在中南海一座花园的草坪上举行盛大的招待酒会……会上，中国艺术家李波、管林、李再雯、娄振奎、刘淑芳、李淑君、苏盛兰、江新蓉先后歌唱中国和印度的歌曲"。见《周总理举行酒会招待印度文化代表团》，载《新民晚报》1955年6月11日。

[3] 丛兆桓口述，陈均整理：《我所亲历的"李慧娘"事件》，载《新文学史料》2007年第2期。

[4] 引自杨仕对李淑君的采访，时间为1994年。关于这一情景的描写，亦可参见杨仕据此次采访所整理、李淑君署名文章《关怀鼓励　铭刻在心》。载《周总理与北京》，中国人民政治协商会议北京市委员会文史资料委员会编，中央文献出版社1998年版。

《瞧情郎》后来还录了唱片，录的时候发生了一点小意外。几十年后，李淑君还把它当作笑话来讲："我是个业余歌唱家！"为什么呢？"给我录《瞧情郎》的唱片，红灯一亮，我把词给忘了。完了，录音师跟马可说，怎么介绍一个业余的歌唱家来。"[1]

除了东北民歌《瞧情郎》，还有《挑新娘》。一则报道描述道："《挑新娘》生动地刻画了农村姑娘心里的心事。当李淑君用富有表情的神情，用清楚的字音唱出了'哎哟哟，小伙子呀，你先别着忙，姑娘不要那落后的郎'和'等你开上了拖拉机，再来求我作新娘'时，激起了观众热烈的掌声。"[2]

李淑君还有一个保留节目，是豫剧《红娘》的唱段，是李淑君向唐洪云学的。唐洪云此时在中央实验歌剧院当演奏员，吹拉管，但他多才多艺，能作曲，做得一手好菜，板胡拉得也很好。中央实验歌剧院派唐洪云陪于莲芝去向常香玉学豫剧《红娘》，拉着拉着，常香玉对他说："我看过这么多拉豫剧的，没有比得上你的。等我的琴师死了，就是你了。"学完《红娘》回来，唐洪云就把这出戏教给了李淑君。当时，唐洪云是李淑君众多的追求者之一，至于为什么追求李淑君呢？在晚年，唐洪云曾谈到过此事：

> 在歌剧院的时候，晚会上表演节目，她梳着条大辫子，唱完以后，观众都热烈鼓掌，她回头一笑。就这么一笑，我这一生就摆脱不了。[3]

我们不难想像这样一种情景，和这样的微妙情感。

> 说一句叹一声泪如雨降，
> 提起来你母女他痛断了肝肠。
> 且慢说有情人就伤心难讲，
> 俺红娘心肠硬——
> 我的小姐呀——
> 我，我见他也悲伤。
>
> ——豫剧《红娘》选段

---

[1] 引自2007年3月15日作者对李淑君的采访。
[2] 之江：《令人难忘的演出　看中央实验歌剧院的第二期节目》，载《新民晚报》1956年3月24日。
[3] 转引自2007年7月17日作者对唐小君的采访。

独唱豫剧《红娘》"拷红"中的这一唱段，难度是很大的，因为在戏曲舞台上，演员还可以"借助表演、服装、道具和其他演员的配合"来表现，但是一个人独唱，就需要对音乐有更强的理解力和把握。在唱到"说一句叹一声泪如雨降"时，这是红娘为张生抱不平，故意渲染张生的病情与痛苦，用意挑逗莺莺，虽然唱的是悲哀之事，但其意却是戏谑的。李淑君在处理这段唱时"用的是悲腔"，但"唱完时掩口一笑，显示红娘的伶俐、调皮"，因此评论文章夸奖"李淑君在这里使用了明确的动作和表现力很强的花腔解决了这个困难问题。听众在这里感受到了人物栩栩如生的形象"。[1]

后来，毛泽东主席也要看豫剧《红娘》，因为李淑君的个头高，不适合演贴旦，所以"红娘"就安排于莲芝演，李淑君演了"崔莺莺"，唐洪云也来拉板胡帮李淑君吊嗓子。最后，李淑君终于完成了任务。

在中央实验歌剧院内部，正面临着"洋""土"之争，也即中国新歌剧，是移植"洋"的，在西洋歌剧的基础上发展，还是重视"土"的，在民歌或戏曲的基础上发展。具体到一个演员或歌手，就是面临着一个抉择：是要用"洋嗓子"，还是用"土嗓子"。歌剧院里的风气，重"洋"轻"土"，但对于新中国的文艺政策和观众来说，"土"的更容易接受，并符合"中国作风和中国气派"的官方政策，因此在歌剧院内外就形成了一种微妙的局势。

或许王昆的经历是这一争执的绝好例子，她在延安以演《白毛女》成名，用的是本色的"土嗓子"，但在"洋""土"之争下，她也感到迷惑。1954年，她到天津音乐学院学习声乐，被苏联专家将"原始的"、"村野的""土嗓子"教成"洋嗓子"，后来被周恩来总理听到，很不高兴，说："哎呀，你怎么学成这种不洋不土的样子了？"于是她从天津音乐学院退学，努力恢复"土嗓子"，并请周总理来听，才得到周总理的赞许。

李淑君以唱民歌出名，自然应当归属于"土"的，也就不免遭到了"洋"团的嘲笑。在天津工人俱乐部演出时，由于李淑君特别受欢迎，就有人说："李淑君的观众都是光脚丫的。"

　　我的老师外号叫大象，他呀，（我）白天上大象的课，唱美声；晚上演

---

[1] 王晋：《听李淑君唱民歌》，载《人民音乐》1956年第7期。

出，唱《瞧情郎》，用民歌的土嗓子唱，结果气得大象给我两分。贴出来我都很寒碜。

　　张权，我的老师辈的，开会批评我，我还不懂得，还张权老师这个，张权老师那个的。[1]

　　由于"土团"（歌剧一团）和"洋团"（歌剧二团）之间打得不可开交，"土团"受压抑，文化部副部长钱俊瑞写信，让郭兰英、王昆和李淑君三人到文化部来，说："你们放心唱民歌，他们要打击你们，我给你们打大旗。"

六、歌剧魅影（下）

　　到了中央实验歌剧院，李淑君和丛兆桓合作的第一个戏是福建的闽剧《钗头凤》，讲的是陆游和唐琬的故事。在1952年全国戏曲会演时，丛兆桓和另一个女演员学了这个戏，但后来那个女演员因为年龄大，不当演员了。等李淑君到了民间戏曲团，领导就安排丛兆桓和她一起合作，把这个戏教给了李淑君。[2]

　　到泉州学梨园戏《陈三五娘》，可能是去外地学地方戏的经历中最让他们难忘的一次。当然，难忘的不是泉州的山水和人情，或梨园戏的奇闻异事，而是条件的艰苦：

　　　　梨园戏是我们亲自到福建学的。睡在草上，让虱子给咬得，全身都肿了。我不会说福建话，我把那英文的拼音都用上了。[3]

　　在丛肇桓的记忆中，那时去福建的民间戏曲团演员有十几位，分成两个小组：一个小组留在福州学闽剧《钗头凤》，有三四位演员；另一个小组去泉州学梨园戏《陈三五娘》。丛兆桓和李淑君都在去泉州的小组里，此外还有其他几位演员和鼓师、琴师等乐队成员。

　　梨园戏唱的是闽南话，从北京来的演员自然是听不懂，"就像到了国外一

---

[1]引自2007年3月21日作者对李淑君的采访。
[2]引自2007年4月10日作者对丛兆桓先生的采访。本节关于丛兆桓与李淑君的合作，及学习梨园戏的相关细节，除特别注明外，均为丛兆桓先生口述，由作者整理撰写。
[3]引自2007年3月21日作者对李淑君的采访。

样"[1]。反过来，因为刚解放不久，演戏、教戏的泉州老艺人也听不懂普通话，更谈不上会说普通话了。首先交流就存在障碍，幸好，闽南戏实验剧团（即梨园戏剧团）里，有一个小姑娘能说普通话。于是，就靠着这个小姑娘的"翻译"，她们把这个戏按原样学了下来——闽南话不会说怎么办？戏词不懂怎么办？只能照着原样"刻模子"，梨园戏老艺人怎么唱，她们就怎么唱，按李淑君的说法，为了背戏词，连英文字母都用上了。如此这般，花了两个多月，她们才将梨园戏《陈三五娘》学了下来。

这学梨园戏的两个多月，丛兆桓感触最深的就是生活习惯的差异，比如每天都要碰上的问题——吃早点。

> 那个地方喜欢吃海鱼，早上起来，早点我们就不知道怎么办，他们那儿的早点就是一碗粥，一盘咸鱼，大碗的粥，我们北方人很不习惯吃这个当早点。

这期间，梨园戏剧团下乡演出。他们也跟着剧团下乡，一边看，一边学。乡下的条件更加简陋，他们一起住在破庙里，在地上铺点草当床，虽然还是阴历一月份，但泉州已经相当热了，草里的跳蚤很多，而且跳蚤似乎特别偏爱李淑君——她就被咬得"全身都肿了"。

此时，恰好潮州的潮剧团到泉州来交流，泉州有梨园戏《陈三五娘》，潮州也有潮剧《陈三五娘》，因为《陈三五娘》本来就是流传于泉州和潮州两地的故事，讲的是泉州的黄五娘被潮州的陈伯清拐跑了，他们在夜里私奔，从泉州跑到潮州。潮州人开玩笑说："我们把泉州最好的姑娘弄到潮州来了！"于是，潮州的潮剧团、泉州的梨园戏剧团，再加上北京的中央实验歌剧院民间戏曲团，开了一个联欢会，三台《陈三五娘》，三对"陈三"和"五娘"，李淑君还唱了《瞧情郎》，因为是"二人转"，丛兆桓临时学了这支民歌，陪李淑君一起唱。

等回到北京，举行梨园戏《陈三五娘》的汇报演出，台下的观众一听，怎么听不懂啊？——"是闽南话唱的。"为什么不改成普通话呢？——"教梨园戏的艺人不会说普通话，我们也没有办法将闽南话的戏文翻译成普通话。" [2]

---

[1] 对语言不通的情况，丛兆桓先生笑着打了这个比方。

[2] 关于《陈三五娘》还有后话：1958年北方昆曲剧院到山东演出时，由于演昆曲不受欢迎，她们就将《陈三五娘》改成普通话演唱，易名为《荔枝记》。

《荔枝记》（1958年），左起依次为丛兆桓、秦肖玉、李淑君、崔洁

　　紧接着，闽南戏实验剧团到北京汇报演出，被称赞有"优美的表演艺术和丰富多彩的音乐舞蹈"。此时，两对"陈三"、"五娘"又见面了，歌剧院和闽南戏实验剧团一起"联欢"，"谈心、游戏"，还有"清唱的表演"。[1]

　　到1955年，李淑君会演的地方戏已经比较多了。在中央戏剧学院吴晓邦舞运班时，她就在云南学了花灯戏，在东北学了大秧歌；到歌剧院后，她去安徽向严凤英学黄梅戏，去泉州学梨园戏《陈三五娘》，还有"转学"的闽剧《钗头凤》和常派豫剧《红娘》……这时，关于如何建立中国新歌剧的争论出现了变化：以"民歌"为基础创造中国歌舞剧和以"戏曲"为基础创造中国歌舞剧的两种意见合流，发展成为以"民歌和戏曲"为基础创造民族歌剧。这种态势的出现和郭兰英有关，郭兰英是山西梆子演员，又擅长唱民歌，她将两者融合起来，演出了《白毛女》、《刘胡兰》等新歌剧，很受群众欢迎，影响也很大。如此一来，民间戏曲团就被取消，一部分人合并到歌剧一团。

---

[1]《闽南戏实验剧团在京作汇报演出　中国戏剧家协会举行闽剧座谈会　中央实验歌剧院戏曲剧团最近排演了"陈三五娘"》，载《新民晚报》1955年7月21日。

李淑君和丛兆桓也到了歌剧一团，当时歌剧一团正在排《小二黑结婚》，本来有两组演员，等他们一去，就排了第三组。由于第三组是从民间戏曲团来的，有戏曲基础好的特点，领导就让他们在演出中运用戏曲的东西，和前两组的演法不太一样。

排完了《小二黑结婚》，还没公演，"反右"运动便席卷中国社会。到1956年4月，《十五贯》进京引起轰动，《人民日报》社论称"一出戏救活一个剧种"，关于建立昆曲院团的话题正在进行，到年底，又举行了南北昆剧观摩会演。这时，李淑君和丛兆桓正在排《路遇》——这是《天仙配》中的一折，又计划排大型民族歌剧《槐荫记》，全然没有想到，他们的命运将从此改变……

第三章　在等待北昆成立的日子里

一、《十五贯》进京

　　1949年以后，全国虽然没有正式的昆曲班社，但昆曲依然零星地演出，在北京，北方昆弋老艺人相继被吸纳到北京人民艺术剧院，教授"中国古典舞"。在1951年、1952年，韩世昌、白云生、侯永奎、侯玉山等人被调到中南海怀仁堂演出了《游园惊梦》、《林冲夜奔》、《通天犀》等戏，而且毛主席还特别指示"《游园惊梦》要带'堆花'"。丛兆桓先生当时正是北京人民艺术剧院（后为中央实验歌剧院）的青年演员，演《游园惊梦》时扮"花神"，演《夜奔》时打"提词"……亲眼目睹了这一场面。

　　"那时全国都看不着昆曲了，但在中南海可以看昆曲。"丛先生戏言道。[1]

　　"在北京研究昆曲的著名艺人如韩世昌、白云生等均已参加组织，做些昆腔研究及一部分在舞蹈艺术上的教导工作，因此均已久未露演"[2]。虽然昆曲很少公演，但"内部演出"、"招待演出"依然会有，一篇文章曾谈及"赵金蓉和李

---

[1] 引自2007年4月10日作者对丛兆桓的采访，不过，丛先生此言为玩笑语，他也谈到曾为一些机关、单位演出。
[2] 小卒：《首都演出昆曲合作大会》，载《新民晚报》1952年12月5日。据报道，此次"昆曲合作大会"，由"昆曲研究会"组织，在首都胜利剧场举行，"特约名艺人包丹庭、钱宝森、王福山等合作，并由名鼓手杭子和打鼓。演出的节目有《宁武关》、《弹词》、《折柳阳关》、《小宴》等昆剧，演出后颇为首都观众所欢迎。"

凤云的《游园》、侯永奎的《夜奔》、侯玉山的《嫁妹》。工人观众的反应好极了。这些戏，是经常为北京各机关、各工厂、各学校邀请演出的"[1]。此外，亦有"昆曲合作大会"、"昆曲观摩演出"之类的活动，以及"昆曲研究会"等业余团体的活动。

韩世昌、白云生等昆曲老艺人还在中央戏剧学院的舞研班、舞运班上课，那里也有一批学员，包括李淑君在内，在学习"中国古典舞"的基本功。

与此同时，南方的昆曲活动也有所增加，国风昆苏剧团在杭州公演《西厢记》、《长生殿》，华东戏曲研究院昆曲演员训练班成立……1955年2月11日、12日，京沪两地昆曲演员在北京举行观摩演出，南北昆曲老艺人纷纷粉墨登场。11日由朱传茗、沈传芷、汪传钤、华传浩、方传芸演出《断桥相会》、《醉皂》、《挡马》、《芦林》，12日由韩世昌、白云生、侯玉山、侯永奎、白玉珍、马祥麟、魏庆林、傅雪漪演出《饭店认子》、《胖姑学舌》、《琴挑》、《夜巡》、《钟馗嫁妹》。据报道，每场来观摩的首都戏剧界人士达千余人。

但是，昆曲的处境依然艰难，甚至濒临灭绝。有人向文化部领导提建议，答曰：在京剧、川剧等剧种里有昆曲；有人给《戏剧报》写信"要求重视昆剧的生死存亡的问题"，却得到冷冰冰的回答："这个问题，不是戏剧运动的中心问题。"[2] 韩世昌曾经这样描述：

> 北方昆曲艺人在1949年就参加了革命（北京人民艺术剧院），想把自己所会的东西传给第二代。当时也曾在怀仁堂等处组织过昆曲演出。但人民艺术剧院的院委除少数赞成外，大都认为昆曲是封建士大夫阶级产物，一度被分出搞首都实验剧团，不久又改演皮黄，将一些昆曲艺人遣散，仅剩我和白云生、侯永奎、马祥麟等少数人留在歌舞剧院，根据新歌剧舞蹈的要求教授身段，男女学员一律学武生动作（认为昆曲旦角动作不健康），不能谈昆曲，否则就被认为"复古主义"、"国粹"。有的领导对我说"昆曲已经死亡了"，因此使我非常灰心，将仅有"头面"都卖掉。[3]

---

[1] 黄袁：《瞻望新歌剧（六）——人民艺术剧院之二》，载《文汇报》1950年3月4日。
[2] 高元：《有关昆剧的几点建议》，载《戏剧报》1956年第7期。
[3] 韩世昌：《昆曲需要扶持》，载《人民日报》1957年5月30日。

这一切都因《十五贯》晋京而改观。《十五贯》为浙江国风昆苏剧团所排演，是时任浙江省文教部副部长兼文化局长黄源等人结合当时中国的社会政治语境而进行重新整理、改编的。黄源回忆这一经历时说，首先是1955年初田汉提出"要昆苏剧团到北京演出"，黄源接到"准备剧目"的任务时，因批判胡风运动和肃反运动而搁置下来。在肃反运动中，毛泽东发出指示"提高警惕，肃清一切特务分子；防止偏差，不要冤枉一个好人"，并发下一些选自《聊斋》的《胭脂》、《席方平》等材料。到1955年11月，黄源陪同客人看戏时，正好国风昆苏剧团在演出《十五贯》，黄源观戏后想到："一、这戏和毛主席选自《聊斋志异》的《胭脂》等是同一题材。二、剧中过于执犯的是主观武断，是主观主义的错误，毛主席把'主观主义'视为大敌；况钟工作严肃认真，俯听下情，进行调查研究，正确判断案情，这是毛主席提倡的实事求是的态度。这戏通过艺术表现强烈地反映着这两种对立的思想和作风，这是非常难得的。"凭借着灵敏的政治嗅觉，黄源"用毛泽东思想来整理和改编此剧"，"使此剧面貌一新"，并预言"毛主席看了一定喜欢"[1]。

1956年1月，新编《十五贯》在杭州公演，但由于"得不到报纸舆论的赞助"，没有太大反响。直至去上海演出才打开局面，被认为是"一场难得的好戏，特别是公检法的同志，应该个个都看一看"[2]。其后，《十五贯》晋京演出，第一天票房很冷落，一千多座位的广和剧场，才卖出去四十多张票，到四五天后才出现热闹场面。据说公安部长罗瑞卿在观看后，向毛主席作了汇报，于是毛主席两次观看《十五贯》，并作出指示。周总理也观看了演出，并接见全体演员，在谈话中指出"一出戏救活了一个剧种"、"《十五贯》有丰富的人民性和相当高的艺术性"。[3]据新华社1956年5月5日报道"北京有三万三千多观众欣赏了他们精彩的演出。这个剧团共演出三十场，在观众热烈要求下，优秀剧目'十五贯'就演了二十五场……北京、沈阳、哈尔滨、开封等地的不少戏剧工作者都来观摩了他们的演出。"[4]5月17日，"昆曲《十五贯》座谈会"在中南海紫光阁召开，与会者有二百多人，从早上9点开到下午3点，周恩来总理一直在场，并在

[1] 黄源：《昆曲〈十五贯〉编演始末》，载《新文化史料》，1994年第1期。
[2] 同上。
[3] 周恩来：《关于昆曲〈十五贯〉的两次讲话》，载《文艺研究》1980年第1期。周恩来：《关于昆曲〈十五贯〉的两次讲话》，载《文艺研究》1980年第1期。
[4] 载《新华社新闻稿》第2160期，1956年5月5日。又据《浙江昆苏剧团在首都》一文，剧团的演出共"四十七天"，"有七万多人看了他们的戏"，载《戏剧报》1956年第6期。

会后作了重要讲话，在检讨了"昆曲在解放后多年来受轻视"后，认为"《十五贯》的演出，复活了昆曲，为'百花齐放，推陈出新'奠定了基础"、"树立了良好的榜样"。[1]5月18日，《人民日报》发表了《从"一出戏救活了一个剧种"谈起》的社论，这就造成了"满城争说《十五贯》"的局面。

此时，李淑君还是中央实验歌剧院的"青年歌手"，在各种晚会上以东北民歌《瞧情郎》和豫剧《红娘》展露身手，对于这一由《十五贯》引发的热潮，恐怕只是一个观看者而已——或许并未意识到自己的命运行将由此改变。但对于北京的昆剧演员及昆曲爱好者来说，则是非同一般，这不仅仅是时隔多年后，第一次看到南方的昆班进京演出，而且由于《十五贯》的主题思想与意识形态"合拍"，从而使昆曲在国家决策中由"自生自灭"变为"榜样"，出现"一出戏救活了一个剧种"的形势，建立和重组昆曲院团因而有了可能 。[2]

二、初演昆曲

1956年9月22日，苏州举办昆剧观摩演出，日程本为七天，但因白云生等人赶到，故延长一天。其时，张允和在北京正忙于北京昆曲研习社的活动，接到友人来信中所附苏州昆剧观摩的戏单，赋《忆江南》曰："江南好，最忆是姑苏。枫叶秋来红似火，满城争唱水磨歌。英才新艺多。"[3]歌赋之余，张允和发表文章说："昆剧又要在上海举行更盛大的会演了，有各方面更多的艺人和曲友们参加，听说有八十多个剧目。我相信，不久的将来，江南的枫叶绚丽多彩的景色，一定会展开在北京和其他各地更多人的面前。"[4]

据张允和的日记记载，此时北京正在筹备建立公私合营的昆剧团，并建立昆曲占重要位置的戏曲学院 。[5]在与北京市副市长王昆仑座谈后，张允和得到的

［1］周恩来：《关于昆曲〈十五贯〉的两次讲话》，载《文艺研究》1980年第1期。
［2］在一封给《戏剧报》编辑部的读者来信中，提及"昆曲已被一出《十五贯》救过来"，"我切盼文化部建立昆剧团，把一些已经分散的老演员集合起来，使他们一方面传授徒弟，一方面演出。也切盼河北省文化局，对于河北省高阳县农村中还存在的昆剧团，加以扶助。"见《有关昆剧的几点建议》，高元，载《戏剧报》1956年第7期。
［3］见张允和1956年10月10日日记，载《昆曲日记》，张允和著，欧阳启名编，语文出版社2004年版，第3页。
［4］张允和：《昆剧——江南的枫叶》，载《人民日报》1956年10月29日。
［5］见于张允和1956年10月10日日记，载《昆曲日记》，张允和著，欧阳启名编，语文出版社2004年版，第4页。

印象是"看来政府对北京三个昆曲组织各有分工：剧团演戏，学校学习，曲社研究。"[1]

1956年10月27日，北方昆曲代表团到达上海，准备参加11月3日举行的南北昆剧观摩演出——也就是张允和所说的"更盛大的会演"——这次会演是根据周恩来总理的指示，由上海市文化局和中国戏剧家协会上海分会联合主办的，北方昆曲代表团由金紫光、边军带队，以老艺人、老曲家为主，有韩世昌、白云生、侯永奎、侯玉山、马祥麟、白玉珍、魏庆林、侯炳武、沈盘生、叶仰曦、傅雪漪、高景池、侯建亭等，此外还有从中国实验歌剧院借来的青年演员李淑君、丛兆桓、张凤翎、崔洁、安维黎、侯长志、侯广有等，以及中国戏曲学校的毕业生孔昭、林萍、张肇基、刘秀华等，一共41人。北方昆曲代表团住在上海国际饭店十一楼，侯玉山回忆说："这里条件非常舒适，风景也相当优美，是上海首屈一指的大饭店。"[2]

为什么会让李淑君、丛兆桓这些歌剧院的青年演员参加南北昆剧观摩演出呢？尽管对去上海参加南北昆剧观摩演出的记忆已很模糊，但李淑君还是能准确地回到当年的情境：

> 来南北昆会演，我们这些青年人，是观摩的任务，那时准备让我们排《槐荫记》、《天仙配》，我和丛兆桓一对，角色都分好了，歌剧院是不放我们的。让我们到上海去看，去观摩，去跑龙套，他们只几个老师，演不起戏来。我们给老师跑龙套，又学习，回来还得唱歌剧。[3]

侯玉山也曾谈及此事："为什么要借调这么多青年学员呢？当时演员不够用，要是不借调他们，这台戏还真唱不起来。""除我们这些老演员之外，剩下的连龙套下手都很难凑齐。这样，领导便准备抽调一些青年学员，经过短期培训，然后随演出团去上海参加会演，实际上是通过会演来培养人才。"[4]李淑君他们之所以参加南北昆会演，当然也是因这些理由：一个是观摩学习，另一个是给老

---

[1] 见于张允和1956年10月10日日记，载《昆曲日记》，张允和著，欧阳启名编，语文出版社2004年版，第4页。

[2] 侯玉山口述，刘东升整理：《优孟衣冠八十年》，中国戏剧出版社1991年版，第115页。

[3] 引自2007年4月3日作者对李淑君的采访。

[4] 侯玉山口述，刘东升整理：《优孟衣冠八十年》，中国戏剧出版社1991年版，第114、115页。

师们跑龙套。但是，龙套跑着跑着，后来居然有了当主演的机会，于是，李淑君的才能得以展现，并开始在昆剧舞台上引人注目。

11月3日晚，南北昆剧观摩演出在上海长江剧场开幕，首场是北方昆曲代表团专场，有白玉珍、侯炳武主演的《麒麟阁·三挡》、侯永奎主演的《宝剑记·夜奔》、侯玉山主演的《天下乐·嫁妹》，大轴是韩世昌、白云生、张凤翔主演的《牡丹亭·游园惊梦》。在《游园惊梦》的"堆花"一场中，李淑君的名字出现在"众花神"的名单中——众花神由齐洁、张凤翔、安维黎、李淑君、孔昭、林萍、刘秀华、义维茹、丛兆桓、白玉珍、景和顺、侯长志、王卷、侯广有、张肇基、赵德贵等分饰。[1]

在南北昆会演时演过花神，我们都是跑龙套，我跑的是花神。我们拿着灯，里面是电灯，外边用纸糊好，按照老师的意思给排成集体舞。扮相什么的都是老的，我的老师演大花神，其他的是我们青年扮的。[2]

11月5日晚的北方昆曲代表团专场，李淑君参加了《通天犀·坐山》的演出。这一晚的戏码有侯玉山、李淑君、侯炳武主演的《通天犀·坐山》，侯永奎、魏庆林、白玉珍主演的《单刀会·刀会》，韩世昌、白云生、马祥麟、张凤翔、魏庆林、孟祥生主演的《雷峰塔·降香、水斗、断桥》。在《通天犀·坐山》中，侯玉山饰演"青面虎"许世英，侯炳武饰演程老学，李淑君饰演许佩珠[3]——是许世英的妹子，也算是主演之一了。这是李淑君主演的第一出戏，当我问及原因时，她回忆说："因为金紫光要挑一个条件比较好的，陪着侯老师演，就挑上我了。"[4]

侯玉山关于此事也有记述：

……十二月五日我们在杭州开台。这时候，通过近一个月的舞台锻炼和学习，青年演员李淑君已经能应戏了。她与我合演了昆曲《通天犀》，剧中

[1] 本节中关于南北昆会演的相关日程、剧目、演员均据《昆剧观摩演出纪念文集》（中国戏剧家协会上海分会编，上海文化出版社1957年版）的附录之二《大会演出剧目及演员表》一文。文前注曰："表内所列剧名，为了便利对昆剧不太熟悉的读者检阅起见，一律以曲谱中通用的名称为准，和当时剧场所用名目，略有出入。"另参阅张卫东《全国首次昆曲观摩演出情况》，载《兰》1996年第1期。
[2] 引自2007年4月3日作者对李淑君的采访。
[3] 此处角色名称和北昆传统叫法不一致。《通天犀·坐山》中的"青面虎"及其妹，有些剧种称"许世英"和"许佩珠"，但北昆称作"徐起英"和"徐飞珠"。
[4] 引自2007年4月3日作者对李淑君的采访。

我饰青面虎徐起英，她饰青面虎的妹子徐飞珠。这年淑君刚二十出点头儿，虽然身上功夫还不十分到家，但扮相儿好，嗓子甜，又有文化，理解角色比较深刻，因此，每场演出都博得观众不断的掌声。[1]

　　这段回忆大致描述了李淑君初登台担纲主演时的情景，"扮相好"、"嗓子甜"、"有文化、理解角色比较深刻"这三个特点，后来也频频出现在对李淑君的评价及李淑君的自我期许中，几成定评。而且，演出效果也是不错的——"每场演出都博得观众不断的掌声"。不过，这一描述有两处不甚准确：一是侯玉山以为李淑君是在杭州去后，才与他配演《通天犀·坐山》的，实际上在上海演出时，节目单上所列《通天犀·坐山》演员表中，李淑君就已出现。二是李淑君出生于1930年，在南北昆会演的1956年，已经是26岁，并非"刚二十出点头"。

　　此后，李淑君又在11月8日晚演出的《西游记·火焰山》中饰演观音，在11月18日日场和11月25日夜场演出的《游园惊梦》中饰演花神，11月25日日场演出

《通天犀·坐山》（1956年），李淑君饰许佩珠，侯玉山饰许世英。

[1]侯玉山口述，刘东升整理：《优孟衣冠八十年》，中国戏剧出版社1991年版，第119页。在侯玉山的这本回忆录中，李淑君到杭州后才"应戏"，但在上海时，《通天犀·坐山》中已出现李淑君的名字。

的《通天犀·坐山》中饰演许佩珠。到11月26日的夜场，在压轴戏《长生殿·惊变》中，白云生饰演唐明皇，李淑君饰演杨贵妃，沈传锟饰演杨国忠，这是李淑君在南北昆剧观摩演出中所担当的最重要的角色。

这对李淑君来说，也是一个相当重要的历史时刻，因为《通天犀·坐山》中的妹妹还只是个次要角色，到《长生殿·小宴惊变》，则算是真正主演了一出戏，而且这出戏也成了她的保留剧目，"以后，我经常和白云生老师演《小宴》、《惊变》，还有《埋玉》"[1]。

在11月22日有南北昆合演的《长生殿》专场中，《惊变》这一折尚是由白云生和韩世昌主演——为何在三天以后，由李淑君替下韩世昌来演杨贵妃呢？

后来韩老师年岁大了，咳嗽、气喘、肺气肿，一上台就喘得不行。我们剧院就考虑，南昆有言慧珠，才三四十岁，怕韩老师上去给比下来，就让我演了《小宴》，跟白云生老师。演完以后，上海的专家们也发现我是个好苗子。[2]

《长生殿·小宴》（1956年），李淑君饰杨贵妃，白云生饰唐明皇

[1] 引自2007年4月3日作者对李淑君的采访。
[2] 引自杨仕对李淑君的采访，时间约为1994年。

原来，在11月22日南北昆合演《长生殿》后，时任北昆代表团团长的金紫光认为韩世昌已经发胖、经常咳嗽，而且扮相难以和言慧珠相比，怕北昆给比下去了——言慧珠不是胜在年青漂亮、扮相好么，那就让更年青的李淑君去演吧——于是金紫光建议让李淑君突击"钻锅"。接到任务后，李淑君用了三天的时间，晚上不睡觉，背词背唱，再请傅雪漪拍曲，这才将《长生殿·惊变》演下来。

在南北昆剧会演上，流传着许多故事，诸如"活林冲"见"活武松"，"活钟馗"美称的出现等，但是还缺少不了这个故事——这个故事是属于李淑君的——当李淑君突然以主演的姿态出现在南北昆会演的舞台上时，这种惊鸿一瞥的感觉让人难以忘怀：

> 这个会演临近结束时，突然出来一个很年青漂亮的女演员。那是没有的，因为过去都是男旦，韩世昌、马祥麟，而且都是老头子在演，肯定不大好看，又多年不上台了。传字辈的老师也一样，张传芳、朱传茗都是很有名的南昆的老艺人，都是多年不上台，嗓音不行，扮相也不好。那个时候，李淑君这样一个二十多岁（的演员），一下子演主角，给人印象很深刻。也提出：像这样一个古老的剧种，必须马上很快地由青年继承下来。[1]

11月28日，南北昆剧会演落幕，一共演出了二十六天三十场，被称为"空前的昆剧观摩演出"、"戏曲史上空前未有的盛举"。有诗赞曰："雏凤清声足老苍，词仙密意未销亡。南强北胜何须辨，且合钧天会一场。"又有诗称赞南北昆剧的四位名家，云："韩白（君青、云生）齐名出水磨，赵吴（子敬、瞿安）遗韵偏得多。江南俞五（振飞）今公瑾，城北徐君（凌云）老伏波。"[2]

12月3日，北方昆曲代表团去杭州演出。12月13日到15日，在苏州举行"北方昆剧观摩演出"。12月17日，去南京演出。"北昆代表团，就像一个剧团一样，上海演完了，就去杭州；杭州演一个礼拜，就到苏州；苏州演一个礼拜，就到南京……就这样，一直到年底。"[3]在杭州、苏州、宁波、镇江、芜湖、南京等地

———————————
［1］引自2007年4月10日作者对丛兆桓的采访。
［2］两诗均引自《长江剧场观剧〈竹枝词〉》，疏畦，载《新民晚报》1956年12月8日，"韩白"指北方昆剧名家韩世昌、白云生，韩世昌字君青，曾拜著名曲家吴梅（字瞿安）、赵子敬为师。俞振飞、徐凌云为南方昆剧名家。
［3］引自2007年4月10日作者对丛兆桓的采访。

巡回的"观摩演出"中，自然少不了李淑君，此时她已经主演了两个戏：《通天犀·坐山》和《长生殿·惊变》，还列名为《牡丹亭·游园惊梦》的"花神"和《西游记·火焰山》的"观音"。而这些戏中，《牡丹亭·游园惊梦》每到一地必演，《通天犀·坐山》演出的次数也非常多，侯玉山回忆说："几乎天天都有我的戏，不是《嫁妹》就是《通天犀》。"[1]

三、"唱《昭君出塞》的祖师爷"

1957年初，一下火车，北昆代表团就被拉到前门鲜鱼口的崇元观18号——那儿是文化部直接给代表团用来筹建北方昆曲的地方。新华社报道说："目前，文化

北方昆曲代表团在杭州（1956年）
后排左起：马祥麟、侯新英、侯长治、侯秉武、马博纯、景和顺、侯宝珠、高景池；
中排左起：郑振铎、魏庆林、韩世昌、侯永奎、侯建亭、（不知名者）、侯玉山、李淑君、白云生、沈盘生、叶仰曦、徐惠如、李凤云、田庄、张凤翎；
前排左起：沈世华、顾世苏、孔昭、吴世芳、林萍、刘秀华。

[1] 侯玉山口述，刘东升整理：《优孟衣冠八十年》，中国戏剧出版社1991年版，第120页。

部准备以这一代表团为基础，成立专门性的北方昆剧艺术研究、表演团体。现在一到代表团，看到的尽是兴家立业的气象。只要跨进那个小小庭院，不是听见青年女演员们在和着悠扬的笛声练唱，就是看见小武生们冒着严寒在院子里练习对打。老艺人们有的精神抖擞地在指点着自己的后继者，有的在认真地重温旧曲。"[1]

回京以后，正值春节期间，北方昆曲代表团举行了三天公演。新华社2月9日题为《北方昆剧又将重放光彩》的报道一一列举了北方昆弋老艺人——"久负盛名的北方昆剧表演艺术家韩世昌（旦）、白云生（小生）、侯永奎（武生）、马祥麟（旦）、侯玉山（花脸）、白玉珍（花脸）、魏庆林（老生）和小花脸孟祥生"——并称："他们在二十年前都曾名重一时，有无数观众为他们高超的表演艺术倾倒。随着年岁的增长，他们的表演艺术也愈加成熟。"然后，报道就转到青年演员的介绍，首先便是李淑君："在去年举行的第一届全国音乐周上演唱民歌而引起音乐界重视的青年女演员李淑君，也将参加演出，在她新近学会的昆剧《出塞》中扮演昭君。" [2]

说起李淑君学《昭君出塞》，还有一番趣话——在南北昆剧观摩演出中，《昭君出塞》一直是由马祥麟主演。可是有一天：

> 那时还是在上海，我睡中午觉的时候，院长派人来叫我，说赶紧起来，学这出《昭君出塞》，回头给毛主席汇报。所以我觉也不睡了，让马老师教我这出戏，傅雪漪给我拍曲子，就这么把《昭君出塞》学下来。我是没日没夜地背词，回来后没有场地，就在鲜鱼口一个平房里，没有地方练。下小雪，我就在院子里走卧鱼，那时真刻苦啊，我主要是特别热爱艺术。遇到这么好的老师，我就豁出命来练功去。后来给毛主席演了《昭君出塞》。[3]

据说，当领导决定让李淑君主演《昭君出塞》时，马祥麟一时间还不能接受，但最终还是让戏了，教给李淑君这出《昭君出塞》。在中央戏剧学院崔承喜舞蹈研究班时，马祥麟就教过李淑君圆场、卧鱼等基本功，如今又教了整出戏，所以后来马祥麟和韩世昌争论李淑君"到底是谁的学生"，并称"我第一个教成

---

[1] 载《新华社新闻稿》1957年2月9日，第2436期。
[2] 同上。
[3] 引自杨仕对李淑君的采访，时间为1994年。其中的"院长"应为北方昆曲代表团团长金紫光。

李淑君和马祥麟

材的就是李淑君"。[1]

1957年2月10日，北方昆曲代表团在北京剧场举行首场公演，剧目为《昭君出塞》、《林冲夜奔》、《钟馗嫁妹》和《游园惊梦》，据报道称此次公演热闹非凡，甚至"剧场破例把场内柱子后面根本看不到舞台的座位卖给了几位观众，因为他们再三要求说，即使看不到，听唱也是莫大的享受"[2]。

虽然《北京晚报》上的演出预告列出的演员名单是"马祥麟"而非"李淑君"，但李淑君显然是主演了《昭君出塞》——在新华社当日的新闻稿中提到了"李淑君"，还作了这么一段描述：

《昭君出塞》是名演员马祥麟的拿手戏之一。今晚这出戏由他的得意门生、青年女演员李淑君主演。她成功地表演了绝代佳人王昭君出塞和番时一路上的痛苦心情。她原是中央实验歌剧院的演员，学演昆剧还不到三个月，可是已经像老演员一样地熟练。她的表演同样得到了观众们热烈的彩声。[3]

李淑君演《昭君出塞》时的情景，已再难复现，我们只能凭借往昔的文字和剧照，凭着回忆的余香来回味。马祥麟所演的《昭君出塞》以"身段繁复"[4]著称，昭君以闺门旦应工，但又必须有刀马旦的功夫，整个一出戏有"唱死昭君，做死王龙，翻死马童"之说，且民国时北方昆弋社演出此戏，其舞姿被认为"与打花鼓略同，殆唐宋花舞之遗法也"[5]。据张毓雯老师介绍，李淑君在向马祥

[1] 引自2007年4月3日作者对李淑君的采访。
[2] 见《北方昆曲代表团在北京举行首次公演》，载《新华社新闻稿》1957年2月10日。
[3] 同上。
[4] 赵景深：《空前的昆剧观摩演出》，载《戏剧报》，1956年第12期。文中评马祥麟说："他演《出塞》的昭君身段繁复，演《借扇》的铁扇公主武打火炽，都是他的长处。"
[5] 怀古：《昭君出塞中之"穿花"舞》，载《北洋画报》第374期，1929年9月21日。

麟学这出戏的时候，手上还系一根绸子。[1]亦有观众于四十年后仍记得马祥麟所饰演的昭君形象，"艺术家给昭君手腕扎上两根彩带，略加甩动便平添许多妩媚"[2]，造成的效果是：风帽、线尾子、马鞭、绸子，再加上繁复的身段（"载歌载舞"），难度非常大，但——别提有多美了。在吴祖光记于1957年1月8日的观剧日记中，亦称赞"《出塞》之李淑君声容并茂，可成大器"[3]。

李淑君练《昭君出塞》中的"卧鱼"，给剧院的演员留下了非常深刻的印象：

她学《昭君出塞》，演出《昭君出塞》——大圆场，大转身，卧鱼，卧倒了。她那么大的个子，又不是练习幼功出身，演歌剧出身的，能练成这样，真是下了一番苦功夫，可不容易了。为什么？因为我是练过幼功的，知道这个很关键，有了幼功，卧鱼才能做得漂亮干脆，一下卧倒在那里。她没有幼功，肩膀很难着地，她就在北昆的院子里面苦练，就在砖地上，一遍一遍地练习。[4]

《昭君出塞》（20世纪30年代）
马祥麟饰王昭君，景和顺饰王龙（左），陶振江饰马童（右）

2月11日、2月13日，北方昆曲代表团又举行了两场演出，吴祖光评论说"三场戏中的一场是青年演员的节目"，"应该特别提出李淑君这个演员，她主演的《昭君出塞》非常精彩，唱得好，做得好，青出于蓝，真没有辜负她的老师马祥

［1］引自2007年7月21日作者对张毓雯的采访。
［2］陆宝来：《漫话〈昭君出塞〉》，载《兰》2003年第2、3期合刊。在此段描述后，陆宝来继续回忆其印象："王龙配合昭君唱词不停变化着各种身段，马童卖力地不断翻腾跌扑。这场景，凭我认识的几个汉字，实难描述其精彩于万一。只能套出陈词：叹为观止。"
［3］吴祖光：《吴祖光日记1954—1957》，大象出版社2005年版，第216页。
［4］引自2007年7月2日作者对周万江的采访。周万江先生1958年才到北方昆曲剧院工作，所以他描述的李淑君练习"卧鱼"应是1958年之后李淑君练功的情景，但亦可说明李淑君练《昭君出塞》之情形，故在此引用。

麟先生的培养"。[1]

《昭君出塞》演出后，还引发了一场讨论，因为之前的1956年，祁剧《昭君出塞》曾在北京公演，获得赞誉。时隔半年，昆曲《昭君出塞》又在北京公演，这就有了比较两个剧种的同一出戏《昭君出塞》的可能。

1957年3月15日，许可在《人民日报》上发表《漫话"昭君出塞"》，提出祁剧《昭君出塞》比昆曲《昭君出塞》"更要成功一些"。他从昆曲《昭君出塞》常说的特点"唱死昭君，做死王龙，翻死马童"来分析，认为昆曲《昭君出塞》中的"昭君"只有唱，没有做；王龙是丑扮，他的"做"和昭君"貌合神离"；马童"无目的地翻跟斗"，"破坏了浓重的悲剧气氛"。而祁剧《昭君出塞》的昭君"不但着重唱，同时也着重潜台词的使用，更非常着重做工"，王龙是生扮，是"昭君出塞途中的一个知己"，马童"没有无目的地翻筋斗"，"一出场，表情便是沉痛的"。最后，许可总结说：两者之所以有差异是因为昆曲《昭君出塞》"基本上仍然保持原样，一般的不予更动，因而就不免在精华中又夹杂着一些糟粕"，而祁剧《昭君出塞》是"经过重新整理和重新处理的，所以能发扬其精华，剔除其糟粕"。

《昭君出塞》（1957年）
李淑君饰王昭君

其实，关于《昭君出塞》的话题，在南北昆剧观摩演出时，当马祥麟演了《昭君出塞》之后，以及在演出组的两次座谈会上，都曾引起较为热烈的讨论。在11月5日的座谈上，石挥就认为"就剧本而说，《出塞》不及湘剧剧本好"[2]。11月7日的座谈会上，与会人一致认为"这出戏的舞蹈性很强"，"王龙、昭君、马童载歌载舞，动作非常优美"，但也有不少人对王龙的"做"是"喜溢于色"而非"有所感伤"提出疑问，而且针对对马童"尽翻跟斗"，提出"这

[1] 吴祖光：《闻馨鼓而思将帅——北昆演出随感》，载《吴祖光谈戏剧》，吴祖光著，江西高校出版社2003年版，该文文末注明写于"1957.3"。
[2]《昆剧观摩演出纪念文集》，中国戏剧家协会上海分会编，上海文化出版社1957年版，第72页。

《昭君出塞》（1957年），李淑君饰王昭君，张兆基饰王龙（左），侯长治饰马童（右）

种杂技似的动作，它的目的性何在"的问题。对此，华传浩回答说，老先生教戏时也"不知其然"，"据个人体会"，猜测王龙是"为了安慰昭君，不得不强装笑颜"。白云生则解释说，王龙本来并非昭君的兄弟，只是皇上要他陪送，所以"无所谓悲戚之情了"[1]。

在许可发表《漫话〈昭君出塞〉》和《看昆剧〈钟馗嫁妹〉》二文后，1957年6月21日，《人民日报》刊载了王悦的《关于昆剧评价的一些问题》，这篇文章谈及"同几位戏曲专家和昆剧老艺人交谈"，都认为关于《昭君出塞》和《钟馗嫁妹》的讨论"牵涉到在'百花齐放、百家争鸣'的方针下戏曲发展的方向问题，和对文化遗产接受的态度问题"，于是王悦便对许可的指责作了回应：对于许可认为昆曲《昭君出塞》里昭君只有"唱"，没有"做"，提出"看过这出戏的人都知道，昭君在这出戏里不但从头到尾都有唱，而且从头到尾都有很繁重的身段，特别是在上马以后，更是载歌载舞"，还引用马祥麟的意见："一般旦

[1] 同上，第73页。

67

角唱不了这出戏，必须有刀马工夫才能演昭君。"进而分析说："在做工里，除身段以外，表情当然是重要的。但在昆剧里，表情是和身段密切结合着的，和唱词、念白密切结合着的。离开身段、离开唱词和念白，呆立或呆坐在台上，'酝酿情绪'、'表现内心'，从来就是昆剧里所忌讳的。因此，像许可先生所要求的，昭君必须'对于自己这一身番装，她看了又看，心情沉痛已极'，'久而久之'，一直到'观众也不禁含泪欲下了'，才算完事，那对昆剧的演员和观众来说，实在都是太不情理了。《昭君出塞》里的载歌载舞表现方法，正是昆剧在表现形式上的主要特色，否定了这种表现方法，实际就是从表现形式的主要方面来否定昆剧。"

在对王龙的"做"的疑问上，王悦指出有两种路子：一种是京剧《汉明妃》和改编的祁剧《昭君出塞》中的"王龙"，"王龙是昭君的骨肉和知己，他完全站在昭君这一边，对昭君有无限关切和同情，所以他是文生"；另一种是昆曲《昭君出塞》，"王龙是朝廷委派的命官，他被赐姓'王'并称'御弟'，他的使命是把昭君平安送到北国，与其说他站在昭君这一边，毋宁说他站在毛延寿那一边，所以他是丑角，一路对昭君只是随声附和"。在此，王悦又引用了马祥麟的说法，认为"昆剧的处理方法是对的"，因为这正证明了剧中唱词所道的"文官济济全无用"、"武将森森也枉然"。而且，"给王龙抹上个三花脸，让他在台上跳跳蹦蹦，对昭君起一种反衬的作用，就更增加了这出戏的艺术性"。

对于"翻死马童"，王悦写道："第一个原故正如许可先生所说的是为了'表现山路崎岖难行'，第二个原故我想还是为了要表现昭君所骑的马是一匹把王龙给摔下来的烈马"，"第三个原故我想还是为了要和昭君、王龙的动作相配合，使三个人的动作形成有节奏、有旋律的联系，增强场上的紧张气氛，发扬歌舞的高度艺术性"。因此，王悦认为这正"说明我们过去的昆剧老艺人怎样运用了卓越的艺术手法把这出戏的内容和形式很完善地统一起来，不能认为是'糟粕'"。并提出"改革昆剧，首先就要了解昆剧"，"才能在改革昆剧中发展昆剧，不致于把昆剧改革成话剧、电影或其他什么剧种。"

比较祁剧《昭君出塞》和昆曲《昭君出塞》的后话是，两年之后，祁剧《昭君出塞》再次晋京演出，便出现了"三个王昭君、三台《昭君出塞》"的佳话。《北京晚报》在名为"京剧、昆曲、祁剧演员相互观摩，三个王昭君同台《出塞》"的报道中介绍说："京剧由小王玉蓉、孙盛武主演，昆曲由李淑君、孟祥生生主演，祁剧高腔由谢美仙、何少连主演"，还评道：

> 同是一个《昭君出塞》，演出风度各不同。京剧的舞蹈身段较多，昆曲表演细腻优美，祁剧则重于内心的刻画。[1]

在演出之后，三台《昭君出塞》的演员还座谈了演出体会[2]。据张毓雯老师回忆说："当时大家一致认为还是昆曲《昭君出塞》特别吸引人，三个剧种各有特色，但昆曲的确还是高人一筹。"[3]

当时光转至20世纪八九十年代，几十年过去了，其时李淑君因病息影舞台已久，但每当去看戏，尤其是看到《昭君出塞》时，旁边总是有人指指点点：

"看，这是唱《昭君出塞》的祖师爷！"[4]

四、"老师上哪我上哪"

早在《十五贯》晋京成功、"一出戏救活了一个剧种"之时，筹建昆曲院团的工作便提上了议程，在南北昆剧观摩演出中，讨论得最热烈的话题之一，就是将全国的昆剧艺人集中起来，建立一个国家级的昆剧院团。在1956年11月29日的座谈会上，郑振铎提出"昆剧是否要由中央组织剧团"的问题，他的意见是"剧团是要组织的，但是不一定集中在中央，也可以分散在各地，在各地原有的基础上发展"。俞振飞则在发言中强调"集中"的重要性，"有个集中的团体，演出时可以更方便，也可以多编排些新戏上演"，"集中起来师资问题也容易解决""集中起来对宣传工作也方便"，因而认为"要抢救这个剧种"需要"集中"。白云生也认为"现在如何发展昆剧，必须南北艺人集中"[5]。当然，也有关于在南北各建昆曲院团的想法，如郑振铎所表达的个人意见。在当时发表的《集中艺人，发展昆剧》一文中，也有类似的提法："这次观摩演出，也预示南北异地的两

---

[1] 载《北京晚报》1959年1月20日。
[2] 见《交流〈昭君出塞〉演出体会　京、昆、祁演员取长补短》，载《北京晚报》1959年1月25日。
[3] 引自2007年7月21日作者对张毓雯的采访。
[4] 引自2007年4月3日作者对李淑君的采访。此处并非认定李淑君就是"唱《昭君出塞》的祖师爷"，只是引用李淑君听到的观众的赞语，以佐证李淑君演《昭君出塞》在其时之影响，以致几十年后，仍有人记得并作此语。
[5]《昆剧观摩演出纪念文集》，中国戏剧家协会上海分会编，上海文化出版社1957年版，第1—10页。

个昆剧'集秀班'的产生，它们将成为今日昆剧的'新乐府'"[1]。

据丛兆桓先生回忆，在上海参加南北昆剧观摩演出时，筹建昆曲院团的工作就在进行，其一便是给他们这些随同老艺人参加会演、观摩加"跑龙套"的青年演员做思想工作：

> 在上海时，文化部两个部长、三个局长和我们座谈，说让我们下决心，树立一个新的事业心，放弃原来的歌舞剧，死心塌地来搞一个古老的传统艺术。半动员半威胁，说是国家的任务，必须搞好。我们一批年青人，一部分是从歌剧院来的，一部分是中国戏校来的，加起来有二十多人。 [2]

对李淑君来说，也是如此。本来李淑君准备观摩演出结束后，回去继续排歌剧，但是经过几次"突击"演出，李淑君被发现是个"好苗子"，于是——当我采访李淑君时，她回忆起这个时候——"演完后，领导说我适合搞昆曲"，"他们就把我扣下了，跟康生说，我要李淑君当演员"。[3]

等到北方昆曲代表团返京，举行三天公演，并在中央党校、各大学演出之时，这些年青演员的档案陆续从原单位调出，但是将李淑君从中央实验歌剧院调走却始终是一个难题——因为中央实验歌剧院根本不同意放人。李淑君回忆说：

> 马可特别欣赏我，说你们戏曲的人才已经很多了，歌剧院没有什么人才，李淑君是个人才，我们不给。[4]

1957年的春天，李淑君结婚了，结婚对象是同在中央实验歌剧院歌剧一团的唐洪云。李淑君和唐洪云的这段婚姻，可谓是爱恨交织，且人言悬殊——当我采访两人昔年的同事、好友，他们各自提供了不同的印象和说法。而当我问及李淑君本人时，她稍稍透露了当时的情形：

> 当时很多人追我，把我追烦了，青年团要给我开会，说李淑君的作风不

---

[1] 陈朗：《集中艺人，发展昆剧》，载《戏剧报》1956年第12期。
[2] 引自2007年4月10日作者对丛兆桓的采访。
[3] 引自2007年4月3日作者对李淑君的采访。
[4] 引自2007年4月3日作者对李淑君的采访。

正派，招来了很多人，什么金紫光啊、马可啊，还有我们很多青年人在一块追我，人家说你快结婚吧，你要是还不结婚，我们就要演《货郎与小姐》了。[1]

在又一次采访中，我又问到结婚的问题，李淑君的回答则是干脆之极：

> 我谁都不爱，就爱了艺术。当时，金紫光啊、马可啊，还有和我同辈的年青人，都追我。我就烦了，我就突然宣布我结婚了，其实我谁也不爱。我就嫁给艺术了。我的生活很不幸的。[2]

丛兆桓先生在歌剧院时就与李淑君是舞台上的"死对"，曾参加过李淑君的婚礼。当我采访丛先生，问到李淑君结婚之事，他还清晰地记得李淑君在结婚之事上的犹豫与抉择：

"李淑君是在什么时候结婚的呢？"我问丛先生。

"她不知道么？"丛先生反问。

"她说忘了。"

"大概是1957年的春天吧。我们从南方回来，北昆也还没有建院。"

"听说当时有很多人追求她？"

"当时她很红，业务上很突出，那时就有很多追星族。而且她已经二十五六岁了，还没有结婚，当时就算晚了，不像现在——当时十八九岁就结婚了。男二十、女十八就可以结婚。追她的人很多，也有的为了她要离婚。"

"有哪些人呢？"

"当时我们都住在东煤厂胡同歌剧院的宿舍楼里，那是一个筒子楼，大家住得都很近。在聊天的时候，我们劝她：'别搞得他们都神魂颠倒，赶快结婚得了，选一个，喜欢谁？'"

"她喜欢谁？"

"李淑君就向我们列举：一个是空军[3]，她喜欢的，经常通信，那个空军到北京后还看她；一个是马可，经常订杂志给她看，说是帮助她学习；一个是文化

---

[1] 同上。
[2] 引自2007年4月10日作者对李淑君的采访。
[3] 这里所说的空军大概就是李淑君在辅仁大学的男友陈子谨，据李淑君回忆，陈子谨在抗美援朝去东北后，因审查历史有问题，就留在东北了。

部的专职作家。还有延安老干部，金紫光一辈的，也就四十多岁；还有一个歌剧院乐团的，就是唐洪云，原来吹拉管，但中国乐器、拉板胡也会，到常香玉那儿时，常香玉非常欣赏他，常香玉说：'我的琴师要是死了，你就是我的琴师……'李淑君说：'我现在难死了，这些人都说希望娶我，我到底应该嫁给谁呢？你帮我出出主意。'——因为我老在戏里跟她合作。"

"那您给她出了啥主意？"

"我说你这事还真是难。这个问题，每个人有自己不同的价值取向，选择对象也是不一样的，有的人选才，有人选貌，有人选地位、名望，取舍不一样。她就说这个有这个优点，那个有那个缺点……说到最后，我还真给她出主意，说像你这样，身体还不太好，就找唐洪云吧。"

"为什么您要建议她找唐洪云呢？"

"这个人非常有才，从东北来的，和我一起在团支部，是个支委。这人长得不大漂亮，很瘦，但多才多艺，能作曲，能指挥，做得一手好菜。家里头伺候人也很好。"

"李淑君是怎么想的呢？"

"她觉得唐洪云长得不好看。我说，这个好看不好看不是主要的，你要和他一起生活。后来她说，那就是他了。我说他优点很多，会伺候人，聪明，业务上可以和你配合，给你吊嗓子、作曲子都可以。生活上可以照顾你。感情是主要的，而且他对你百依百顺，你说什么就是什么。"

"李淑君怎么说呢？"

"她说，那倒是，他抽烟抽得很厉害，我一说，他就不抽了。"

"那结婚是在哪儿办的呢？"

"结婚当时很简单，大家在团里闹一下，吃个糖，敬个酒，就在那个筒子楼，也没有上饭店，当时大家都没钱。第二天，李淑君见到我们就说：'昨天晚上他抽烟了！'"

"唐洪云对李淑君怎么样？"

"挺好的。有时李淑君对他不满意，我们就劝她：'你失眠时睡不着觉，都要唐洪云陪着说话，睡着了他才走，这换了我们，谁都不行。'后来唐洪云还调到北昆来了，那是康生为了让他照顾李淑君。为了李淑君，唐洪云作了很多牺牲。"

"秦肖玉老师调来也是为了您吧？"

"是啊。秦肖玉没有参加北昆代表团，后来为了我，也调来了。当时不是给我们做思想工作吗？大多数人都服从安排了，不过也有不干的，比如张凤翔，给韩老师配春香的，坚决不干，回歌剧院了。"

虽然以北方昆曲代表团为基础建立昆曲院团的决定下达了很久，但过了三个月仍然没有动静。在崇元观18号北方昆曲代表团的小院里，在鲜鱼口的大众剧场里，虽然青年演员们仍在自发地练功，但谁都不知道前途如何，和刚回北京时"兴家立业"的热火朝天相比，气氛显得非常低落。丛兆桓先生回忆当时情景说：

> 演完以后，几个月都没人管，因为文化部任命金紫光担任驻匈牙利大使馆的文化参赞，准备出国。歌剧院派了一个副团长，叫边军，觉得昆曲里边很复杂，老艺人都有一些门户之见，工作不好搞，就回去了。我给文化部写了封信，说很乱，赶紧派人来。信写了以后，文化部很重视，派了一个张力，后来是北昆剧院的第一任党支部书记。张力找我，说文化部看了你的信，很重视。说，我们俩有个任务，将来不管派哪个领导来，但是这个剧院是非成立不可的，总理已经下了命令。
>
> 白云生往上跑，到国务院呼吁，他跑的一个是编制、场地，跑得很有成就。金紫光也被派来了，文化参赞不当了，也不出国了。其实他在上海都做好出国准备了，皮衣都买好了，这时决定放弃出国了。实际上是他主持建院工作。[1]

丛先生在向我谈及北方昆曲剧院何以迟迟不能成立时，还特意提到了当时的社会背景，即国家正在进行"反右"运动[2]，人人都在搞运动，都自顾不暇，谁还来管建立昆曲院团的事情呢？而在李淑君的记忆里，白云生在建院中起到了很大的作用：

> 白云生老师外交上特别行，找到中央领导，提三个条件：一个要成立北昆剧院，一个是要金紫光当院长，一个是要调李淑君过来。

[1] 引自2007年4月10日作者对丛兆桓的采访。
[2] 据张允和1957年6月17日的日记记载，在北方昆曲剧院成立前的"北昆记者招待会"上，金紫光说"经过多少次困难和酝酿，半年时间才产生。它产生在节约、整风的过程中，在客观上有困难，意想不到的困难。"载《昆曲日记》，张允和著，欧阳启名编，语文出版社2004年版，第51页。

可是要调李淑君过来，歌剧院就是不放。1957年5月16日，在《戏剧报》召开的座谈会上，白云生就直截了当地提到：

> 关于建院的问题，我在文化部哭过一场。新文艺干部不来，先反对建院，说他们一死，戏就完了。李淑君事闹得文化部不得安宁，一个演员就费大劲。[1]

除了演员的调动，还有编制、场地等等。在座谈会上，韩世昌说："文化部对我们要成立剧院不积极支持，编制从一百二十人一直减到七十人，歌剧院光乐队就有七十人，但不减少。经费也一再削减，到现在我们连住的地方、房子也没有。人力没有配备，使昆曲长期不能和观众见面，北昆的传统剧目《百花记》也无法排演。"[2]侯永奎发言说："现在住处也无，各人都住在家里。重视不够，现为70人，连厨房、道具在内。打虎无虎，没法练功。现在不是谁的昆曲，是国家的事业。"而刘庵一的发言则更为沉痛，或许道出了艺人们的悲哀，以及希望建立昆曲院团的迫切心情："突然有一天遇到永奎，谈到一些事，我为他们难受。老艺人在拆卖零件，永奎的《林冲夜奔》变成一二三四广播操。"[3]

北方昆曲代表团和中央实验歌剧院为调动李淑君争执不下，白云生甚至去找周扬"呼吁"[4]。文化部找李淑君谈话，询问李淑君个人的意见。在去文化部前，歌剧院院长侣朋先找李淑君谈话。

> 歌剧院不放我，院长侣朋说："你要调走，就太可惜了。跟你谈的时

---

[1] 见张允和1957年5月17日日记，载《昆曲日记》，张允和著，欧阳启名编，语文出版社2004年版，第35—39页。张允和记录了与会者的发言。所记的发言人有：孟超、张伯驹、俞平伯、韩世昌、侯永奎、白云生、傅雪漪、康生、孔昭、刘庵一、梁寿萱、伊克贤、钱一羽、高景池、叶仰曦、袁敏宣、马祥麟、侯长治、张琦翔、沈盘生、金紫光。

[2] 见《昆曲界要求扶植　文化部冷若冰霜》，载《北京晚报》1957年5月18日。该文为5月16日座谈会的综述报道。

[3] 侯永奎、刘庵一的发言，见张允和1957年5月17日日记，载《昆曲日记》，张允和著，欧阳启名编，语文出版社2004年版，第35—39页。日记中所载为张允和所记，和原发言可能意思相近，但具体表述则有所不同。侯玉山在《优孟衣冠八十年》中谈到教舞蹈演员时也有相同的感慨："我们几位戏曲教师每天上课前，必须先把传统的戏曲基本功训练程式一一拆开，按上拍子，配上音乐，然后再做出示范，学生才好跟着练。这样，教起来很麻烦也很吃力，学生接受时也很费劲儿。所以今总想有朝一日恢复北方昆曲剧团时，还是要回去当演员。"载《优孟衣冠八十年》，侯玉山口述，刘东升整理，中国戏剧出版社1991年版，第109页。

[4] 见《北方昆曲剧院难产种种》，载《中国戏剧》1957年第10期。此文记载了白云生在建院座谈会上的发言："为了调一个青年演员李淑君，不知花了好多气力，最后向周扬同志呼吁才得解决。"

候，你什么也不说，我就有办法了。"我说："好嘞。"[1]

那么，到文化部去，李淑君到底说了些什么？是否遵照了院长的嘱咐呢？

她找唐洪云商量，唐洪云帮她出主意："歌剧院有郭兰英，你怎么样也只能排第二位，你还是跟着老师吧。"李淑君自己也琢磨："这些老师特别有本事，我就跟着老师。"于是，到了文化部，她就说："老师上哪我上哪。"[2]即使在几十年后，李淑君对此仍记忆犹新，还很得意：

> 我那时还比较聪明，看中韩老师那身上、那表演、那唱，确实是大师啊。我说老师上哪我上哪。我走对了，别人说你在歌剧院唱得那么红，下不了台——我唱《瞧情郎》，唱豫剧《红娘》，非常受欢迎——但我这条路走对了，虽然昆曲不那么受欢迎，但是她是金子，绝对是国宝。绝对是国粹。[3]

就这样，李淑君正式调到北方昆曲代表团，从"青年歌手"变成了昆曲演员。

五、"你就好好K这块木头吧！"

1957年6月2日，在《北京日报》的"文化窗"栏，登出了一则题为《北方昆曲院成立》[4]的启事：

> 参加"北方昆曲代表团"的老艺人和青年演员，最近将建立"北方昆曲院"，并准备在六月中旬举行建院公演。
> "北方昆曲院"是北京第一个国营的昆曲剧院。韩世昌、白云生、侯永奎、侯玉山、魏庆林、马祥麟等著名昆曲演员和青年演员准备了几十场的节目。这次演出有：《铁冠图》、《桃花扇》、《长生殿》、《狮吼记》、《钗钏记》等全出和单折的剧目。

---

[1]引自杨仕1994年对李淑君的采访。
[2]引自2007年4月3日作者对李淑君的采访。
[3]引自杨仕1994年对李淑君的采访。
[4]此新闻中的"北方昆曲院"，原文如此。

据丛兆桓先生介绍，建院公演本来准备了12场演出，后来变成了10场，为什么呢？因为在四五月份的时候，他们排了三个大戏：《百花记》、《铁冠图》、《大劈棺》，还专门为《大劈棺》做了个大棺材。康生看了这三个戏以后，砍掉了《铁冠图》和《大劈棺》。

> 康生砍掉了两个，说《铁冠图》是诬蔑农民起义，《大劈棺》是宣传封建迷信，不让演。[1]

从1950年到1952年，文化部陆续禁演了二十多个剧目，其中就包括《大劈棺》，以演花旦和泼辣旦著称的筱翠花因其擅演的剧目多为禁戏，曾感叹："只剩下一出《拾玉镯》！"[2] 但是在1957年5月14日，在"百花齐放，百家争鸣"的形势下，文化部宣布"禁戏全部解禁"[3]。或许是受"解禁令"的鼓舞，北方昆曲代表团为建院演出准备了《大劈棺》和《铁冠图》，但没想到被康生否决。在6月23日登载于《北京日报》的建院演出公告上，还有28日演《铁冠图》的预告，但仅仅相隔一天，在24日的预告上，28日的剧目就变成了《牡丹亭》。

1957年6月21日的《北京日报》上，登出《北方昆曲剧院建院启事》：

> 我院经中华人民共和国文化部决定于6月22日正式成立，院址暂设西单旧刑部街甲12号西单剧场。从6月26日起在西单剧场举行建院公演，并举行小型图片展览，敬希各界光临指导。
>
> 北方昆曲剧院谨启

在启事的上方，即是6月23日庆祝建院晚会的演出预告，写有"特邀古典戏曲表演艺术家梅兰芳先生参加演出"，剧目列有：侯永奎、侯玉山、白玉珍主演的《单刀会》，韩世昌、梅兰芳、白云生、沈盘生、马祥麟、魏庆林主演的《牡丹亭·闹学、游园、惊梦》，李淑君、孟祥生、侯长志主演的《昭君出塞》。在1957年6月23日的《人民日报》上，报道今晚的庆祝建院晚会时，也提及"青年演

---

[1] 引自2007年4月10日作者对丛兆桓的采访。
[2] 尔泗：《醒了一场春梦——筱翠花谈他的遭遇》，载《北京日报》1957年5月14日。
[3] 《禁戏全部解禁》，载《北京日报》1957年5月16日。

员李淑君等演出《昭君出塞》"。

在这篇题为《戏曲界的一件大事》[1]的文章中，记者报道了6月22日北方昆曲剧院的建院大会：

> 北方昆曲剧院建院大会由文化部部长沈雁冰主持，他在会上宣布了剧院的院长是韩世昌，副院长是白云生、金紫光。白云生作了筹备建院经过的报告。昆曲剧院今后的方针任务是：继承和发展昆曲艺术，以演出为主，大力进行昆曲传统剧目的发掘、整理和研究工作，在条件可能下，也准备作革新的尝试。
>
> 陈毅副总理在会上讲了话，他祝贺昆曲剧院的建立，他说昆曲虽然过去受到压抑，但凡是对社会主义建设有帮助的、为广大人民所喜爱的、形象健康，能培养人们优美的情感和鼓舞人民前进的东西，就一定会存在和发展。康生同志希望剧院的全体工作人员和一切爱好昆曲的社团和个人，都团结起来，克服一切困难，为继承、发展和繁荣昆剧事业而共同努力。
>
> 到会的还有周扬、钱俊瑞、郑振铎、梅兰芳、田汉、马少波、俞平伯、张伯驹和首都各界人士二百人。

6月22日，北方昆曲剧院的建院大会在文化部大礼堂召开，6月23日晚，庆祝建院纪念晚会在人民剧场举行，尽管21日的演出预告中规定"不售团体，只售零票，每人限购三张"，但在22日的预告中就已告示"客满"。

当晚的演出，开场是李淑君主演的《昭君出塞》，大轴是梅兰芳、韩世昌、白云生主演的《牡丹亭》。据说，梅兰芳在侧幕里看了李淑君的《昭君出塞》，对韩世昌说："这是块好木头，你就好好地K这块木头吧！"[2]演完了昭君，李淑君再换妆，在《游园惊梦》的"堆花"里充作"花神"。

在中央戏剧学院崔承喜舞蹈研究班时，韩世昌给舞蹈学员教昆曲的身段，李淑君恰在其中。所以李淑君常称："丛兆桓十七岁开蒙，就是侯永奎老师教的，我二十岁开蒙，就是韩世昌老师教的。"在李淑君的印象中，韩世昌一开始并不喜欢她，说她是洋学生，他喜欢戏校那批受过训练的学生。但是到后来，韩世昌越

---

[1] 载《人民日报》1957年6月23日。
[2] 引自2007年4月3日作者对李淑君的采访。

来越觉得李淑君有文化，能很快理解唱词，体会戏中的人物、情感，于是，态度发生了变化：

> 什么《刺虎》啊、《刺梁》啊、《思凡》啊，他所有的拿手戏，都教给我了，我到他家去学戏，他包着饺子等着我吃，教给我戏。我们师徒的关系非常好。基本上我跟他学了二十多出戏——现在我记不清楚了——都是韩老师的拿手戏。[1]

在谈及韩世昌的表演艺术时，李淑君也是感受颇深：

> 我非常尊敬他，他的两个大眼睛，眼睛会说话，他的身段呀，有时候就这么指出去了，全在他的心里。最会演戏了，他比梅兰芳强，他在舞台上最吸引人了。梅兰芳就比较瘟了，梅兰芳的条件好，扮相、嗓子、个头全好，所以比韩老师红。
>
> 韩老师，就是重情，有时就没顾动作是怎么优美，完全是演情。这一点我继承了。韩世昌老师，还是吸收了很多东西。他有一个上场，就是中国妇女的小脚，他那么走，（是因为他）经常观察女的行为坐卧，吸收到他的戏里来。[2]

据侯玉山的回忆，庆祝建院的公演在人民剧场举行后，又转到赵登禹路的全国政协礼堂。在政协礼堂的演出并未见诸《北京日报》的演出预告，但在亲历其事者的心目中，却对在那里第一天的演出印象深刻，甚至往往将其和在人民剧场的建院庆祝晚会混同起来，或者就以这一次的演出为建院演出。在《优孟衣冠八十年》中，侯玉山忆道：

> 在政协礼堂头一天的戏码是：马祥麟主演《昭君出塞》，侯永奎主演《林冲夜奔》，梅兰芳、韩世昌合演《游园惊梦》，中间有我一出《钟馗嫁

---

[1] 同上。
[2] 引自2007年4月3日作者对李淑君的采访。

妹》。[1]

《昭君出塞》、《林冲夜奔》、《钟馗嫁妹》、《游园惊梦》，号称北昆"四大折"或"四大件"。据说北方昆曲剧院每到一地，一般拿这四出戏当"打炮戏"。在北方昆曲剧院建院前后，《昭君出塞》先是由马祥麟主演，返京后，多由李淑君主演。《林冲夜奔》由侯永奎主演，侯永奎自年少时便演此戏，一时有"活林冲"之誉。《钟馗嫁妹》由侯玉山主演。民国时期，北方昆弋班社演《钟馗嫁妹》以侯益隆名声最著，侯玉山则擅演《通天犀》。建国后，侯玉山曾主演戏曲片《钟馗嫁妹》，在南北昆剧观摩演出中，以此戏获"活钟馗"之美称。北方昆曲剧院在为建院举行的几次演出中，曾特邀梅兰芳合演《游园惊梦》，梅兰芳演"杜丽娘"，白云生演"柳梦梅"，韩世昌演"春香"，以后再演出《游园惊梦》，由韩世昌、白云生主演，韩世昌演"杜丽娘"，白云生演"柳梦梅"，再到后来，则由李淑君、丛兆桓主演《游园惊梦》。

从6月26日至7月1日，为北方昆曲剧院建院的第一期公演，共六场戏，李淑君主演其中的三场：《百花记》、《昭君出塞》和《奇双会》。这三场戏中，《昭君出塞》和《奇双会》都是传统剧目，为李淑君在南北昆剧观摩演出期间所学，《百花记》是北方昆曲剧院为建院排演的三场大戏中硕果仅存的一场，可谓是北方昆曲剧院建院之后的第一台大戏，本来由李淑君和白云生主演，后因反右运动，白云生被划为右派，不让演戏，就由丛兆桓临时从文武老生改唱小生，和李淑君一起主演。

《百花记》的排演，大约是在1957年4、5月间，因《百花记》、《狮吼记》和《奇双会》是北方昆弋班社传统的"打炮戏"，所以在筹备建院演出时，便决定以原来的折子戏为基础，由汪桂林、白云生改编，马祥麟导演，排演了全本《百花记》[2]。从排演及讨论记录来看，关于在建院公演中是否演出《百花记》，尚

---

[1] 侯玉山口述，刘东升整理：《优孟衣冠八十年》，中国戏剧出版社1991年版，第247页。
[2] 据丛兆桓所撰"新编《百花记》"辞条："故事写元代安西王阿南达欲夺皇位，以百花公主为帅，招兵买马，偶得文武全才之青年海俊，即封为参军。老太监叭喇铁头妒之，借祝贺之机将海俊灌醉，抬置公主象牙床上，百花公主演兵归来，问明情由，非但未将杀害，反而赠剑联姻。殊不知海俊正是朝廷暗派来查访的浙江道御史江六云，且系公主侍女江彩云之弟。百花在登台拜帅时以'贻误军机，不听将令'罪将叭喇斩首。朝廷派军征讨，经水陆大战，百花中计被困于凤凰山，江六云亮明真相，逼百花投降，江彩云又绑得安西王于山头，百花公主悔恨无及，自杀身亡。此剧导演马祥麟，音乐整理高景池、吴南青、叶仰曦。由李淑君饰百花公主，丛兆桓饰江六云（海俊），孟祥生饰叭喇铁头，陶小庭饰安西王。"载《中国昆剧大辞典》，吴新雷主编，南京大学出版社2002年版，第161页。

79

有许多不同意见，并引发争论。在1957年5月7日《百花记》第一次连排后的"艺委讨论会"上，关于是否演全本《百花记》就争执不下，有人提出"是否可以用老法演，演四折"，金紫光提出两个方案："一是往后推，慢慢整理，可变成保留节目；二是演到点将斩叭，整理与创新相结合。"这两个方案中，白云生和马祥麟各执一端。直到5月17日《百花记》彩排后的座谈会上，侯永奎还提出"改剧目"，张力提出"由于演员太多（外面请的也有），舞台太小，条件也坏，是不是可以缓缓，尤其群众演员也不熟练。我建议换四个小戏，短小精悍，颇受欢迎的"，"希望能搞四个小戏，如《出塞》、《闹学》等戏"。白玉珍提出"是否可演四折，不演点将，只演《赠剑》、《私访》，加上《嫁妹》、《夜奔》。"最后做出的决定是建院演出为"《百花记》、《夜奔》、《嫁妹》，三戏演出"。[1]

在5月22日的"漫谈人物"的记录中，记有韩世昌对李淑君所饰演的"百花公主"所提的意见，或可略见韩世昌指导李淑君演戏之情形：

> 不能未到先知。要多锻炼，手、眼、身、法、步都要掌握，要心里先有内容，坐着呆着就有戏，我在台上一刻钟都不会散神。
>
> 《夜奔》整个戏都是"自己磨豆腐"说内心话。观众也不腻。
>
> 你放灯后再出来时，是思念海，觉得海非常好，想我将来也不过是嫁给公侯之子，这个人品貌都不错……
>
> "羞杀我也"冲观众说。
>
> 下面就是说，你把我心里的话都听见了。好吧，我都对海说了吧。不仅是我，就连广寒宫里的仙女都是这样，你接受我的爱情吧。海说"桥高"意思是说"我攀不上"，你说"我千金之体……"我还怕你负义呢！这样一来一往就有戏了。
>
> 元朝后期才到处"招贤"，很多女子嫁给"贤才"之人。[2]

主演《百花记》，李淑君的优势在于"嗓子扮相都不错"，短处在于"只能

---

[1] 见《〈百花记〉彩排演出后各方意见》，未刊，时间为"一九五七年五月"。关于最后确定的建院演出剧目，如按6月23日的纪念晚会，改成了"《昭君出塞》、《单刀会》和《牡丹亭·学堂、游园、惊梦》；如按6月24日的政协礼堂演出，是《昭君出塞》、《林冲夜奔》、《钟馗嫁妹》、《游园惊梦》"四大折"。《百花记》则迟至建院第一期公演的第二场才演出。
[2] 见《〈百花记〉排演记事》，未刊，时间为"一九五七年五月"。引文中《夜奔》即侯永奎所擅演的《林冲夜奔》，"海"指海俊，即江六云的化名。这几段所涉情节大约是《赠剑联姻》这场戏。

《百花记》（1957年），李淑君饰百花公主（中），两对剑者，左为孔昭，右为林萍

唱，不能打"。在讨论时，乐队有人提意见说"百花是武将，连一套也没有，应当学一套，也可点缀点缀"[1]，丛兆桓认为可等李淑君学会开打后，再添加进去。[2]后来，大概是采纳了这些建议，马祥麟就给李淑君安排了对打：

> 我们对武把子都是很不熟悉的，我都不敢拿武把子，可是这出戏需要我和江六云对打，我就在马祥麟老师的排演下，我就拿起棍来，和江六云对打起来了。我在戏剧学院的时候，苟令香，荀慧生的儿子，教我们把子，所以我还能打两下。人家说：李淑君还会打两下。[3]

由于排演时间短，剧本、台词也经常改来改去，所以背台词是一个大难题。丛兆桓曾评说："背词是李淑君最快，不让你等着她。"[4]那么，李淑君背词的秘诀何在呢？在访谈中，李淑君谈到曾经采用的两个办法：一个是让丈夫唐洪云

[1] 见《〈百花记〉彩排演出后各方意见》，未刊。
[2] 见《大组讨论会》，未刊。
[3] 引自2007年4月10日作者对李淑君的采访。
[4] 引自2007年3月27日作者对李淑君、丛兆桓的采访。是日，请得丛兆桓老师到李淑君家，两人共同回忆往事。

81

拉二胡给她吊嗓子，吊过几次，词就大致记住了。另一个是将台词写在手心上，看着念。但是这"看着念"也有坏处，就是演过之后，就忘了。[1]

《百花记》演出的效果，据说很是不错，被比作是中国的《罗密欧与朱丽叶》。陈毅副总理在观看《百花记》后评价"此戏是出可与莎士比亚媲美的东方悲剧"[2]。李淑君的唱给观众留下了很深印象，散戏后，就有观众议论："李淑君这条嗓子要唱京戏，比现在还红。"[3]此后，北方昆曲剧院每次大型演出或到外地，《百花记》也是必演大戏。

7月6日至7月7日，为北方昆曲剧院建院第二期公演，共三场演出，李淑君主演其中的两场：《长生殿》和《昭君出塞》。此次演出的《长生殿》有《絮阁》、《陷关》、《小宴》、《惊变》、《埋玉》、《闻铃》六折，由韩世昌、白云生、韩盛桐、白玉珍、李淑君主演，在南北昆剧观摩演出中，李淑君曾突击"钻锅"，和白云生一起演《长生殿·小宴惊变》，此次又增加了一折《埋玉》。

北方昆曲剧院成立后，在青年演员中，李淑君首先成为剧院的主演，和韩世昌、白云生、侯永奎、侯玉山等老师的名字并列，时常出现在演出预告里。而且，据杨仕回忆，在西单剧场大厅的长墙上，所摆放的一排照片中，就已有李淑君的大照片。[4]当然，作为剧院的"顶梁柱"，代价也是颇大的：

> 我天天演戏，那时北昆拿我当顶梁柱，每天都有我的剧目，街上的售货员说："李淑君，你给北昆挣了多少钱？"我穿着很一般，穿着练功服、练功裤就上街了。那些服务员说："你们剧院的一般演员都穿得很漂亮，你怎么就这样出来了。"我说："我没空，我不打扮。我爱的就是艺术。"[5]

从少女时代的爱打扮、爱时髦，到如今穿着朴素随便，李淑君所经历的恐怕

---

[1] 引自2007年4月3日作者对李淑君的采访。
[2] 转引自丛兆桓所撰"新编《百花记》"辞条，载《中国昆剧大辞典》，吴新雷主编，南京大学出版社2002年版，第161页。
[3] 引自2007年4月10日作者对李淑君的采访。
[4] 引自2007年8月3日作者对丛兆桓、杨仕的采访。关于剧场所展示的李淑君的大照片，杨仕老师记得第一次看到并为之着迷的李淑君大照片是挂在西单剧场，而丛兆桓老师记得是在长安大戏院，悬挂有五位主演的大相片，包括李淑君和他自己。因此，在此次采访中，请两位互相回忆，得出可能的结论如下：在西单剧场时，墙上悬挂有一排大相片，多为北昆的老艺人，李淑君因已是主演，故悬挂其中。丛兆桓此时还未成为主演，尚未悬挂其相片。后北方昆曲剧院迁至宣武门内大街238号，演出排练之剧场改在长安大戏院，此时挂上韩世昌、白云生、侯永奎、李淑君、丛兆桓五位主演的大相片。
[5] 引自2007年4月3日作者对李淑君的采访。

不仅仅是观念的转变。最大的原因或许还是"没空"，因为，在某些时刻、某些场合，李淑君打扮得光彩照人，就像杨仕在西单剧场所看到的身着浅色旗袍的便装照，就像白士林对于往昔的怀想[1]：

"在开会的时候，李淑君穿着旗袍走了进来，所有人的目光都聚集在她身上，满堂生辉啊！"

"在五六十年代，能让穿旗袍么？"我问。

"聚会、晚会的时候可以。再说她是主演，就有那个范儿。真有点小言慧珠的意思。"

"听说当时很多人追求她？"

"当然。谁不爱她呢，人人都爱她。"

---

[1] 以下对话引自2007年7月15日作者对白士林的采访。

第四章　红都名伶（上）

　　"你不知道李淑君那时有多红！"杨仕老师挂着手杖，走一段路，就侧过头来对我说，"唱《瞧情郎》那个时候，多红！都知道。我表哥李滨声，八十多岁了，是《北京晚报》的高级编辑，喜欢票京戏，画漫画。他说李淑君——其他的事情记不住了，就记得她很红很红。"[1]

　　"人民大会堂经常演节目，一演，她经常是压轴，演的什么，我忘了。"在王群兰老师家，她一边找旧日存留的照片，一边回想那段岁月："有时在街上偶尔遇见。她唱黄梅戏也红，后来唱昆曲了。我在区里，票也比较多。中央领导人经常上人民大会堂去看，散了戏，有时就找她谈。周总理、朱总司令、习仲勋，好多人都找她谈过。朱老总还说：'叫你爸爸回来呀。'"[2]

　　"李淑君演完戏后，经常有车接去参加宴会。听说有一次，外边停了两队车，都要接李淑君，两队人马都互不相让、剑拔弩张——因为要向首长交待啊——还差点动了枪。"这是流传于北方昆曲剧院青年演员中的一则逸闻——特别让我想起晚清民国时的名伶往事——我以之求证于丛兆桓先生：

　　"这个，他们为了接李淑君差点打架，有这么回事吗？"

---

[1] 引自2007年8月3日作者与杨仕的谈话。
[2] 引自2007年4月12日作者对王群兰的采访。

"是嘛？我怎么不知道。" 丛先生微笑着反问。[1]

种种记忆，重重传奇故事的谜云，笼罩在那个红色年代的上空，宛如某种奇异的具有诱惑力的征象。而当我们试图去寻访，时代已轰然流转，一切都似乎散为历史的烟云，只留下属于往昔的余香袅袅。

一、"大跃进"中的《红霞》

建院公演之后，李淑君已然成为北方昆曲剧院的主演，其标志不仅仅是西单剧场大厅里悬挂的大相片，在戏码的安排上，李淑君也往往是和老师辈的艺人并列。据丛兆桓先生介绍，当时北方昆曲剧院的日常演出是一周两场，一般在周末，两场中有一场是老艺人的演出，一场是青年演员专场[2]。从见诸报端的演出预告来看，此时李淑君常演的戏是《昭君出塞》、《游园惊梦》和新编全本《百花记》，而且她的戏码经常出现在老艺人的专场里。譬如，《北京日报》所载1957年7月20日的演出，为老艺人专场，戏码有梅兰芳、韩世昌、白云生主演的《游园惊梦》，李淑君、孟祥生、侯长治主演的《昭君出塞》和侯永奎主演的《武松打虎》，票价为一元二角至二元。次日为青年演员专场，戏码有《天罡阵》、《林冲夜奔》、《春香闹学》和《钟馗嫁妹》，票价为四至六角。

1957年9月21日，《北京日报》上登载了一篇名为《前线歌舞团和〈红霞〉》的文章，报道了正在北京举行首次公演的中国人民解放军前线歌舞团，以及歌舞团带来的一部四幕歌剧《红霞》。谁能想到，在不久之后，竟然会出现一股"红霞热"——歌剧《红霞》不仅被拍成电影，而且故事为各种剧种所搬演，甚至连一向被认为难以表现现代生活的昆曲也演出了《红霞》，并取得很大的成功。

所谓的"新昆曲"《红霞》是如何出现的呢？或谓，北方昆曲剧院何以排演《红霞》？这自然有一番故事，丛兆桓先生在《北昆史话》一文中将其时代背景一一道来：

1958年3月，毛泽东提出了"鼓足干劲、力争上游，多快好省地建设社会主义"的总路线，接着又发动了"大跃进"和"人民公社化"运动。政治

[1] 引自2007年4月10日作者对丛兆桓的采访。
[2] 同上。

上、经济上的左倾，必然反映到文化工作中来，是夏即定下了"以现代剧目为纲"的戏曲工作方针，甚至规定剧院团上演剧目中现代戏要达50%。经过"反右"风暴，谁敢不左？于是北昆匆忙在北京体育馆的文化系统万人大会上演出了活报剧《插红旗拔白旗》和《除四害》，并高喊"苦战十五天排出现代新昆剧《红霞》"的口号。[1]

在大跃进的浪潮中，北方昆曲剧院打出"昆曲新生枯树变活"的旗号，并开始排演《下乡》、《女社员》两个现代小戏，并组织综合性的歌舞晚会，带到"工农群众"中演出。而且，"14位老艺人决心把全部艺术在两年内授给青年演员。院长韩世昌表示要为青年演员跑龙套、倒脸水，他并把全部戏衣献给剧院"。[2]

据《人民日报》报道，1958年7月16日，文化部举行有八千职工参加的跃进献礼大会，"这次大会是文化部一年来整风运动收获的检阅，也是文化部在整风运动之后紧接着又掀起群众性的技术革命、文化革命高潮的标志"。在大会上，"出现了一万三千多件献礼"，其中有"人民文学出版社的代表高举着奋战七昼夜突击出版的八十八种图书"，有人民美术出版社通过"三天奋战""宣传画发行数由一万跃增到一百多万"……大会不但展示了献礼，还"进一步修订""跃进指标"，电影部门要在今年"生产艺术片八十九部、新闻纪录片七百多本和科学教育片一百二十多部"，中国京剧院"今年要编八十出现代戏"。而北方昆曲剧院"决心使昆曲这个古老的剧种变得年轻起来，他们已经用六十三小时完成了现代剧《红霞》的排练工作"[3]。李淑君回忆当时的场面：

> 在体育场，底下是十个仙女，搁一块板子，上面我和侯永奎老师围着体育场走了个过。[4]

文化部的"跃进献礼大会"上，形势催人，各单位、各团体纷纷"放卫星"，"院长上去发言，我们这个古老的剧种也要排现代戏，要发扬革命精神。不能落后，苦战15天排出《红霞》。是金紫光和他夫人两个人看了歌剧《红霞》之

---

[1] 丛兆桓：《北昆史话》，载《兰》1999年第4、5期合刊。
[2] 《五百年枯树发芽》，载《文汇报》1958年3月9日。
[3] 《文化界百花争艳气象新 向党献礼一万三千多件》，见《人民日报》1958年7月18日。
[4] 引自2007年4月10日作者对李淑君的采访。

后，觉得比较好移植。"在会上放出"十五天排出《红霞》"的"卫星"后，整个北方昆曲剧院全院总动员，"包括行政人员，排练到半夜12点，伙房里面的师傅和行政人员把夜宵送到排练厅。当时真是苦战，写词的人一出来本子，作曲的人马上谱曲，曲子一谱好，演员马上唱，就这样15天排出一场大戏"[1]。时间如此紧迫，作为《红霞》的主演，李淑君的辛苦是自然的了，于是她又只能"一宿一宿不睡觉"，来临时"钻锅"演戏：

> 回来，没时间了，十五天，我就排出这《红霞》了。夜里，我就站在西单剧场的台上，一宿一宿的不睡觉。[2]

1958年8月1日，《北京晚报》上登载了《红霞》即将演出的消息。8月3日，新昆曲《红霞》的预告又见诸报端，有趣的是，此时的《北京晚报》还登载了歌剧电影《红霞》的放映消息，并有文章介绍其中的唱段，还有曲剧《红霞》"创造运用新形式""受欢迎"的报道，可谓是处处皆是《红霞》声。8月6日，"戏曲表现现代生活座谈会"闭幕，这次座谈会从6月13日开始，中间举办了全国12个戏曲院团的现代剧目汇报演出，提出"鼓足干劲，破除迷信，苦战三年，争取在大多数剧种和剧团的上演剧目中，现代剧目的比例分别达到20％到50％"[3]。8月7日，《北京晚报》正式出现《红霞》的演出预告，新昆曲《红霞》将于8月9日于西单剧场首演。

为了排演《红霞》，西单剧场是一派忙碌景象，孟庆林报道说"排演场里，处处表现着大破大立的精神"[4]。因为《红霞》的排演是昆曲第一次演"现代戏"，第一次用昆曲表现现代生活，又处于全国"大跃进"的狂热的历史氛围中，所以在排演场上出现了很多不同于以往排戏的变化：比如以往排旧戏用的

---

[1]引自2007年4月17日作者对丛兆桓的采访。另，在陆放、白云生、马祥麟署名的文章《从〈红霞〉排演试谈昆曲革新》中，也谈到将歌剧《红霞》改编成昆曲的缘由：先是形势所迫，"当一九五八年轰轰烈烈大跃进到来的时候，我们北方昆曲剧院全体同志都有着一个共同的要求，就是如何用昆曲来表现现代人民生活"，此后是排了"几个现代小戏"，"如：《下山》、《女社员》等，在当时街头宣传演出，效果尚好"。之后排了《红霞》，是因为"这个剧本对昆曲来说，可以发挥它载歌载舞的特点，有紧张激情的斗争场面，也有大段抒情的唱"。载《文汇报》1963年11月11日。
[2]引自2007年4月10日作者对李淑君的采访。写至此时，我忽然想到，后来李淑君犯病的征兆就是"一宿一宿睡不着觉"，从"一宿一宿不睡觉"到"一宿一宿睡不着觉"，这其间或许有某些联系吧。
[3]《戏曲表现现代生活座谈会　确定戏曲工作方针　苦战三年上演的现代剧目达到20％－50％》，载《北京晚报》1958年8月6日。
[4]孟庆林：《北昆的〈红霞〉在排演场里》，载《北京晚报》1958年8月8日。

《红霞》（1958年），李淑君饰红霞

是"口传心授"、"说戏"的方式，如今排戏则"第一次从读剧本、分析角色开始排戏"；又如"口传心授"——以往是老演员教新演员，如今倒过来，变成了青年演员一对一地教老演员——因为"《红霞》的曲谱都是新创作的，有些老演员根本不识简谱"；再如"大衣箱管灯光"，由于《红霞》大量运用了灯光布景，所以传统的管衣箱人员又开始学习管灯光。其间，还有很多趣事，如同李淑君"一宿一宿不睡觉"背台词，侯永奎也是"起五更背台词"，而韩世昌呢，不但做示范——"有时金紫光在台下讲解人物，韩世昌在台上表演"，而且还尝试扮演了一个角色——"一直扮演旦角的韩世昌，主动要求扮演70多岁的青山老人，他试扮的形象非常淳朴可爱"[1]。

《红霞》的排演，虽然和《百花记》一样，都是突击"钻锅"，但对李淑君却正是施其所长。因为。如果演《百花记》等传统戏，李淑君此时或许尚有会戏不多、武把子不熟练等缺点可挑，但演现代戏，实际上是"把歌剧、话剧的元素溶入到昆曲中"，"运用昆曲的唱腔和身段等表现手段，成功地演出了一个革命现代戏"[2]。对于从歌剧院来的李淑君、丛兆桓来说，已有在中央实验歌剧院演《小二黑结婚》等新歌剧的经验，这次演"新昆曲"，更是得心应手，还颇能发挥李淑君嗓子好的特点。因此，在公演之后，对《红霞》一片赞誉。直至今日李淑君还记得：

> 马少波评我的《红霞》是演得最好的一个，因为我受了歌剧院演新戏的熏陶，我们歌剧院里没有我演得这么好的。马少波给我打电话，说："你那

[1] 以上细节均出自孟庆林文章《北昆的〈红霞〉在排演场里》，载《北京晚报》1958年8月8日。
[2] 引自2007年4月17日作者对丛兆桓的采访。

《红霞》多好啊。"[1]

二、《红霞》奏新声

火红的太阳从东方升起，美丽的朝霞出现在天空。红霞为革命英勇地牺牲了，她的英姿像雕塑般地屹立在山头。——北方昆曲剧院演出的《红霞》全部结束。[2]

1958年8月9日，"六幕四景新昆曲"《红霞》[3]在西单剧场首演，导演为金紫光和马祥麟，主演为李淑君、侯永奎和丛兆桓——这是李淑君主演的第二个大戏了。当晚，茅盾观看了《红霞》，并赋诗赞之：

---

[1] 引自2007年4月10日作者对李淑君的采访。
[2] 《昆曲再现青春　《红霞》大放异彩》，载《北京晚报》1958年9月3日。
[3] 《红霞》演出预告开始标明为"六幕四景新昆曲"，不久又改作"六幕五景新昆曲"，后又改作"五幕新昆曲"。其故事情节见北方昆曲剧院1959年《红霞》节目单上所使用"《红霞》剧情说明"：
　　《红霞》是一个优美的民间传说，内容是描写第二次国内革命战争期间，江西苏区英雄的妇女，为了掩护红军北上抗日，英勇地向白匪军进行着坚强不屈的斗争。
故事简单情节如下：
　　　　1929年，某天傍晚，地主白保长家的丫头红霞，因为放走了被抓来的赤卫队员而遭到毒打。长工青山乘人不备，本想放走红霞，但被白保长发现，命囹丁将青山和红霞围住。正在这千钧一发之际，赤卫队赶到，地主白保长终于被赤卫队长赵志刚打死，并送红霞和青山去苏区。
　　　　五年后的1934年，苏区人民正在忙着秋收，但是国民党发动了五次围攻，白匪军的先头部队很快就要来了。红军已经转移阵地，赤卫队也要离家乡随红军北上抗日。乡亲们急忙坚壁清野，不给敌人留下一粒粮食，然后欢送赤卫队去二龙山整编。赵志刚临走时留下一面红旗，红霞在这面红旗的鼓舞下，坚强地投入了残酷的对敌斗争。
　　　　匪军探子冯顺，原本是白保长家的账房先生，现在奉白保长的儿子白五德之命，前来探听红军的去向，不意发现红霞，于是威胁红霞说出红军的下落，幸亏青山赶来，冯顺想逃走不及，最后被青山刺伤。
　　　　白匪军白五德的大队，到处奸淫烧杀，勒索抢劫，为了追赶红军和赤卫队，抓老百姓去带路，可是善良的老百姓宁死也不肯帮助敌人。白五德狠毒地要杀掉所有的老百姓。红霞为了保存革命的力量，为了救乡亲们，挺身而出，假意答应带路，可是狡猾的白五德怕红霞带错路，仍然把老百姓押走了。
　　　　夜里，红霞带领匪军进山，在路上匪军发现有红军遗留下的东西，白五德相信红霞是带对了路。但是，红霞为了不使匪军追上红军，故意在拖延时间。路过一小酒店，白五德正在想饮酒作乐的时候，地雷炸断了桥梁，大队无法过河。这时匪军押来一人，红霞发现是赵志刚，知道红军和赤卫队已过河走上二龙山的路上去，便立刻机智地以早赶上红军为理由，催促白五德去监督修桥，企图在天亮前把敌人带上凤凰岭，同时设法，使白五德把乡亲们放回去，然后乘哨兵不备，把赵志刚放走，故意将自己绑在椅上，巧妙地骗过了敌人。
　　　　到了快天亮的时候，红霞已经把白匪军带上了凤凰岭的悬崖绝壁。当白五德发现是条错路想后退时，山下已被红军和赤卫队包围。在枪林弹雨的激烈战斗中，红霞露出胜利的微笑，跑上山头用红旗打出信号。白五德疯狂地开枪射中红霞。这时红军和赤卫队赶到山上，赵志刚打死白五德，缴了匪军的枪支。
　　　　红霞为了革命英勇地牺牲了。胜利的红旗插上山岗。火红的太阳升在东方，美丽的朝霞出现在天空，红霞的英姿像雕塑般地屹立在山头。她的英勇事迹，永远为人民歌颂。

观北昆剧院初演《红霞》 [1]

一

新声孰最数红霞，　埋玉还魂未许夸。
厚古薄今终扭转，　关王汤孔太奢遮！

二

挥斥风雷诳白匪，喝开云雾耀红霞。
哀丝豪竹颂英烈，此是北昆跃进花。

八月九日夜

茅盾的这两首诗虽是以政治标准来评价《红霞》，但颇能点明《红霞》与此时政治形势之契合，如第一节将《红霞》与"埋玉还魂"相对比——"埋玉"出自《长生殿》，"还魂"或许指的是《牡丹亭》——"新声"与"旧戏"相对照，所取得的效果则是"厚古薄今终扭转"，"厚今薄古"正是此时大力提倡的时代精神。第二节描写了《红霞》的情节"挥斥风雷诳白匪，喝开云雾耀红霞"，最后点明"颂英烈"、"北昆跃进花"的宏大主题。

在公演的第二天，就出现评论文章《昆曲新葩——〈红霞〉》 [2]，称赞"饰红霞的李淑君，饰赤卫队队长的侯永奎，不仅字音清楚，而且声调悠扬、清越，比他们原来所擅长的《出塞》、《夜奔》等并无逊色之处。"——这篇文章将李淑君、侯永奎在新戏《红霞》中的表现与旧戏《出塞》、《夜奔》相比，而且其中心观点便是《红霞》不仅"依然感觉是在听昆曲"，而且"它使人懂"，"昆曲艺术又回到了劳动人民当中，它不但要使人看得懂、听得懂，而且要充分表现今天生活中的英雄人物"，"它给人的鼓舞和教育，确是远远超过了《十五贯》"，最后，该文实际上点出了《红霞》之意义——"愿'红霞'是它第一面红旗"。

据《北京晚报》报道，"上万个观众看了'红霞'后，赞不绝口，不少人写信给剧院，祝贺古老昆曲的重生"，不仅如此，"周总理和其他党、政领导人和文艺界先辈康生、周扬、沈雁冰、刘芝明、郑振铎、夏衍、田汉、欧阳予倩等人，都观赏了'红霞'，并且给以很高的评价。"于是，出现了下面那在新闻中常常出

---

[1] 载《人民日报》1958年8月13日。
[2] 王江：《昆曲新葩——〈红霞〉》，载《北京晚报》1958年8月10日

《红霞》（1958年），李淑君饰红霞，侯永奎饰赵志刚

现却总是能让人反复记忆的一幕：

> 这时，周总理走上舞台。几乎每个演员都和总理握了手。总理对扮演赤卫队长赵世刚的侯永奎和扮演红霞的李淑君连说："不错嘛！"继而又对大家说：昆曲是古老的剧种，《红霞》的演出，给昆曲艺术的发展开辟了一条新的道路。在亲切交谈的时候，总理和演员们照了合影。[1]

当然，站在舞台上的李淑君，除了眼前的此情此景，还有着属于她自己的"私人记忆"：

> 后来我调到北昆去了，有一年多没见着总理，总理后来上剧院看《红

［1］《昆曲再现青春 〈红霞〉大放异彩》，载《北京晚报》1958年9月3日，新闻中"赵世刚"有误，应为"赵志刚"。

霞》,《红霞》是我主演的。看完以后,总理就说:"我说怎么看不见李淑君唱民歌了呢,原来跑来唱昆腔了,唱昆腔也好嘛!"后来总理给《红霞》很多指示,说它比较粗糙,五八年搞出来的戏,比较粗糙,但是这条路是好的,体裁是革命现代戏,这个路子是对的。等到照相的时候,我觉得自己是个青年演员,要蹲在总理脚前照相。总理说:"你起来,你现在已经能唱一出戏了。跟我一起照,但是不要骄傲。"哎呀,这个我永远不会忘记的。[1]

在看戏时,周总理还注意到一些细节,并对服装道具提了意见,如见到扮演江西苏区人民的演员"头上包着头巾",就说"当时苏区农民头上不包头巾,而是带斗笠","还把当地农民穿的草鞋式样介绍给演员"[2]。既然周总理给这出《红霞》定了"给昆曲艺术开辟了一条新的道路"的调,随后"又调到国务院的大礼堂去演出"[3],造成的影响便是"《红霞》在北京就红了,红了之后到山东、山西、东西南北各地去巡回演出。演出大概有200场左右"[4]。

由于《红霞》反映的是"现实生活",并与其时的社会总体氛围相合,因此,演出之后的盛况,身处其中的演员恐怕都是头一回见识,但终身难忘:

记得有一次在保定演出《红霞》,在农村演出,有人上台去拽反面人物的腿,这种效果,演出传统戏是没有可能性的。有一次三八妇女节,在保定河北剧场,全部都是女孩子在看戏,有1200座吧。红霞死了之后,全体观众潮水一样的拥向台口,"红霞姐,红霞姐"的叫声震耳欲聋。场面非常壮观,震撼人心。演戏演到这样,我从来没有见过。[5]

这一情景,可谓与传闻中歌剧《白毛女》在演出时所引发的群体性反应一般无二,对于昆曲演员来说,从演传统戏的"不惜歌者苦,但伤知音稀"到演现代戏的"万人如潮",当然是一种新奇、刺激又振奋人心的体验。

[1]引自杨仕对李淑君的采访,时间为1994年。亦可参见杨仕据此次采访所整理、李淑君署名文章《关怀鼓励 铭刻在心》。载《周理理与北京》,中国人民政治协商会议北京市委员会文史资料委员会编,中央文献出版社1998年版。
[2]《昆曲再现青春 〈红霞〉大放异彩》一文,载《北京晚报》1958年9月3日。
[3]引自2007年4月17日作者对丛兆桓的采访。
[4]同上。
[5]同上。

由于扮演"红霞"，李淑君成为闻名全国的"红霞姐"，在演出《红霞》时，所到之处所引发的狂热，几乎是旧时超级明星的翻版：

> 看《红霞》演出的，有工农兵、城市市民、青年学生和革命干部。从演出时观众的反应看，是我以前演传统剧目时所从未有过的。记得1959年我们在保定演出时，有一次，许多青年学生看完演出之后都不肯走，有的还涌到后台来叫红霞姐，并要我给他们签名留念。
>
> ……有一位青年农民，1958年看了《红霞》，去年参军到海南岛海防前线，事隔几年还给我来信，不忘红霞的英雄形象。他说要学习红霞的革命精神，坚守在祖国海防前线，把守住祖国的大门。[1]

关于《红霞》的诸多评论，对李淑君的表演皆是交口赞之——这些评价多集中在李淑君的"唱"和对人物的理解上：

> 李淑君演红霞，能够表达出坚决的斗志和复杂的情感。她唱到高亢之处，能够震人心弦。[2]
>
> 李淑君演唱昆曲才两三年，然而从舞台的演出中很能见出她的艺术才能。"红霞"中，她除在唱腔上继承了传统昆曲的特色，又有所创造，融入了民歌和民间戏曲的唱法，同时她更能结合剧里人物的思想感情，在舞台上创造出一个相当生动的红霞形象。[3]
>
> 李淑君扮演的红霞是很出色的。她是从内容、从生活出发来塑造人物，而不是从传统的程序出发来塑造人物。她的表演很纯朴，感情很真挚，不加雕琢，正适合红霞这样纯朴而又不平凡的姑娘。第一幕，红霞被绑在院子里，景是比较写实的，红霞就只能双手被反缚在大树上，不能动弹，这对演员的表演来说，是不利的。可是李淑君却能深入角色，通过一段独唱，把红霞的阶级感情和对红军的盼望表现得很动人。末尾翻的长腔，很有感情，也很有表现力，给人留下了深刻的印象。[4]

[1] 李淑君：《要演"红霞姐"，不做"鬼阿姨"》，载《戏剧报》1963年第9期。
[2] 赵景深：《北昆与推陈出新》，载《中国戏曲丛谈》，赵景深著，齐鲁书社1986年版，第215页。
[3] 王永运：《谈昆曲〈红霞〉的改编及其它》，载《百花》1960年第2期。
[4] 吴芝：《评昆曲〈红霞〉》，载《上海戏剧》1963年第11期。

不过，对《红霞》所创造的"新昆曲"，实际上存在着争议，欧阳予倩在评论《红霞》时就曾举例：

> 看过戏之后，有人问："这是昆剧呢，还是新歌剧？"还有人说："戏很不错，但昆曲的味道太少了。"若为听纯粹的昆曲，这个戏是不够过瘾的；为着反映革命的现实，这个戏是成功的。[1]

虽然，《红霞》作为昆曲能够"表现现代生活"的第一部大戏，被不断复制、效仿、赞扬，但是，《红霞》到底算是昆曲还是新歌剧？即使是在称赞者那里，对《红霞》的肯定都是在其表现现代生活，能够符合社会生活及意识形态上，但对《红霞》之于昆曲的创造，仍然抱有疑问或遗憾之意。比如周扬在观看《红霞》后"希望《红霞》在风格上'戏曲'味道再浓些；再更多地运用传统手法"[2]，马少波也认为"昆剧《红霞》在继承传统发扬传统上是尽了很大努力的，无论唱腔、身段……吸收、溶化，运用了不少昆剧的表现方法，但仍使人感到话剧成分重一些。昆剧传统的表现手段极丰富，如果多保留一些，多溶化运用一些，也就是说更'虚'一些就更好了"[3]。

这些意见，对李淑君无疑构成一种压力，后来她谈到此时的处境："我演《红霞》受到广大观众的欢迎，但是也还有少数人在挑剔，他们说《红霞》不像昆曲，像新歌剧。有些人看过我演的折子戏和《红霞》，批评我那些都不像昆曲，简直是'山西胳膊河北腿'，四不象。"[4]虽然这段文字是出自特殊历史时刻的"检讨"和"表态"，在细节上或许有夸大之处，但这些意见显然是有的（出语尖刻者难免更有之）——就连对李淑君一向关心的马少波、欧阳予倩都发出类似的感想。

于是，李淑君"开始努力练功，下决心钻昆曲的传统"，去学习"手眼身法步，以及唱得够不够味等一些表演技巧上的东西"[5]。关于李淑君的这种变化，当我采访李淑君昔日的同事白士林老师时，他曾用一句话来形容："开始是打外

[1] 欧阳予倩：《〈红霞〉开了昆曲的新生面》，载《人民日报》1958年9月15日。
[2] 《昆曲再现青春　〈红霞〉大放异彩》，载《北京晚报》1958年9月3日。
[3] 马少波：《"红霞"辉映昆曲舞台》，载《人民日报》1958年8月22日。
[4] 李淑君：《要演"红霞姐"，不做"鬼阿姨"》，载《戏剧报》1963年第9期。
[5] 同上。

行不打内行，后来是打外行也打内行”[1]。“打”的意思或许是“打动”——开始时李淑君获得“外行”（一般观众）的喜爱，但并不被昆曲行家所认同，到后来，随着她的努力，就获得“内行”和“外行”的一致认可了。

三、生活片断：下放和巡演

1958年11月中旬开始，北京市各剧院、剧团展开了一个“下厂下乡、劳动锻炼”的运动，这是为了贯彻执行中央关于干部参加体力劳动的指示而发动的，内容是“除了参加体力劳动外，还进行演出和对业余剧团辅导工作”[2]。北方昆曲剧院下放劳动的地区是“周口店区”，即房山良乡一带。据介绍，当时来“周口店区”的文化工作队包括北方昆曲剧院、首都图书馆、中国评剧院二团、北京曲艺团等十个单位500余人，其中就有李淑君、白云生、侯永奎、丛兆桓、陆放等。

> 文化工作队的任务一个是演出，一个是做农村文化的普及工作。先后在房山大礼堂演出了话剧《兵临城下》、《党的女儿》，评剧《秦香莲》，昆曲《红霞》，使房山群众有机会看到高水平的文艺演出。文化工作队在区委的统一部署下分为六个工作分队，分赴六个人民公社。具体的工作任务是辅导农村群众文化活动，开展“诗画满墙”活动，并培训农村文艺骨干。工作队实行“三同”：与社员同吃、同住、同劳动。[3]

在两年后所写的一篇文章中，李淑君述及了“下乡”的生活和演出状况：

> 有一次我和大爷、大娘们在一起干活。我们干的活并不重，但我由于缺少劳动习惯，觉得很累……因为自己感到累，出自一种“关切”的心情，我就劝大爷大娘们，说“岁数不饶人”，该歇会就歇会。他们却回答说：“岁数不饶没出息的人。”一句话说得我脸红了。
> 我和农民一起劳动，休息的时候，大家围拢在一起说笑着，这时我常常

---

[1] 引自2007年8月4日作者对白士林的采访。
[2] 《劳动、辅导、演出三丰收——北京各剧院、剧团陆续下厂下乡》，载《戏剧报》1958年第3期。
[3] 段汝连：《“大跃进”时期的房山文化生活》，载《龙乡古城——房山城关》。

情不自禁地向老乡们唱起来。地头演唱，这是我从来没经过的事。我本来是歌剧演员，过去养成了不少的习惯，如要唱，就得参加正式演出，有剧场、有乐队、有观众、有鼓掌、有谢幕，似乎只有这样才算是一个"演员"，才有"演出情绪"。即使如此，稍有一些感冒不适，就不敢唱了，怕累坏嗓子。至于在山坡上顶着风唱，这在过去更是不可想象的。

下乡时，正赶上人民公社化运动。我们和农民一道连夜开会，筹备建立人民公社。举行庆祝人民公社成立大会的那天，我们心里和农民一样，充满了无限的喜悦。虽然庆祝大会是在蒲洼举行，我们还是照样赶了去。一早出发，走了四十里崎岖的山路，太阳快下山的时候，才到蒲洼。那天晚上，我们和老乡们一起拼命敲锣打鼓，喊口号。后来草草化了装，就在临时搭起的台上演出了。[1]

在房山农村演出《红霞》时，场面也是颇为热烈的，"农民痛恨剧中杀害红霞的白军，竟往台上饰反面人物的演员身上扔土圪垃，小孩子爬上台去拖'匪兵'的脚……"[2]李淑君也回忆说："当地农民看了《红霞》之后，也深受感动，都表示要把红霞当成学习的榜样。有些观众并和我交了朋友。"[3]

因为北方昆曲剧院需要演员，周万江从戏校提前毕业，分配到北昆工作。他正好赶上了这次运动，在农村的土台子上第一次看到了《红霞》，"进了北昆，到农村去劳动，同时也开始在各公社劳动，演李淑君的现代戏《红霞》，印象最深。先让我们看戏，农村的土台子，'诶，昆曲不难听啊'"[4]。

从保存在李淑君档案中的一份鉴定表及小组讨论记录上看，李淑君下放劳动的地点在"北京市周口店区十渡乡马安人民公社"，担任组长之职，经过小组讨论，所填写的优点是"对自己有严格的要求，在劳动上表现突出，能踏实地干，同时还带病劳动，受到很大的锻炼"，"群众关系好，能和农民打成一片，互助交流，在对待组员也显得热情、关心"。缺点是"工作上缺乏计划"，"有依赖思想"，"工作有时显得简单化，比较主观"等。

张毓雯是1958年9月考入北方昆曲剧院首届培训班的学员，当时才13岁，一到

---

[1] 李淑君：《做一个真正工农化的演员》，载《戏剧报》1960年第17期。
[2] 丛兆桓：《北昆史话》，载《兰》1999年第4、5期合刊。
[3] 李淑君：《要演"红霞姐"，不做"鬼阿姨"》，载《戏剧报》1963年第9期。
[4] 引自2007年4月17日作者对周万江的采访。

北昆，就赶上了下放劳动，正好和李淑君在一个地方，同在一个组。在她的记忆里，还完整地保存着初次见到李淑君时的"惊艳"感：

> 我第一次到昆曲剧院来的时候，1958年文化深入农村，到农村去劳动，我们新来的同学有十几位，到了良乡。那时我还比较小，我13，她比我大15岁。我第一次看到她时，就觉得——"啊！"我不知道她是谁，后来有人说她就是李淑君，昆曲剧院的一个主演，嗓子特别好，个子也很高，长得非常漂亮，还梳着两个大辫子。我还记得她穿的是黑色上衣，还是带红边的。[1]

由于此时张毓雯年龄尚小，又独自在偏远的乡村生活，所以对"淑君大姐"不仅仅是"惊艳"，而且还非常依赖，或者说"亲近"，"因为她当时做一个小的负责人，经常要到良乡来开会，那时，在村子里，我比较小，所以非常想念她，经常我要站在村口去看她。哎呀，淑君大姐什么时候回来啊"[2]。

这种或许能称之为"崇拜"和"亲近"的感觉持续了很多年，直到后来回到北方昆曲剧院，张毓雯慢慢成为学员班演出的主演，直到和李淑君并列为"北昆四旦"……而且，李淑君的爱人唐洪云给她留下了深刻的印象："国庆十周年。准备这些演出最忙的时候。我们都在一个院子里上班，经常见面。淑君大姐住在后院，没有孩子，生活过得也很简朴的。她的先生对她太好了，对李淑君真是百依百顺，照顾得无微不至——"

"您能举个例子说明她先生是怎么无微不至的吗？"我问。

"早上他起来了，买东西，做早饭，她起来了吃啊。谁当时这么照顾一个人啊！因为他太喜欢她了。她生病时，他给她熬药、做饭。李淑君平时什么也不用做。"[3]

在李淑君到北方昆曲剧院工作后，唐洪云也被调入北昆，据说是康生的意思——要唐洪云好好照顾李淑君。唐洪云多才多艺，此时担任北昆的乐队指挥、青年团书记，不仅是在生活上的照顾，在工作中对李淑君也起到了很大的帮助。比如说吊嗓子、背台词，"在北昆的时候，三天一出大戏，五天一出大戏，他就

---

[1] 引自2007年7月21日作者对张毓雯的采访。张毓雯老师在讲述了这一细节后言道："你看，我给你们讲了我第一次见李淑君的情况，这只有我才知道的。"
[2] 同上。
[3] 同上。

拿着二胡帮我吊，帮我很快记住"[1]。而且，更重要的是，唐洪云在剧团的人际关系颇好，对李淑君在舞台上能顺利表演也有辅助之功。当我采访白士林老师时，他就谈到了李淑君之所以"走红"的原因：

> 在剧团里，当主演不容易，淑君大姐那时候，上有周恩来这些中央领导人的喜爱，中有金紫光院长的培养，下有唐洪云的支持。唐洪云是乐队的，把乐队都弄得好好的，这样在舞台上才不给你找茬。所以她就能当主演，能走红。文革以后，这些条件都没有了。[2]

还是回到当年吧，回到那位刚进北昆学戏的小姑娘对"走红"的主演的感觉，除了"惊艳"、"亲切"，还有就是"神秘"：

> 我们觉得她住的那个房间很神秘，也没有人去打扰她。有一次，我也不知道为什么，也许是觉得她的房间太神秘了，那个小屋是什么样子？我就去了，也可能是他们让我去了。那时是困难时期。我到他们房间里，他们给我沏了杯茶，我到现在还有印象，因为那时我们都不喝茶，喝白水。能到他们的房间里去，和她聊聊天，看看她的房间。其实也很普通，只不过有几个过去的老箱子，有个床，有个桌子什么，她给我倒了杯茶，我觉得很好，坐在一起聊了会天。所以从小的时候，淑君大姐我很尊敬她。[3]

1958年12月17日，《北京晚报》预告了北方昆曲剧院"下放周口店区劳动锻炼归来再度公演"的消息。至于能从农村劳动回来演戏，据丛兆桓先生回忆，是因为"直到县里、乡里说'这些文化工作队影响农业生产、大炼钢铁'"，但是，"'大跃进'的形势，催促北昆急忙赴山东、山西巡回演出，边走边演边排戏"。[4]

到山东巡回演出是在1958年的4月至6月，演出剧目有本戏《百花记》、《通天犀》、《铁笼山》、《艳阳楼》等，移植剧目《荔枝记》、《乔老爷奇遇》，折子戏《钟馗嫁妹》、《林冲夜奔》、《昭君出塞》和《春香闹学》等[5]。在李淑君的记

[1]引自2007年4月3日作者对李淑君的采访。
[2]引自2007年7月15日作者对白士林的采访。
[3]引自2007年7月21日作者对张毓雯的采访。
[4]丛兆桓：《北昆史话》，载《兰》1999年第4、5期合刊。
[5]《北方昆曲剧院 南下巡回演出》，鲁田，载《文汇报》1958年5月3日。

忆里，《百花记》颇受欢迎，因为是用普通话演唱，其他的戏由于"文辞深"，观众看不懂，也听不懂，所以"昆曲不受欢迎"[1]。于是，他们把在中央实验歌剧院民间戏曲团时学过的梨园戏《陈三五娘》改编成《荔枝记》，将闽南话改成普通话演唱。改演《荔枝记》后，"因为我和丛兆桓都很漂亮，嗓子好，所以很受欢迎"[2]。但此时，李淑君忽然做出了一个在他人看来难以理解的举动——她没有和人打招呼，就独自买了张火车票回北京了。有人在回想中把这个事件当作李淑君后来得精神病的先兆，但是，李淑君自有其理由：

> 我当时嗓子不好，领导还要我演。所以我自己买了张火车票回来了。我是听了周巍峙的话，在中央实验歌剧院民间戏曲团时，我瞎唱，他对我说：嗓子长在你身上，可那个是国家财富。我这一辈子就没闹过嗓子，我听了他的话。[3]

1959年1月底，临近春节，北方昆曲剧院又赴山西、河北巡回演出，路线是"沿着京太线铁路，到太原、阳泉、石家庄、保定四地"，"带去的剧目有大型剧《生死牌》、《红霞》、《百花记》，单折戏有《夜奔》、《昭君出塞》、《春香闹学》等"[4]，在这些剧目中，李淑君主演的戏有《红霞》、《百花记》和《昭君出塞》，《北京晚报》的记者描写了这次巡回演出的某个场景：

> 阳泉煤矿工人下班后，洗得干干净净，换上整洁的衣服，三五成群地来到煤矿工人俱乐部。海报上写的是北方昆曲剧院演出昆曲《红霞》。煤矿工人看过京剧、评剧、山西梆子的人多，但是，看过昆曲的人却很少。
> 1000多人的俱乐部里，静悄悄的。
> "我们的矿工被昆曲吸引住了。"俱乐部负责人对剧院同志说。
> 工人们满意地看完戏，他们说：昆曲这样改革很好，能听得懂。他们向剧院提出要求：下次再来。[5]

---

[1] 引自2007年4月10日作者对李淑君的采访。
[2] 同上。
[3] 引自2007年3月21日作者对李淑君的采访。
[4] 钟芳：《昆曲西南行——北方昆曲剧院巡回演出散记》，载《北京晚报》1959年3月19日。
[5] 同上。

从戏校分配到北方昆曲剧院工作的周万江，刚从下放劳动中回来，又被派着跟队一起演出。"我说我没戏，领导说去了就有了，好好干吧！"由于是参加工作后的头一回巡回演出，印象颇深，周万江先生还能将当时的情景细细道来[1]：

今天是《红霞》，明天是《百花记》，后天换别的戏，折子戏什么的。碰到了李淑君，我说："李老师！"她说："别叫老师，叫大姐。我比你大不了几岁。"我说："大一岁您也是老师。""那不行，就叫我大姐得了。""哎，您得多帮着我。""没问题，你到这儿来支持我们北方昆曲剧院，我们很高兴，希望你能在这儿好好干。京剧和昆曲不分家，会京剧的不会昆的，恐怕不行吧。"我说："您说对了。在戏校时，老师就说了，唱京剧的不会唱昆曲，是外行。"这是我第一次和李淑君聊天。

在演出途中，由于陶小庭和孟祥生接连生病，周万江临时钻锅学戏，轮流顶替陶小亭的"安西王"和孟祥生的"叭喇铁头"。在学演"安西王"时——

昆曲老戏需要文学水平比较高，我戏校刚毕业，还不到19岁，不懂，陶小亭陶老师没文化，也没办法讲。她给我讲，丛兆桓给我讲，他们二位都是有文化的，学了不少东西。

等到学演"叭喇铁头"时，"叭喇铁头"在《百花记》里戏份更重，难度也更大，但孟祥生肺气肿很厉害，根本没法教，这时——

因为叭喇铁头和百花公主在《点将》中有很多戏，李淑君就不厌其烦地给我说戏。

当时老大姐还挺热情的，帮我一起说这个戏。这个怎么着，那个怎么着，调场怎么着，然后鼓师、笛师也都过来。

巡回演出的生活非常艰苦，时至今日，周万江还记得在太原过春节，吃了一

---

[1] 以下周万江先生讲述的巡演情况均引自2007年4月17日作者对他的采访。

顿又"牙碜"又"合不上槽"的饺子：

> 我们在山西过的春节，阴历二月才回来的，在太原过的春节。那时还
> 是非常困难，供应非常紧张，过年了没有办法，跟市里、省里要求，给我们
> 供了一麻包圆白菜。什么样的圆白菜呢？冻成一个大冰蛋。拿回来化开，简
> 直没法吃。然后包子、饺子，饺子还不是纯白面，多一半白面，少一半白薯
> 面。说实话，吃，合不上槽。山西那儿计划供应有百分之二十是白薯面，我
> 们就掺着一小部分白薯面做了一顿饺子，结果合不上槽。为什么？牙碜！白
> 薯从地里刨出来，直接磨成末，不去皮，直接切片、晾干，泥土在里面，能
> 不牙碜吗？白薯还有坏的。就是这么过的年。肉，给的一点冻肉。哎呀，很
> 苦。总算回来了。

返京的前夕，在保定火车站候车室，发生了一件趣事：原来，深夜两点，旅
客们正在睡意朦胧地等车，忽然广播响了："告诉旅客们一个好消息，从保定到
北京的104次列车上，有北方昆曲剧院的演员。我们欢迎他们来一个。"

"来一个！来一个！"顿时，沉寂的候车室里活跃起来。

接着，候车室的广播里就响起了歌剧《小二黑结婚》和《白毛女》里的歌
曲。[1]

这是李淑君在唱吗？

四、新《渔家乐》风波

> 清晨，一阵铃响，划破北方昆曲剧院寂静的上空，13出传统剧目的学习
> 排练同时开始了……

> 小礼堂传出王昭君"喂呀呀……"悲切哀怨的声调；猛张飞却在门外气
> 势磅礴地"啊——哈、哈、哈"地大笑；西厢房里，沈盘生老先生不停地数着
> 锣鼓点"嗒、嗒、镪——呛"。吕布来到窗外，悄悄地窥视正在梳妆的貂蝉。
> 侯永奎在院里指点着《挑滑车》的学习，不时还唱上几句，以便校正和启发

---

[1] 这一细节参见《昆曲西南行——北方昆曲剧院巡回演出散记》，载《北京晚报》1959年3月19日。

学生的发音、吐字……北方昆曲剧院的3个院子和所有的房间，都被利用上，还嫌地方不够，秦琼英雄无用武之地，跑到汽车房练《倒铜旗》去了。[1]

登载在《北京晚报》上的这篇文章饶有兴味地戏说着北方昆曲剧院的一个繁忙而又平常的早晨。这已是1959年4月，北方昆曲剧院正在排演新编《渔家乐》，作为对建国十周年的献礼，而在即将于5月举行的"北京市直属艺术团体1959年第一次观摩演出"中，北昆的《渔家乐》也列名其中。

《北京晚报》在介绍迎五一的新戏时，还特意提到了北昆的《渔家乐》：

> 《渔家乐》是昆曲的传统老戏，传奇原本是明末朱佐朝所作，共28出。但在舞台上只演过11出，其他已经失传。
>
> 这次北方昆曲剧院的《渔家乐》排练本，是参照程砚秋同志所藏的传奇抄本，由金紫光和黄励同志改编的。[2]

据丛兆桓先生介绍，新编《渔家乐》是北昆从1959年春节就已打算排演，作为迎接建国十周年的大戏，当时金紫光对这部戏的构思是"全新的"，不仅在内容上"把原本中相士万家春改为农民起义领袖，以历史唯物主义观点，重写汉末质帝梁冀专权引起朝中倾轧和民众起义的历史，歌颂渔家女邬飞霞的侠义肝胆与高尚品德"，而且在形式上突破了原有的昆曲的规范，"音乐增加了古歌旋律，并加了多声部配器伴奏；舞台美术更聘请话剧、歌剧界著名设计师张正宇、陆阳春、段纯麟等，参照汉代风格样式，搞成较现代的灯光布景。特别是服装饰物，基本按汉末款式、色彩，改水袖为宽袖，改厚底鞋为船挡鞋"[3]——如此，传统昆曲中"一桌两椅"的舞台，以及沿用的明代服饰，就被"革新"了。这部戏一共花了一万三千元，可谓是当时的大制作。

为了提高演员的表演水平，剧院一边排练新戏《渔家乐》，一边开展"继承传统"的学习，请来老演员来"一招一式、一板一眼地教"传统剧目，于是，便出现了"热火朝天"的"北方昆曲剧院的早晨"。

---

[1] 庆林、钟秀：《北方昆曲剧院的早晨》，载《北京晚报》1959年4月14日。
[2] 《戏剧界同行大协作　京、评、昆剧院排新戏迎"五一"》，载《北京晚报》1959年4月25日。
[3] 丛兆桓：《北昆史话》，载《兰》1999年第4、5期合刊。

李淑君此时正在"《刺虎》小组"中，"《刺虎》小组"一共7人，都在静静地听韩世昌讲《刺虎》中费贞娥的表演：

　　　　"念'奴家费氏，小字贞娥'时，不能从嘴唇出音，要提着气，而且有抑扬顿挫，使人一听就知道来者不善。但也不是所有角色都用这个口气，如春香，"这时，韩老师又用轻快、活泼的声调念着"花面丫头十三四……"他接着说："春香是个活泼、招人喜欢的小丫头，你要用费贞娥的口气就不行了。总之，先要掌握角色的性格、思想感情，然后再选用适当的身段、眼神、口气，来表现这个角色的身份、心理状态。不过，每个人又有不同的体型、音色，也不能全学得一模一样……"[1]

新编《渔家乐》（1959年），李淑君饰邬飞霞，侯玉山饰梁冀

［1］庆林、钟秀：《北方昆曲剧院的早晨》，载《北京晚报》1959年4月14日。

除了早晨，夏夜纳凉时亦是请教学戏的良机，为了教学方便，韩世昌曾搬到剧院小住，林萍回忆道："晚上大家都在院子里乘凉，我见韩老师坐在那里没什么事情。"便乘机向韩世昌讨教《刺虎》中费贞娥"变脸"的表演：

> 费贞娥唱完［滚绣球］曲，听到鼓乐之声，知道一只虎马上就要来成亲。……她满腔怒火涌上心头，双手在身右方抖动着指上场门方向，随之左转身面向观众变恨脸。这个变脸动作非常夸张，韩老师要求我们放开做足，自学戏以来我从没见过旦角面部表情如此激烈，刚开始还真有点不好意思做，看着别人咬牙切齿的模样怪可笑的，但是慢慢进入角色后也觉得真实可信了。他要求我们面部肌肉向下垂，眉心紧锁，怒目圆睁，嘴角下撇，要把内心的切齿仇恨通过面部表情和眼睛表现出来。[1]

还有费贞娥的"两面脸"——从"恨脸"变"笑脸"的表演，是《刺虎》最让人称道的特色，亦是韩世昌最为擅长的绝技之一。在1956年南北昆剧观摩演出时，俞振飞就言道："从前我在北京，看过韩世昌同志的《刺虎》，他饰演费贞娥，在和一只虎拜天地时，面部表情的变化（背了虎是咬牙切齿，对着虎忽又眉开眼笑），我真到今天还不能忘记。"[2]本来《刺虎》在建国后一直是禁戏，但因《渔家乐》中《刺梁》一场，邬飞霞刺杀梁冀也有"两面脸"的表演，因此包括李淑君在内的北昆青年演员才因缘际会向韩世昌学习此戏。

> 一只虎站在台前右方，念："公主哪里？"这时费贞娥面朝观众，再也无法控制满腔仇恨。她怒目圆睁，双眉紧锁，满脸杀气，非常激动地提高调门拖长声音念"将——"字，随之右手指由胸前抖动着向右指，眼和身随手指的方向转动，当指到一只虎，两人的目光相对时，她面部肌肉和紧锁的眉心，仿佛像含苞欲放的花朵慢慢松开逐层开放，马上变笑脸念"军"字，然后满面含羞地右手一捂嘴。[3]

在《渔家乐》的《刺梁》中，也有"变脸"——从"笑脸"变成"恨

---

[1] 林萍：《韩世昌老师教我练习和运用眼神》，载《荣庆传铎》，王蕴明主编，华龄出版社1997年版。
[2] 俞振飞：《欢迎来自北方的同行们》，载《新民晚报》1956年11月3日。
[3] 林萍：《韩世昌老师教我练习和运用眼神》，载《荣庆传铎》，王蕴明主编，华龄出版社1997年版。

脸"——在一篇学戏心得中，李淑君描写道：

> 梁冀醉卧桌旁，一个守卫的人也没有，邬飞霞抓住这个难得的机会，正好下手。但是，她没杀过人，极度的紧张使她浑身颤抖，当走近梁冀身边时，仍然装出娇笑的神情，还轻轻地叫一声"千岁爷请酒"。直到证实梁冀确实是睡熟了，于是才大吼一声"千岁爷"，面部表情由娇笑骤变为一副刺杀像。这种刺杀像的要求是：二目圆睁，双眉高纵（眉梢向上挑，眉心紧皱），嘴角及两颊肌肉下垂，咬牙切齿，左手掀袖，右手举针，狠狠地将针刺入梁冀的头部。[1]

为了练"变脸"，"《刺虎》小组"的演员们都练得"如痴如醉"，"每天对着镜子""由恨脸变笑脸，再由笑脸变恨脸，按唱段有节奏地练习"。[2]通过学习《刺虎》里"变脸"的表演，李淑君获益匪浅，"李淑君过去笑、哭的表情，都差不多。这时她明白了，原来不是不会哭，不会笑，而是没掌握角色为什么哭、笑，怎么哭、笑，现在深入角色，再表现人物时，已经有很大的进步了"[3]。

不过，李淑君掌握"变脸"技巧的过程还是颇为戏剧化的，在某种程度上体现了她善于体会人物、理解剧情的特点：

> 在初学的时候，总是学不像。有时眉头是皱了，却把瞪眼睛给忘了，或者就是把嘴角和双颊的下垂给忘了。尽管心中有一股狠劲，但因为外部技巧连不起来，所以达不到应有的效果。
>
> 这时韩世昌老师给我提出了一个问题：在舞台上怎样才叫美呢？按他的解释是：美，是有条件的，只有结合剧中人物在典型环境中的、具体的情绪，做到恰如其分的表达，才算是美，不能掺杂自己的任何情绪在里面。这一解释好像给我开了窍似的，原来，过去我演闺门旦的那套东西，用在这里就不恰当了。邬飞霞为民除害，刺杀梁冀，虽然她那副刺杀相很凶狠，但在观众的心目中她是美的、善的。

---

[1] 李淑君：《在舞台上怎样叫"美"》，载《北京晚报》1962年3月3日。
[2] 林萍：《韩世昌老师教我练习和运用眼神》，载《荣庆传铎》，王蕴明主编，华龄出版社1997年版。
[3] 庆林、钟秀：《北方昆曲剧院的早晨》，载《北京晚报》，1959年4月14日。

《刺梁》（1960年），李淑君饰邬飞霞，周万江饰梁冀

于是，我怕有失舞台艺术美的顾虑打消了。认识到在《刺梁》一场戏里，邬飞霞光有内心的那股狠劲还不行，一定得通过双眉高纵和嘴角、双颊向下垂这个刺杀相的外部技巧表达出来。否则，观众什么也看不出来，不知道台上是邬飞霞还是李淑君。由此，我还进一步领悟到，如果与上面的情况相反，演员只学会了外部技巧，而没有和内心活动有机地结合起来，那些技巧恐怕也只是些没有灵魂的东西。[1]

《刺虎》、《刺梁》中的"变脸"实际上就是在闺门旦和刺杀旦之间表演的转换，李淑君之前多演闺门旦，因此在初学有刺杀旦特点的技巧时当会有不适应之感，但很快她就领悟了韩世昌所说的"舞台上的'美'"——并非演员之美而是表演之美，因而突破了这一心理界限，而能自如表演了。从如今李淑君所忆起的片言只语中，仍然能感受到她学戏的辛苦：

---

[1] 李淑君：《在舞台上怎样叫"美"》，载《北京晚报》1962年3月3日。

韩老师教我《刺梁》的时候，我们剧院还没有地板、红地毯，我一看我们韩老师连咳嗽带喘的，二话没说，就跪在地下拿膝盖走路，跪磋，用膝盖很快地走。回来一看，都磨破了。我呀是很用功的。[1]

《刺虎》，这是韩老师拿到日本演的，我知道韩老师这个《刺虎》非常好，就不惜一切地跟他学。一招一式地学。哪一年我不记得。[2]

等李淑君学会了《刺虎》、《刺梁》中的"变脸"技巧，就能控制脸部肌肉的变化，再演起其他戏来，就有得心应手之感了。"《昭君出塞》演的是别离家乡，是一出很苦的戏；起初我演这戏时，在痛苦的时候，人家说我在笑，就是因为我不会控制脸部、嘴角的表情。但是和韩老师学了《刺虎》以后，我就会了。"[3]

1959年5月22日、23日，新编《渔家乐》在人民剧场上演，"受到观众的欢迎"[4]。在这出大戏中，侯永奎扮演万家春——在传统戏里，万家春是相士，为丑扮。但在此次改编本中，万家春变成了农民起义英雄，因此俊扮，由侯永奎主演。李淑君扮演邬飞霞，是第二号主演。在其后市文联组织的座谈会上，虽然戏剧专家们觉得新编《渔家乐》"在音乐创作、舞台和服装美术上""革新尝试也是好的"，但提得更多的却是意见，认为"整个戏枝蔓太多，主线和人物不突出，斗争不尖锐，主题也不明确"。此外，还将新编《渔家乐》与传统的《渔家乐》的折子戏相比，认为"昆曲载歌载舞的那种特点和许多长处，在戏里没有得到很好的继承发展，在老昆曲《端阳》、《藏舟》、《相梁》、《刺梁》几折里，有很多好的身段和唱腔，也没有保留下来"，并认为万家春由丑扮变成俊扮，"风趣大减"，最后提出"有没有必要这样改"的问题[5]。

然而，更尖锐的意见来自康生，据周万江先生和丛兆桓先生回忆，康生在西单剧场看了新编《渔家乐》彩排后，马上到后台来大发雷霆："我不是给你们泼一盆凉水，我要给你们浇一缸冰水，演员们穿的什么？都是火柴盒和倒三角，再

---

[1] 引自2007年3月27日作者对李淑君的采访。
[2] 引自2007年4月3日作者对李淑君的采访。
[3] 引自1992年4月1日洪惟助、周纯一对李淑君的采访，载《昆曲演艺家、曲家及学者访问录》，洪惟助主编，（台湾）"国家出版社"2002版，第109页。
[4] 《推陈出新　雅俗共赏　新昆曲〈渔家乐〉在京上演》，载《文汇报》1959年5月25日。
[5] 参见《市文联组织座谈〈渔家乐〉　大家认为枝蔓多有待改进》，载《北京晚报》1959年5月28日。另据丛兆桓先生回忆，当时亦有赞扬意见，"大多数青年观众热烈叫好"，"中宣部副部长林默涵、周扬皆予以肯定"，见《北昆史话》，丛兆桓，载《兰》1999年第4、5期合刊。

有人说北昆的牌子可以摘掉，我举双手赞成！"[1]李淑君对此事的回忆大同小异，但多了一个小细节：

> 新编的《渔家乐》受了康生的批评，康生说："你们要演老的《渔家乐》，我双手赞成。你们要演这种改革的——李淑君哪儿去了？回家了——你们要演这种改革的，我给你们摘牌子。"[2]

由于新编《渔家乐》引起争议，为了对比新编和传统的《渔家乐》，或曰"为了更好地继承传统、提高艺术质量，活跃艺术上的百家争鸣"[3]，5月29日，北方昆曲剧院在西单剧场举行"传统剧目观摩演出"，演出传统《渔家乐》的《端阳》、《藏舟》、《相梁》、《刺梁》四折，全部由韩世昌、马祥麟、侯玉山、白云生、魏庆林和孟祥生这些老艺人主演，连"渔民"都是白玉珍、侯炳武和陶小亭。

在观摩《渔家乐》的传统折子戏后，对新编《渔家乐》的批评意见仍占上风，对其内容上的改编有肯定也有否定，但对其形式上"革新"的批评却是异口同声，仿佛出自一杯："不正确地标新立异，对昆曲传统继承不够（如某些笨重的考古服装和繁琐的布景道具之类，以及没有很好地发挥昆曲的传统艺术的特点）"[4]，"传统的表演艺术刻画人物的手段被摒弃了，和表演艺术没有什么关系的汉代考古式的服装出现了，水袖被取消了"，"歌剧、话剧的处理手法充斥满台"。"观众看后问道：'这是昆曲，还是新歌剧？'还有人问：'这样是提高昆曲呢，还是降低了它的水平？'"[5]

在这样一种舆论氛围中，新编《渔家乐》被认为是"没有正确地处理继承

［1］引自2007年9月20日作者对周万江的采访、2007年8月3日作者对丛兆桓的采访，亦可参见丛兆桓的文章《北昆史话》，载《兰》1999年第4、5期合刊。因周先生当时正在后台，对康生批评之情景仍记忆犹新，他还谈到演出时的情形："另外，那天彩排，侯玉山先生演梁冀，由于穿的是仿汉式的服装、长裙，及很大的鱼尾鞋，再加上老师的年岁大，在第一场他上场时要上到上场门三层台阶的亭子上。因穿着太笨，又因侯老年纪大，险些摔倒在亭子上。以上情况当时我在场，亲眼目睹，决无编造。"
［2］引自2007年4月10日作者对李淑君的采访。
［3］《北昆老艺人表演传统剧目　今晚演〈藏舟〉〈刺梁〉四折》，载《北京晚报》1959年5月29日。
［4］马少波：《欢迎新事物、新生命——祝陇东道情剧的诞生》，载《戏剧报》1959年第19期。该文为评道情剧，其中道情剧《枫洛池》其故事亦与《渔家乐》相同，马少波在评述时，也评及新编《渔家乐》，并作了比较。
［5］洗尘：《试谈昆曲〈渔家乐〉》，载《戏剧报》1959年第11期。在本书第二章中，我曾引用丛兆桓先生所讲述的建国初关于中国新歌剧的三种意见，其中一种即为在民间戏曲的基础上发展新歌剧，并成立民间戏曲团。金紫光在《红霞》、《渔家乐》中的实践，大概也是这一理念之下的产物吧。

与发展的关系，因而走了很大的弯路"[1]，因此仅在5月公演两场，便被束之高阁，主持此事的副院长金紫光被下放到房山农村，由中国京剧院与北方昆曲剧院联合党委指派郝诚来北昆任副院长，确定了抢救、挖掘为主的工作方针[2]。

五、《蔡文姬》伴唱与向韩世昌学戏

在"热火朝天"地排演新编《渔家乐》、苦练《刺虎》"变脸"之时，李淑君还应邀在北京人民艺术剧院排演的历史话剧《蔡文姬》中客串了一把，不过是幕后角色——为《蔡文姬》伴唱。北京人民艺术剧院的《蔡文姬》是为建国十周年献礼而准备的大型话剧，一则新闻描写排练场景道："墙上贴满了各种各样的挑战书、应战书，一副用隶书写就的对联"，写着："往事越千年，还魏武本色，下笔风雷动；新国正十载，集百千才俊，定放日月辉。"在联排时，有一场"戏中戏"，"杂技戏法统统上台"，"使人目不暇接"[3]，比起北方昆曲剧院排演新编《渔家乐》，其"热闹"度毫不逊色。《蔡文姬》为郭沫若创作，焦菊隐导演，朱琳扮演"蔡文姬"，"在艺术表现和处理上有许多新的尝试"，尝试之一便是"采取川剧的手法，以《胡笳十八拍》作为帮腔"[4]。

《胡笳十八拍》的曲子由金紫光、傅雪漪、樊步义根据《胡笳十八拍》古琴曲作为基调谱成，帮腔则特邀李淑君演唱。于是，在1959年《蔡文姬》的公演上，便出现了这让人荡气回肠的一幕：

> 当文姬归国途中，行抵长安郊外的一个夜晚，文姬在父亲蔡邕墓前手抚焦尾琴，唱出了："今别子呵归故乡，旧怨平呵新怨长，泣血仰头呵诉苍苍，胡为生我呵独罹此殃！"琴瑟哀怨，声腔婉回。[5]

这段是朱琳独唱，随之响起了《胡笳十八拍》的曲子，以及李淑君的伴唱。

1959年8月底，中国作家协会和中国音乐家协会联合举办了"《胡笳十八拍》

[1] 洗尘：《试谈昆曲〈渔家乐〉》，载《戏剧报》1959年第11期。
[2] 参见《北昆史话》，丛兆桓，载《兰》1999年第4、5期合刊。
[3] 《历史剧〈蔡文姬〉紧张排演》，载《北京晚报》1959年4月9日。
[4] 《〈蔡文姬〉开始在首都公演》，载《人民日报》1959年5月23日。
[5] 同上。

音乐会"。在古琴的伴奏声中,李淑君和傅雪漪、朱琳、李倩影等演员一起演唱古琴曲《胡笳十八拍》——据称此曲是三十几种《胡笳十八拍》传谱本中唯一有词的。此外,李淑君还和朱琳一起演唱了《蔡文姬》里的《胡笳十八拍》[1]。

由于新编《渔家乐》被否定,之后北方昆曲剧院的方针又是以继承传统戏为主,所以在1959年的下半年——据《北京晚报》的演出预告——李淑君以演《游园惊梦》、《红霞》为主,偶演《赠剑联姻》和《昭君出塞》。之前李淑君虽也主演过《游园惊梦》,但此时韩世昌又给她"抠了半年"[2]。在李淑君的记忆中,有几个情景是终身难忘。一个是韩世昌给她讲解杜丽娘这个"人物":

> 韩老师是大师级的水平,我很尊敬他,他说的话,我一句不改。他一个眼神,小庭深院,他就左一看、右一看,"我被锁在小院里头,我长得这么好,没有人欣赏我"。这是韩老师教给我的,就是演人物。我听了韩老师的话,才能成功。
>
> 韩老师说——他是农民出身,没有文化——他说,你知道闹猫吗?春天闹猫的时候,杜丽娘就是这种心情。我理解了,我们其他的演员不理解,因为我有大学水平文化。

还有就是杜丽娘应该如何"笑":

> 我跟韩老师学戏啊,我是全身心地相信老师,他的一招一式、一个眼神、一颦一笑,都是古典的。我龇牙一笑,他说你是现代的小姐。我就改了。我是古代的妇女,我不是现代的小姐,我演出来是当时的杜丽娘。现在演的杜丽娘都是龇着大牙一笑,根本不像。这都是我跟韩老师学的真髓。

1959年8月14日,北方昆曲剧院在西单剧场排出《单刀会》、《游园惊梦》和《钟馗嫁妹》三个折子戏的戏码。《单刀会》由侯永奎、白玉珍主演,《游园惊梦》由李淑君、白云生、崔洁主演,《钟馗嫁妹》由侯玉山主演,马少波

---

[1] 参见《〈胡笳十八拍〉音乐会 古雅而别具风格》,载《北京晚报》1959年8月31日。
[2] 引自2007年3月27日作者对李淑君的采访,以下所引李淑君所回忆向韩世昌学《游园惊梦》的细节均引自此次采访。

韩世昌在教戏（左），学生左起依次为李淑君、梁寿萱、林萍。

观看了这次演出，其时他正在《北京晚报》上连载《看戏散记》，便将这三出戏一一评点，在谈及李淑君主演的《游园惊梦》时，他称赞道："身段也经过精雕细刻，和感情结合得很好。'对镜'的身段，'步香闺怎便把全身现'、'俺的睡情谁见'等几段表情，特别精致优美。不愧名师指点，看得出下过苦功夫。"不过，马少波也提出了批评，认为"杜丽娘的戏，看来层次还不够鲜明"，并分析说——语气仿佛是帮助李淑君来分析——"按一般的表演规律，往往是由浅而深；而这一折戏，则应由深而浅。从梳妆到游园、春困，感情是逐步发展的，不宜太露。惊梦则应舒展奔放起来，但也应适当保持少女的矜持。这种角色，演得更沉静含蓄些，就会更有魅力。"在这篇文章的结尾，马少波谈到：

> 北昆以继承为主的方针，是十分正确的，应该坚定不移地贯彻下去。目前最紧要的是从根基着眼，大力整理传统剧目，培养新生力量。既要整旧，

也应创新；不过，整旧也好，创新也好，都必须尊重昆曲本身的艺术规律，发挥它的特色，在传统基础上正确地前进，我们之所以既为《游园惊梦》叫好，也为《红霞》鼓掌，就是这个原因。[1]

如果考虑到马少波本人的身份——不仅仅是戏曲导演、评论家，还是中国京剧院和北方昆曲剧院联合党委的书记，加之又是在新编《渔家乐》的"革新"被否定后，上述这段意见就显得格外意味深长了。

因为新编大戏《渔家乐》无法再公演，北方昆曲剧院为国庆十周年准备的献礼就落了空，戏码改成《单刀会》、《游园惊梦》和《钟馗嫁妹》三出折子戏。其中《游园惊梦》这折戏，时任北昆演出团团长的侯永奎实行竞争制，在全院青年演员中，组合出多对"杜丽娘和春香"，然后从中挑选出一对，来主演在庆祝建国十周年时演出的这折《游园惊梦》。

据李淑君回忆，挑选的结果是"我和董瑶琴被挑上了"[2]。但是，正在此时，李淑君病了。

《游园惊梦》，李淑君饰杜丽娘

1959年国庆节的时候，我太劳累了，我就晕过去了。我到了北京医院，大夫给我打了一针，就出去了。我从高的手术台上翻到地上，摔在痰盂上，磕掉了三个半牙，国庆节献礼，马少波是我们的书记，跟我们说，现在已经临近了，不能换人了，你看你能不能演。我二话没说，带起假牙练唱，我完成了国庆节的任务。我演的时候，从医院

[1] 马少波：《看戏散记（九）》，载《北京晚报》1959年8月23日。
[2] 引自2007年3月27日作者对李淑君的采访。

里上舞台，后台跟着大夫，拿着急救箱，要看不行，马上抢救。演完了两场后，又接到医院去住院了。我就是这样对待党的。[1]

查阅1959年8月的《北京晚报》，从8月1日到9月1日，李淑君共演出13场，其中《游园惊梦》5场，《红霞》7场，《赠剑联姻》1场，如果再考虑到大量并未见诸报端的"内部演出"、"招待演出"以及到各大学、单位的演出，李淑君的演出应该是相当频繁的。

太累，所以得病。磕掉了牙，也是因为官能症。[2]

在采访中，李淑君多次向我讲述这一经历。有一次甚至还用手比划着，形容当时那副"惨状"，说是为了练唱，必须装上假牙，而装假牙，就必须先把那颗断牙的牙根取出来。于是医生用刀划开牙龈，取出牙根，再装上假牙，鲜血淋漓的样子。[3]

这次"磕牙"事件，或许是一个先兆。因为此前，李淑君总是"身体不好"，"一宿一宿不睡觉"背词，"一天演三场《昭君出塞》"；到后来"一宿一宿睡不着觉"，需要唐洪云陪着说话才能入睡；再到后来疾病连连，甚至出现"神经官能症"的症状。可能由于过于劳累，李淑君的身体承受能力已到了某个极限。

在医院里，医生建议李淑君要多健身，怡神养性。出院后，李淑君经常到北海公园喊嗓子、打太极拳，这时国务院副总理习仲勋也常到北海边散步。据赵忠祥回忆："习仲勋同志曾有一段在庐山会议之后受牵连的岁月，那时老人家还正当盛年，他每天也在北海散步，带着几个孩子……每当路过我们这里，大家都会围上去，亲切地打招呼，有时闲话几句。"[4]一来二去，习仲勋便认识了李淑君，于是两人一起打太极拳，"她的演出，习仲勋基本上每次必看"[5]。而且，

---

[1] 引自2007年3月27日作者对李淑君的采访，不过，从《北京晚报》的演出预告来看，国庆献礼演出——9月27日、10月3日的《游园惊梦》列出的演员名单为"顾凤莉 丛肇桓 董瑶琴"。我猜测，或许李淑君坚持演出的为《红霞》——因为在1994年杨仕对李淑君的采访中，当她提及这一情节时，提到演《红霞》。也或许是未见诸报端的演出。其中详情，就不得而知了。在2007年4月24日我采访顾凤莉时，她证实曾主演建国十周年献礼中的《游园惊梦》。
[2] 引自2007年4月17日作者对周万江的采访。
[3] 关于这一事件，几乎每次对李淑君的采访中都会涉及，其中对手术细节回忆得最仔细的，则是2007年7月17日我邀请李倩影老师至李淑君家共同回忆的那次。
[4] 《岁月随想》，赵忠祥著，上海人民出版社1995年版。
[5] 引自2007年4月17日作者对周万江的采访。

习仲勋经常邀请李淑君到家中去喝茶、唱昆曲，可是，每次李淑君去，都要带上先生唐洪云同去。[1]在周长江的回忆中，他与李淑君在北海公园的茶座聊天，话题即涉及习仲勋：

> 我与家父六十年代在北海溜早与李淑君女士相识，在北海茶座饮茶聊天。得知国务院副总理习仲勋喜欢昆曲，他给予昆曲界很大援助。他鼓励李淑君将我国古诗赋谱成曲子，用民族乐器伴奏，在中央电台多次试唱。可惜不久文革开始，一切全都中止。[2]

后来，有一段时间，李淑君生了病，习仲勋的爱人齐心还将李淑君接到家中养病。[3]关于习仲勋与李淑君之间的关系，传言甚多，这一方面或可证明李淑君之"红"，另一方面李淑君也受累甚深，尤其是在文革中受到牵连。

> 齐心是习仲勋的夫人，她跟我很好，说有什么事就找她。那时宣传我跟习仲勋有男女关系，我就不去找齐心，她一直很生气。习仲勋死后我去吊唁，齐心说：这是昆曲的梅兰芳。她让跟她有交往的演员给我带话，让我上她家去。[4]

此时，由于李淑君的"走红"，她还经常被邀请参加中央领导人的宴会，比如说周总理，"……他对我特别好，总理是我的再生爹娘。我唱完了戏，参加人大会堂的宴会；我演完戏，小车在外边等我，开着车，赴周总理的宴会去"[5]，"磕牙"事件之后，还引出一段周总理关心李淑君的轶事：

> 总理知道我牙磕掉了，在北京饭店一次跳舞时，看见我了，说："演员的牙齿、美容啊很重要，我可以给你介绍牙科大夫，法国医院，介绍你去。"我说："总理，我牙倒不需要重新安，医院给我安得很好，我就想到

---

[1]据2007年7月17日作者对李倩影、唐小君的采访。

[2]周长江：《记看侯永奎最后一次演〈四平山〉》，未刊。

[3]参见《我所亲历的〈李慧娘〉事件》，丛兆桓口述，陈均整理，载《新文学史料》2007年第2期。

[4]引自2007年3月15日作者对李淑君的采访。

[5]引自2007年3月21日作者对李淑君的采访。

到南昆去拜朱传茗老师为师，北昆，我已向韩世昌老师学了，我想学带南昆特点的戏。"总理说："学习是好事，我给你们部长说一声，让你去。"北昆不让我去，拿我顶着演戏，我怎么能够离开一年呢？所以，总理这一句话，就送我到上海学习了。我们剧院四个领导送我去。[1]

去上海学戏则是迟至1962年的事情了。1960年春，北方昆曲剧院成立韩世昌继承小组，组员有创研人员时弢、秦谨，摄影刘永汉，演员李倩影、林萍、乔燕和、王燕菊，专门学习和继承韩世昌的表演艺术[2]。 在此前后，李淑君向韩世昌学习传统折子戏，"传统折子戏，我学了不少，《刺梁》、《刺虎》、《游园惊梦》、《思凡》……至少有二十出，一下子我也记不起来了"[3]，在这些折子戏中，除了《游园惊梦》、《刺虎》、《刺梁》，李淑君印象最深的就数《思凡》了。因为李淑君公演《思凡》仅仅一次，那是在1961年5月3日的长安大戏院，文化部部长来看了，而且还表扬了李淑君：

> 我演《思凡》的时候，文化部长来看了，哪个部长，我记不住名字了，说李淑君真聪明。我下了工夫了，我拿着大云帚，在剧院的院子里，我可真下了工夫了。我跟韩老师学戏，他一个眼神，我都没动过，我全模仿他。我回家也练，我家里有个古典式的大镜子，对着镜子练。所以文化部长说：李淑君真聪明，能够学下韩老师这么经典的戏。没有特别的诀窍，就是下苦功。[4]

后来，李淑君还谈到为什么喜欢演《思凡》，因为《思凡》最见"功夫"：

> 那是闺门旦必学，它是一个最基础的戏，因为它的身段非常多，就如

[1]引自杨仕对李淑君的采访，时间为1994年。亦可参见杨仕据此次采访所整理、李淑君署名文章《关怀鼓励 铭刻在心》，载《周总理与北京》，中国人民政治协商会议北京市委员会文史资料委员会编，中央文献出版社1998年版。
[2]参见《北昆史话》，丛兆桓，载《兰》1999年第4、5期合刊。另，李倩影回忆，她与林萍、乔燕和、王燕菊四人曾于1962年拜韩世昌为师，举行隆重的拜师仪式，以继承韩世昌表演艺术为主，并一起去韩世昌家学戏。李淑君、虞俊芳为剧院主演，在需要学某出戏时才去学，既可向韩世昌学，也可向马祥麟学，与她们四人的任务及学戏情况有所不同。据作者于2007年11月4日在织染局小学北京昆曲研习社活动场地对李倩影的采访。
[3]引自2007年3月27日作者对李淑君的采访。
[4]引自2007年4月3日作者对李淑君的采访。

《思凡》（1961年），李淑君饰色空

武生学《夜奔》一样，一个人要走满台，能够把台站住，把观众全能吸引过来，就靠你一个人的真功夫，没人帮你，所以我喜欢这样的功夫戏。[1]

还有《刺虎》，因为是禁戏，不能公演，所以学完后，李淑君进行了内部汇报演出，"《刺虎》，教我的时候，让我汇报，一般人的反映，我和韩老师还是学得很像"[2]。而且，她至今还记得丛兆桓当年看过后的评价："李淑君这个《刺虎》是大学水平。"[3]

从《北京晚报》上所登载的演出预告来看，在这几年中，李淑君公开演过的传统折子戏有《游园惊梦》、《相梁刺梁》、《赠剑联姻》、《奇双会》、《昭君出塞》、《思凡》等。此外，曾做过内部汇报演出的有《刺虎》等。

［1］引自1992年4月1日洪惟助、周纯一对李淑君的采访，载《昆曲演艺家、曲家及学者访问录》，洪惟助主编，（台湾）"国家出版社"2002版，第110页。
［2］引自2007年4月3日作者对李淑君的采访。
［3］引自2007年3月27日作者对李淑君的采访

第五章　红都名伶（下）

一、和侯永奎一起演《文成公主》

在北昆老艺人中，韩世昌和马祥麟是李淑君的老师，马祥麟教了李淑君第一出"成名之作"——《昭君出塞》；韩世昌教了她《游园惊梦》、《刺虎》、《相梁刺梁》、《思凡》等戏。就合作的男演员而言，早在南北昆观摩演出时，白云生就和李淑君演《长生殿·小宴》，后来又一起主演《奇双会》、《游园惊梦》、《百花记》等；侯玉山的《通天犀·坐山》让李淑君第一次担纲主演。而侯永奎，则和李淑君配戏最多，在第一出昆曲现代戏《红霞》里，李淑君是第一号主演，侯永奎是第二号主演；在"全新"大制作的历史剧《渔家乐》里，侯永奎是第一号主演，李淑君是第二号主演——这种情形颇似年青演员中的丛兆桓，李淑君称丛兆桓是她舞台上的"死对"。

那么大的演员陪着我演，观众见到我就说，那么多的名演员、好演员陪着你一个人唱，你还不知足啊。他们给我拉拔起来了——以前我的演出经验很不足，但是侯永奎老师很好很好的。

侯老师很好，《红霞》我演头牌，他演第二牌，他一点都不计较。《文成公主》，他演松赞干布，我演文成公主，我们合作得非常好。

117

侯永奎时任北方昆曲剧院演出团团长，非常严格，李淑君至今还记得这样一件小事：

> 我有一次没遵守时间，上外头买油饼去了，结果回来，"等着她！"侯永奎说，"等着她！看她什么时候能回来！"回来就说我一顿，我只有听着，下回再也不敢了。[1]

1960年4月19日，《北京晚报》上出现当晚昆曲《文成公主》演出的预告，依旧是李淑君和侯永奎的组合，李淑君演"文成公主"，侯永奎演"松赞干布"。之所以排演《文成公主》，是因为配合国家的政治形势，丛兆桓先生回忆说：

《文成公主》（1960年），侯永奎饰松赞干布，李淑君饰文成公主。

---

[1] 以上三段对侯永奎的回忆均引自2007年4月3日作者对李淑君的采访。

"《文成公主》的背景是西藏平叛。我记得是1959年达赖喇嘛逃跑。文艺界创作了很多作品来宣传民族大家庭，最出名的就是《文成公主》了。"[1]

> 《文成公主》，是班禅成为活佛以后，到北京来，我们剧院特意为他排的，后来去东北演过。[2]

1959年发生"西藏平叛"之事，1960年的北京舞台上，马上就出现了三台《文成公主》。一台是话剧《文成公主》，由中国青年艺术剧院排演，田汉编剧，郑振瑶、吴雪主演；一台是越剧《文成公主》，由天津越剧团（当时北方唯一的越剧团）排演，裘爱花、筱少卿主演；还有一台便是昆曲《文成公主》。由于"密切地结合了现实斗争"[3]，三台《文成公主》皆被广泛宣传，其中，昆曲《文成公主》尤甚，不仅顾问队伍实力强大，而且周总理和班禅额尔德尼却吉坚赞同来观看，并慰问演员：

> 排戏的时候请了许多的历史学家来讲历史，比如翦伯赞等。编剧是当时全国政协委员叫许宝驹。根据他的本子又改编的，排练的过程中，受到了中央领导的重视。周总理和班禅大师看了之后，很高兴，上台去接见演员。第二天开座谈会，总理又来了，三次参加剧本的座谈工作。像这样国家总理参加一出戏的创作演出修改是很少见的。[4]

在一次采访周万江先生时，见到一张班禅接见演员的大照片。周先生介绍说，这张照片当时参加《文成公主》的演员人手一张，而且都还是班禅和演员本人握手的。因为拍摄者是新华社记者，班禅每和一位演员握手，就"嚓"地拍一张。可惜，在文革中，他忍痛将班禅和自己握手的那张照片烧毁了。[5]

在昆曲《文成公主》演出时，不少观众发现：一开场《送别》，当"唐太宗在渭桥送文成公主远行"时，忽然看到了《昭君出塞》的影子——

---

[1] 引自2007年4月17日作者对丛兆桓的采访。
[3] 萨空了：《谈谈三个剧种的〈文成公主〉》，载《北京戏剧》1960年总第二期。
[4] 引自2007年4月17日作者对丛兆桓的采访。

幕一拉开，众大臣及吐蕃使臣齐集渭桥，渲染了一下公主远行的气氛后，紧接着只用了一支《武陵春》曲子，在宫女、侍卫的簇拥下先后送上了两个主要人物——文成公主、唐太宗。

第二场《远行》，一路上，文成公主载歌载舞，抒发自己思乡之情。马少波在评论文章中，忍不住评道："剧词写得优美精练，雅致而明快，有许多抒情的动人心弦的佳句，使人情不自禁地要顺笔抄上几句。"[1]

在此姑且抄上几段马少波激赏的"文成公主"的唱词，当年这唱词正是唱自李淑君之口：

抛别了长安宫殿广寒居，
却来到雾云深处，
精神重抖擞，
车马莫踟蹰，
历尽程途。
早又是飞红万点随风舞。

远别愁难数，
梦魂离不了亲和故，
俺这里八千里外排云驭，
望断了芳草连天处。

望不尽千山路，
可有那归鸿寄音书？
堪笑俺女儿情怀，
撇不掉幽闺乐趣。[2]

[1] 马少波：《雪山绿遍长安柳——谈昆剧〈文成公主〉》，载《北京晚报》1960年4月10日。
[2] 引自《雪山绿遍长安柳——谈昆剧〈文成公主〉》，马少波，载《北京晚报》1960年4月10日；并校之以《文成公主》之剧本，载《北京戏剧》1960年总第二期。

《文成公主》（1960年），李淑君饰文成公主

与《昭君出塞》相比，虽然情景相似，但所抒发的感情相异。在去国远行之途，昭君抒发的是"五怨"，而文成公主虽有思乡之意，却仍是豪情满怀。如评论者所言："某些地方，吸收了《昭君出塞》的身段及舞台调度，而加以革新创造，取其刚健婀娜，去其哀婉凄凉，并赋予人物以朝气蓬勃充满信心的舞蹈身段。"[1]

在《文成公主》中，"演员李淑君的悠扬的歌唱和细腻的表演"[2]获得了称赞，而且被认为在"对人物的理解和体会上面"有很大进步：

李淑君没有忽略人物的庄重从容、仪态万方的一面，同时更赋予人物以年轻少女所特有的精神气质：坚决、活泼、娇稚、矜持，以及对陌生事物的新奇、揭露奸人后的喜悦等。我觉得这是演员的创造，是青年演员在艺术上

[1] 陈延龄：《独具一格的昆曲〈文成公主〉》，载《戏剧报》1960年第12期。
[2] 马少波：《雪山绿遍长安柳——谈昆剧〈文成公主〉》，载《北京晚报》1960年4月10日。

成长的可贵标志。

评论者还点出了剧中李淑君表演的一些"亮点":

> 比如在《远行》思亲时,演员的脚步缓慢,频频远望;当看到农艺百工登山越岭直奔河源时,却又矫捷轻快起来,并以昆曲与民歌相揉合的独特唱法,抒发出文成公主复杂细致的心情。

看来,李淑君由唱民歌的"青年歌手"改唱昆曲的经历是被"知根知底"的,所以就被评论者用以阐释其唱腔了。又有:

> 在《辨奸》的一场戏里,文成公主用"摸钟记"揭破了俄梅的阴谋伎俩,戏虽不多,但看得出演员在某些细节上也注意了对角色的刻画。定计时,她知道在和什么样的对手打交道,虽然忿恨奸人,但含而不露"诚心诚意"地在大臣面前布置"神钟",不敢稍露做作。等到辨出俄梅奸计,取得胜利后,她到底不是一个老练的政治家,自然也很难掩饰住少女取得胜利后的内心喜悦。虽然台词不多,但演员的动作松弛,步履轻盈,慢慢地仍然恢复到端庄稳重的常态。

这些细节的指出,虽是观者有心,亦能见出李淑君在对"人物"和"剧情"上细致的揣摩,在表演技巧上的进步。

于是,便有诗赞曰:

> 悠扬羌管荡春云,宛转能歌李淑君。
> 此日曲中闻折柳,阳关西望静坐氛。

诗后附言道:"北昆剧院青年演员李淑君,妙擅音律,饰文成公主,唱折柳远行之曲,尤为动听。其他诸演员,工力相称,皆能擅场。"[1]

---

[1] 常任侠:《观昆剧〈文成公主〉四绝》,载《文汇报》1960年5月3日。

在三台《文成公主》中，昆曲《文成公主》被赞扬为"无论是剧本的思想性、艺术性以及演员的唱功表演，既符合当前的人民需要，又发挥了昆曲艺术载歌载舞的特长"，"这对于戏曲界要更好地为政治服务，戏曲艺术要大胆地正确地'推陈出新'"是"一个值得重视的例证"。[1]

二、"她像情人一样"

《文成公主》在北京公演之后，北方昆曲剧院赴东北巡回演出，带去的大戏有《百花记》、《红霞》和《文成公主》，这三出戏都是李淑君担纲主演。《百花记》是与丛兆桓的对手戏，《红霞》、《文成公主》则是

《文成公主》（1960年），李淑君饰文成公主

与侯永奎一起主演。周万江当时也在演员队中，在《百花记》和《红霞》中轮流顶戏，如同在山西、河北巡演时一样，《文成公主》里，他饰演第三号主演"大伦俄梅"，在他的记忆里，此次东北之行与一年前的山西、河北之行是天壤之别：

> 那时沾了金紫光院长的光，他是老延安，我们到哪儿去，不是通过演出公司，都是金紫光打电话联系。……我们去那儿都是当国宾招待，前呼后拥。[2]

周万江还记得，东北巡演是分成两段进行的，"四月份是南半截，唐山、沈阳、鞍山，刚到抚顺，下大雨，本来要演四天，只演了两天，就到沈阳。到沈

［1］马少波：《雪山绿遍长安柳——谈昆剧〈文成公主〉》，载《北京晚报》1960年4月10日。
［2］本节中关于北方昆曲剧院去东北巡演的经历，除特别注明外，均据2007年4月17日作者对周万江的采访整理，不再另注。

阳，演了几天，北京来长途，马上返回"。

为什么突然要回北京呢？是因为接到命令，赶排《登上世界最高峰》。1960年5月25日，中国登山队首次从被认为"无法逾越的"北坡登上世界最高峰——珠穆朗玛峰。因此，文化部给北方昆曲剧院安排了"政治任务"，排一出"反映中国登山队征服珠穆朗玛峰的英雄事迹"的戏——"赶紧连夜回来，进门发我们剧本……李淑君演队医……马上把我们拉到华侨饭店，正好登山队员回来，跟他们一块聊。住了一个多礼拜，回来排戏"。本来，登山队都是男队员，并没有女性，但是北昆演戏怎么会少得了李淑君？于是增加了一个女医生的角色，让李淑君演。北方昆曲剧院邀请了河北省京昆剧团、辽宁省戏曲学校，一起突击排演。但是，排好之后却没有通过文化部的审查。据丛兆桓先生回忆，在当时好几种宣传"登山队"的艺术形式中，昆曲《登上世界最高峰》最受登山队员认可，但因是政治任务，随着风向的变化，此剧的命运也发生了变化。"因当时'剧种分工论'已成气候"，"戏遂搁置"[1]，从《北京晚报》上的演出预告来看，《登上世界最高峰》在7月5日、7月7日公演了两次，并附有说明"演毕赴东北巡回演出，只演两场"[2]。

李淑君演了两场《登上世界最高峰》，继续去东北巡演，这一次是去哈尔滨、长春，最后一站又回沈阳。演出的大戏还是《百花记》、《红霞》和《文成公主》。途中，发生了一些好玩的轶事。

有一次，侯永奎生病了，有一场《文成公主》就由青年演员白士林顶替，饰演"松赞干布"，这是白士林第一次与李淑君演戏，至今还念念不忘，因为李淑君所演的"文成公主"给他的感触太深：

> 她像情人一样。我的意思是，她在舞台上，就像情人一样，火辣辣的。在台上，她带着我走。[3]

在哈尔滨演出时，给剧协做观摩演出，韩世昌这时正在演出队里教《拷红》，也被要求演一场，本来因为他"喘咳很厉害"，一路上一直"没敢上

---

[1] 丛兆桓：《北昆史话》，载《兰》1999年第4、5期合刊。
[2] 载《北京晚报》1960年7月5日。
[3] 引自2007年8月3日对白士林的采访。

台"，但因为"盛情难却"：

> 又因为在这儿想起了几十年前一件事，所以我在这儿演了一出《游园惊梦》。当时我怕坚持不下来，让李淑君也扮了一个杜丽娘，准备随时替换，因为那天精神很振奋，居然坚持下来。[1]

回到沈阳后，沈阳整天下暴雨，发大水，铁路也被冲坏了，北方昆曲剧院的演出队就被困在沈阳。"全体沈阳市民，一人二斤白面，发上来，让烙成烙饼，随时备战转移。"不过，由于金紫光在当地高层领导中的关系，北昆演员的招待是优厚的。"我们住在省委大院招待所，不演戏了，就等水退，一日三餐，大鱼大肉，摆满了。我们听说这情况，说：'别给我们吃这些了，你看老百姓都这样，我们这样吃，良心上过不去。'在沈阳困了十来天，铁路修通了，就回来了。"

在巡演中，一个给侯永奎和李淑君"量身订做"的新编折子戏悄悄形成，这就是《千里送京娘》。丛兆桓先生是此戏剧本最后一稿的改编者，在一次采访中，他讲述了这个戏的渊源[2]：

> 这个本子最初是秦瑾和时弢写的一个剧本，是根据《风云会·送京》改的。拿过来以后，陆放是艺术室主任，说这个本子不行，不通俗也不感人。我说那就改成一个通俗的，陆放同意，我说那我就动手改。那时候我就是一个演员，也没有动手排过戏，也没有改过本子。
>
> 解放前有个电影《千里送京娘》，"柳叶青又青，妹坐马上哥哥行"，挺受欢迎的，那时候都唱这个歌。在歌剧院时，侯永奎老师学过一个江淮戏《千里送京娘》，在第一届华东汇演的时候，他去了，跟秦肖玉一起演的。

---

[1] 韩世昌口述，张琦翔整理：《我的昆曲艺术生活》，载《荣庆传铎》，王蕴明主编，华龄出版社1997年版。

[2] 以下据2007年3月13日作者对丛兆桓的采访整理，因这段口述涉及到《千里送京娘》一剧的"史前史"，故只作整理，不加改动，完整引录。另，一则新闻曾报道学习和排演地方戏《千里送京娘》的情形："中央戏剧学院附属歌舞剧院，在第一届全国戏曲观摩大会时，曾学习了一些小型的地方歌舞剧，复经名演员韩世昌、白云生等教师精心研究，已将会演时的精彩剧目《刘海砍樵》、《蓝桥会》、《哪吒闹海》、《千里送京娘》、《秋江》、《钗头凤》六种地方戏排演纯熟，于春节期间在首都北京剧场作了一次招待文艺界的演出。此次演出系学员和教师们合作，由韩世昌任舞台监督。"见《中央戏剧学院附属歌舞剧院排演〈刘海砍樵〉等六个地方戏》，小卒，载《新民晚报》1953年2月25日。

我也演过这个戏，那是去新疆慰问，侯老师没去，我顶替他去演的。

因为是慰问部队，要审查节目，审查节目的时候就说，好多爱情戏不能演出。尤其是50年代，部队里头当兵的一年到头见不到女人，不许他们结婚，也不许他们谈恋爱。尤其是边防部队，少数民族地区，绝对不允许他们骚扰老百姓。所以这个戏这个不行，那个也不行，都牵涉到爱情，不能演出。就能演出"哪吒闹海"、"孙悟空"之类的。那时还有一个《秋江》，《秋江》也不让演出，是爱情戏。于是，弄了这个江淮戏《千里送京娘》。总政的文化部长叫陈沂，他就说这个戏好，是主张为了国家大事拒绝爱情的。所以到部队演出很受欢迎，效果也很好，可以鼓舞士气，当兵的要英雄气概，不要儿女情长。回来之后我就记得这个戏了。最早演出这个江淮戏《千里送京娘》是1954年。那时北昆还没有成立。

看到秦瑾和时弢的这个本子后，我就说可以按照侯老师的特点来改，他演过江淮戏《千里送京娘》，我们可以在这个戏里吸收一些地方戏的东西。陆放说："行！"我就改了一稿，他一看，说："哎约，挺好挺好挺好。"就作曲了，就在我那一稿上，作了一段曲子，唱给侯永奎老师听。侯永奎正在演《文成公主》里面的"松赞干布"，正在演戏，就《百花公主》他没有参加，《百花公主》是我和李淑君演出的。《文成公主》是侯老师和李淑君演出的。

写一段曲子给侯老师唱，他说好听，"行，同意"。经过老艺人的同意，陆放谱好曲。我的任务是什么呢？就是教给侯老师唱。侯老师不识谱，陆放的嗓子非常哑，听不出来他唱什么。我就唱，侯老师学，等到巡回演出回来，这个全部的唱，侯老师就全唱会了。最多的一段曲子就是"杨花点点满汀洲"，这个曲子是我写得比较得意的一段词。陆放谱的曲子也还可以。那个曲子我给侯老师唱了八十遍，就这么一遍一遍地唱，他听后就记下来，那时也没有录音机。

侯老师的好多戏，尤其是排新戏的时候，他不识谱，他记不住这个曲子怎么办，就由我来给他唱。他把我当成录音机使唤，这样我就一遍一遍地唱。再来一遍，我就再来一遍，那点再来一点，我就那点再来一遍。这样等回到北京，侯老师已经全部唱会了。李淑君不用，李淑君她是识谱子的。

新本《千里送京娘》，用《风云会·送京》原本里的只有四个字，就是

"野旷天高"。后边所有的词都是我写的。

《千里送京娘》的导演是中国京剧院的樊放,据李淑君回忆,剧中"京娘"的身段也是樊放设计,然后教她的。在李淑君独自练戏时,韩世昌看见了,就给她提建议说,在京娘被赵匡胤救出时,不应该只是"一跪",这个地方应该"磕头如捣蒜"。你算是见到亲人了,要不然会死在强盗手里。可是——当回忆到《千里送京娘》排演时的这一段,因为没能采纳韩世昌的建议,李淑君总是露出痛惜和遗憾之意:

> 这是樊放导的,我不好动这个戏,要是我能动,我就按照韩老师讲的"磕头如捣蒜"。那样比现在的戏还好,还感人。韩世昌老师要求我就是要演人物,别的,你别卖。他说,演员和观众的关系,就是放风筝的关系,你拉他到哪儿走,他就到哪儿走。韩老师教给我的真髓,就是演当时的人。[1]

据文史专家朱家溍记载[2],对《千里送京娘》中赵匡胤的扮相,韩世昌亦有看法。因为此戏中赵匡胤绿箭衣、甩发、面牌,模仿的是《铁笼山》中后半段姜维战败后的扮相。当朱家溍观过《千里送京娘》后,感到不解,便问韩世昌,韩世昌也说,年轻时他也演过《风云会·送京》,那时是戴大叶巾,至于为什么在《千里送京娘》中变为战败后姜维的扮相,他也不能理解。不过,据李淑君回忆,当初赵匡胤的扮相也并非如此,当樊放导演排戏后,才设计了这一扮相[3]。而且,扮演者也自有解释,赵匡胤之所以用"甩发",被解释成"逃难途中"[4]。

陈毅在一次谈话中特意褒扬了此剧的扮相:"除夕那天我看侯永奎、李淑君演《千里送京娘》,赵匡胤勾红脸非常好看,绿袍、红脸,看着很舒服,我很欣赏。舞台上应当保持这种形象。"并称此类形象的处理"可以启发思想,可以使你感情激动"[5]。

---

[1] 引自2007年3月27日作者对李淑君的采访。
[2] 朱家溍:《清代的戏曲服饰史料》,载《故宫退食录》,朱家溍著,北京出版社1999年版。
[3] 引自2007年10月31日作者对李淑君的采访。是日,作者拿出两张《千里送京娘》的剧照——其扮相与今之通常扮相不同——请李淑君辨识。
[4] 引自2006年7月28日作者对侯少奎的采访。
[5] 陈毅:《在戏曲编导工作座谈会上的讲话(一九六一年三月二十二日)》,载《中国文艺年鉴1981》,文化艺术出版社1982年版。

《千里送京娘》的第一次公演，是在1960年10月30日。次年2月，《北京晚报》有报道称"北方昆曲剧院最近整理加工和新排演了一批传统剧目，准备在春节期间演出"，其中李淑君主演的戏有《千里送京娘》、《相梁刺梁》和《昭君出塞》，其中《千里送京娘》列于"折子戏"剧目之首位，并介绍说：

> 《千里送京娘》是根据昆曲传统剧目《送京》改编的，剧本在原来的基础上，吸收了各地方戏的特长，增加了京娘在剧中的份量，发挥了侯永奎和李淑君的唱功，舞蹈和音乐也有革新。[1]

在其后的一篇评论[2]中，则解说了《千里送京娘》与《风云会·送京》的差异：

> 李玉原著中，京娘只是个配角，一出戏里只有［泣颜回］一段曲子，总共才有八句唱。新的《千里送京娘》，则成为一出生、旦唱作兼重的"对儿戏"。京娘和赵匡胤的唱曲也都大大增加了，而且全部曲子也是重新谱过的，充分发挥了昆曲载歌载舞的特点。

自然，对于侯永奎和李淑君在《千里送京娘》中的表演，评论者也是赞赏有加，并特别指出其在造型上的优美：

> 侯永奎、李淑君扮演的赵匡胤和京娘，配合紧密，从表演到歌唱、舞蹈……都很出色，尤其是一系列聚散回旋的"双身段"、"高矮像"，构成美妙生动的画面，给了观众一次很好的艺术欣赏。

而在其时观众的心目中，《千里送京娘》之所以被喜爱，当然少不了李淑君的表演之功，"她嗓声甜润，表演细腻，把个柔弱多情的赵京娘演得楚楚动人，给了我美好的艺术感受"[3]。

---

[1]《推陈出新 提高演出质量 北昆整理新排传统剧目》，载《北京晚报》1961年2月12日。
[2] 吴虹：《精选种 细育苗——贺昆曲老戏〈千里送京娘〉重现舞台》，载《北京晚报》1961年3月10日。
[3] 彭荆风：《愿"京娘"无恙——忆李淑君》，载《新民晚报》1997年10月17日，此段为彭荆风先生忆及1964年在北京小住、观看《千里送京娘》的评语。

《千里送京娘》（1960年），李淑君饰赵京娘，侯永奎饰赵匡胤

事实上，李淑君的表演还有一个特点，即不同于传统戏曲表演中的程式化和虚拟化，而是"真哭真笑"，"我和丛兆桓演戏都是斯坦尼体系，在台上真哭真笑。演《千里送京娘》时，分离时，我的嘴角都在那儿哆嗦。白云生老师说我要调动每一块肌肉，都得练习"[1]。关于斯坦尼斯拉夫斯基表演体系之于中国戏曲，正是其时争论不休的话题。但无论如何，李淑君对"分离"场景的这一处理，无疑也增强了其艺术感染力。

在时人看来，侯永奎和李淑君所演《千里送京娘》，恰是"'捉对儿戏'中的双璧"，因为"侯永奎以尚派大武生扮赵匡胤，他那气吞山河的唱念和心雄万夫的功架作派，堪称一绝；李淑君的赵京娘，含情脉脉，层次分明，可谓不温不火，恰到好处"[2]。

《千里送京娘》演出之后，据说"红遍京城"[3]，并形成"《千里送京娘》热"，从60年代起——除了文革时期——直至如今，各剧团仍然纷纷派人来北昆学演此戏。作为一个新编的折子戏，《千里送京娘》之所以能成为保留剧目，除这出戏是武生（或红净）、旦角的对手戏，唱词通俗，载歌载舞且诗情画意，侯永奎及其后的侯少奎与李淑君的表演艺术恰如其分地将其支撑起来外，切合时代氛围亦是重要原因——在60年代的演出中，赵匡胤被"处理"成对京娘"无情"，因而突出其"无情岂非真豪杰"的英雄形象，就颇得好评。据丛兆桓先生回忆，陈毅特别喜欢《千里送京娘》，为什么呢？

> 在中南海紫光阁开会的时候，陈毅陈老总说："昆剧《千里送京娘》是一个好戏，这个戏，"他又说一遍，他说，"我们部队的战士可以好好地看一看。可以多给他们看，可以下部队，可以让官兵们都看看。要学习赵匡胤的这种胸怀，为了国家大事，把爱情拒绝。"[4]

有趣的是，等到文革结束，为了迎接北方昆曲剧院恢复，侯少奎和李淑君出演此戏，又请来樊放再次导演，赵匡胤却被"安排"成对京娘"有情"——从"无情"到"有情"，随着时代的变迁，英雄形象也发生了微妙的变化。

---

[1] 引自2007年4月10日作者对李淑君的采访。
[2] 葛献挺：《新长安大戏院开幕忆旧》，载《炎黄春秋》1996年第12期。
[3] 周长江：《记看侯永奎最后一次演〈四平山〉》，未刊。
[4] 引自2007年3月13日作者对丛兆桓的采访。

对于"赵京娘"的"多情"，李淑君也有着自己的看法。据周万江先生回忆，李淑君曾和他谈及对"京娘"的理解：

> 赵京娘这个时期，是中国封建社会的鼎盛时期，赵京娘再爱赵匡胤，也不能表露出来。作为一个演员，你要知道中国的历史，哪个年代？什么社会环境？什么情况？你得掌握——心里又想，又不好意思，还得让对方理解"我想爱你"，又不能说出来，怎么办？这分寸很难掌握呀。[1]

在同行的评价中，李淑君所演"京娘"的特点是"大气"和"纯情"。胡锦芳曾向李淑君学过《千里送京娘》，"她的京娘和我所见的京娘有所不同，她有一种乡村气息，很淳朴，在表演中纯情得不得了。虽然向赵匡胤表达，但没有一点造作的东西，不是一味地去发嗲"[2]。

这大概就是李淑君所理解的"赵京娘"——大气、淳朴、纯情。在胡锦芳的眼中，李淑君所演的赵京娘非常细腻：

> 特别是两次上马，绝然地完全不同。第一次上马，就感觉她真害怕。第二次上马，她是看他、欣赏他。那种失态、那种少女的含羞，细腻的东西，表现得特别好。
>
> 她美化了昆曲。感情的处理，轻重缓急。 [3]

她的学生董萍后来常常演《千里送京娘》中的"赵京娘"，也曾暗暗比较李淑君和洪雪飞表演"赵京娘"的区别，并把这些区别归结到生活中，也即人的气质和风格上。

> 她和洪雪飞有很大的区别，从人物上讲，李的沉稳，洪的接近小姑娘。当你不能理解洪的表演方式的时候，就会觉得她浮。但是，李的就感觉她是发自内心地喜欢赵匡胤，从里往外的，溢出来的爱。有时我觉得，演员在生

---

[1] 引自2007年4月17日作者对周万江的采访。
[2] 引自2007年5月27日作者对胡锦芳的采访。是日，江苏省昆剧院的《桃花扇》音乐会版在中央音乐学院音乐厅响排，胡锦芳饰演李香君。
[3] 引自2007年5月27日作者对胡锦芳的采访。

活中是怎样的氛围，带到台上去也是怎样的状态。[1]

有一次，李淑君看过了洪雪飞所演的《千里送京娘》，问周万江：“你觉得她这个赵京娘演得怎么样？”周万江回答：“觉得好像不够沉稳，有点太飘了，有点像小流氓一样的感觉。”这一番意见得到了李淑君的赞同，并说：“你别忘了赵京娘那个年代，是中国封建社会的鼎盛时期。这赵京娘再思春，再爱慕赵匡胤，也不能这么地流露出来。按照今天的话，就是你说的像小流氓！这就错了，作为一个演员，要知道中国的历史，哪个年代、什么样的社会环境、什么样的情况你得掌握。心里又想，又不好表现出来，但是又要让对方理解自己的心情，我想爱你，但是不能嘴里说出来，怎么办？这个分寸很难把握。”[2]

后来，《千里送京娘》一剧为侯少奎所常演，他饰演赵匡胤，至今已“送”过十位京娘。在他看来，李淑君的“京娘比较文静大方，含蓄内敛。她的音色很甜，唱腔很讲究”，“唱功应该说是北昆历史上最好的”。虽然李淑君和侯少奎合作演出《千里送京娘》已是在文革接近结束之时，年龄比侯少奎也大不少，但“她塑造的京娘还是一个十足的小姑娘”。而洪雪飞的“京娘”虽“音色、音质”、“技巧”还有点差距，但特点在于“眼神和表情还有唱的方面都比较热烈奔放”，“台上的扮相、动作既俏丽又活泼”。[3]

作为一个昆曲演员，应该具有怎样的品质呢？李淑君想必是有自己的思考的，因为，在和周万江聊了关于“赵京娘”“分寸”的看法后，李淑君话锋一转：

要想演好戏，社会学、伦理学、心理学、美学，都得掌握一些，都得知道，都得懂一些，然后再说咱们的演出技巧，唱作念打舞、音乐等等。比如说亮相——为什么这个亮相就好看，那个为什么不好看呢？这就是一个美学问题了。所以，音乐、地理、历史、文学……咱们都得懂一点。为什么说昆曲是综合性艺术呢？咱们要有全方位的知识，才能提高。[4]

在演出《千里送京娘》其间，李淑君还新演了折子戏《思凡》、《相梁刺

---

[1] 引自2007年5月15日作者对董萍的采访。

[2] 引自2007年4月17日作者对周万江的采访。

[3] 侯少奎、胡明明：《大武生——侯少奎昆曲五十年》，文化艺术出版社2007年版，第88页。

[4] 引自2007年4月17日作者对周万江的采访。

《吴越春秋》（1961年），李淑君饰越夫人，侯永奎饰越王勾践

梁》，这是她向韩世昌学戏之后的汇报演出，其中《思凡》仅仅演出了这一次。
此后，北方昆曲剧院公演了历史剧《吴越春秋》，此戏由《浣纱记》改编，讲述
越王勾践"卧薪尝胆"，"经过'十年生聚，十年教训'的艰苦奋斗，终于转弱为
强"，"打败了骄奢的吴王夫差，获得最后胜利"[1]，李淑君在其中扮演"越夫
人"。排演该剧亦是政治形势需要——据丛兆桓先生记载，是因为"在三年自然
灾害、国家困难时期，剧院响应中央和市委领导的号召，编演了歌颂卧薪尝胆、
艰苦奋斗的新编历史剧《吴越春秋》"[2]。其时，北京人民艺术剧院的话剧《卧
薪尝胆》和中国评剧院的《钟离剑》亦是同类作品。[3]

三、"我要把它排成中国的《吉赛尔》！"

寂静的集芳园（贾似道相府），四周阴冷，忽然一阵鬼火出现，原来是

［1］《北方昆曲剧院新编历史剧　〈吴越春秋〉明晚公演》，载《北京晚报》1961年4月29日。
［2］丛兆桓：《北方昆曲剧院〈大事记〉》，未刊。
［3］丛兆桓：《北昆史话》，载《兰》1999年第4、5期合刊。

一个冤死的孤魂，好像断了线的风筝，随风飘荡。只见她急剧地旋转，匆匆地又飘然而逝。

这个鬼魂就是李慧娘，她是因为对太学生裴禹的一声赞叹，而被南宋权奸贾似道杀害的。

"唉！俺李慧娘好苦啊！"一声长叹划破了集芳园的寂静。李慧娘孤魂在弦乐陪衬下，身穿白衣，两颊飘拂着红纸线，又飞快幽然出场，演员先以委婉的低音唱腔，抒发了李慧娘死后的哀怨心情。舞台一阵独唱，后台和声伴唱，增加了"幽恨"一场的凄厉气氛。

当贾府家丁劫持裴禹，李慧娘悲愤填膺，不忍见裴禹无辜被害，她毅然追下。一阵紧急的锣鼓声，演员先用又稳又快的"碎步"、"磋步"，又用"软鹞子翻身"，表达李慧娘的急迫心情。[1]

这是昆曲《李慧娘》演出时的一个场景。《李慧娘》由孟超编剧，陆放作曲，白云生导演，李淑君、周万江、丛兆桓主演。于1961年8月20日在人民剧场首次公演，随即引起轰动，被康生称之为"难得的一出好戏"，并调至钓鱼台演出。但孰料政治风云变幻，几年之后，《李慧娘》又成了"大毒草"，展开大批判，并牵涉到中央高层的政治斗争，因而被认为是文化大革命的导火索之一。

据丛兆桓先生介绍，孟超在1960年将《李慧娘》的剧本交给北方昆曲剧院，但一直没有排出来，"刚开始是想给学员班排——当时北昆有两个团，一个是演出团，另一个是高训班，也就是学员班，洪雪飞她们，是以58年招收的学员为主的。但是不知道什么原因，就拖下来了，拖了将近一年。"[2]

"《李慧娘》开始排呢，是北昆的高训班、学员班，就是洪雪飞她们那个班，洪雪飞、许凤山、张毓雯……排了就两场戏，那时是白云生白先生在排，结果院长一看：'这不行！'"周万江先生回忆起当时的情形，院长说："这么好、这么大的戏，这样排不行。刚进门的学生，才学了一年多，还是生犊子，一点基础没有，让他们排戏？这哪儿行啊？不行！演出团排吧！"[3]

［1］孟庆林：《苦下功夫继承前辈艺术　看昆曲〈李慧娘〉表演》，载《北京晚报》1961年9月9日。在2007年9月20日作者对周万江的采访中，周先生说，"红纸线"为初排时所用，后来白云生将其改为"蓝纸穗"，为"死人蓝"之意，这是白云生特别强调要的。
［2］丛兆桓口述，陈均整理：《我所亲历的"李慧娘"事件》，载《新文学史料》2007年第2期。
［3］引自2007年4月17日作者对周万江的采访。

于是，《李慧娘》的排演从学员班转到演出团，白云生当导演，李淑君演"李慧娘"，周万江演"贾似道"，丛兆桓演"裴禹"。当李淑君接到《李慧娘》的剧本时，她首先想到的便是《吉赛尔》，《吉赛尔》是芭蕾名剧，说的是一位多情的少女，在为情而死后，她的鬼魂从森林仙女手中拯救情人的故事。在《吉赛尔》第二幕中，鬼魂和情人的舞蹈凄美之至。这个《李慧娘》，不就是中国的《吉赛尔》吗？

事实上，将"李慧娘"与"芭蕾"及"吉赛尔"联想起来，早有人在。1957年8月，当重庆市川剧院的琼莲芳在上海演出《放裴》时，

《李慧娘》（1961年）
李淑君饰李慧娘，周万江饰贾似道

就有评论者观察到"她在《放裴》中演李慧娘的鬼魂，她把那个美丽的鬼魂演得那么飘逸，当她完全用脚尖走快速的锉步时，轻得像御风而行一样"，"于是，在《放裴》中，就出现了'中国的芭蕾'那样的舞步"[1]。

还有人看了芭蕾《吉赛尔》后，想到的是川剧《红梅记》：

看了苏联新西伯利亚歌舞剧院芭蕾舞团演出的法国古典芭蕾舞剧《吉赛尔》以后，整整一夜没有睡好。躺在床上，老是想起多情的吉赛尔的悲剧遭遇：她本是个天真的乡村女孩子，却爱上了乔装为猎人的伯爵阿尔伯特，当她发现阿尔伯特果然是个乔装打扮的贵族，而且早已订有婚约的时候，她终于经不起这突然的打击，悲愤交加，积忧而死。死后，她的阴魂却依然爱恋着生前爱过的阿尔伯特，并且救护他脱离了维丽茜女鬼的"夜舞"厄运——而那些

[1]中原：《琼莲芳的"中国芭蕾"》，载《新民晚报》1957年8月16日。

被维丽苕女鬼找上跳舞的人，都要跳得力竭身死……中国许多地方戏曲中有类似动人情节的剧目却不在少数。其中给我印象最深的是川剧《红梅记》。

然后，作者叙述了川剧《红梅记》（《游西湖》）的故事情节：

> 南宋末年，奸相贾似道携妾李慧娘出游西湖，湖上遇着少年书生裴禹。李慧娘无意中流露出一点爱慕裴禹的心情，说了一声"美哉少年"，回家就被妒嫉心重的贾似道一刀杀了。残酷的贾似道同时还差人星夜去杀害裴禹。结果，李慧娘的鬼魂向裴禹报信，并且帮助裴禹逃出了虎口。

在比较之后，作者认为两者"情节不尽相同"，"但它们的主题是同样鲜明的"。此后又提及几月前在北京看过的中国舞剧《放裴》的表演，舞剧《放裴》是根据川剧改编的，"去除了说唱之功"，但是——

> 扮演李慧娘鬼魂与裴禹的演员也都充分利用了足尖的舞蹈动作。虽然他们依然穿着厚粉底靴和小弓鞋，但却没有给人什么"洋里洋腔"的感觉。特别是在李慧娘的鬼魂掩护裴禹上路一段中，这种足尖舞蹈动作更能使人强烈地感受到鬼魂行踪的飘逸不定，和裴禹那种失魂落魄、无力举足的骇惧的精神状态。我记得当时有好几个文艺界的朋友都认为这是中国式的古典芭蕾舞。[1]

关于"吉赛尔"和"李慧娘"的关联，这一话题对于曾学习舞蹈，演唱民歌、歌剧，表演昆曲的李淑君来说，想必并不陌生。因此，她回忆道：

> 当我接到京戏《李慧娘》的剧本时，是很喜欢的，因为它有技术可钻。同时自己也欣赏李慧娘的幽怨情调。这一点还由于我受芭蕾剧《吉赛尔》的影响，我欣赏吉赛尔那种幽怨的美，那轻飘的鬼舞，而李慧娘与她很有相似之处。可是这些都必须有较高的表演技巧才行。[2]

---

[1] 金髯客：《从〈吉赛尔〉想到中国式的芭蕾舞》，载《新民晚报》1957年9月16日。
[2] 李淑君：《要演"红霞姐"，不做"鬼阿姨"》，载《戏剧报》1963年第9期，文中"京戏《李慧娘》"有误，应为"昆曲《李慧娘》"。

从《百花记》是中国的"罗密欧与朱丽叶",到《李慧娘》是中国的"吉赛尔",可以看出,虽然少女时代的芭蕾梦并未实现,但李淑君心中却时时惦记着芭蕾,那种芭蕾的舞姿之美。在《李慧娘》中,"李慧娘"需要走"鬼步"。而"鬼步"呢,就得去找筱翠花。

　　白云生先生提出来,鬼步这个东西,我说不好,虽然我也演过旦角,但是我说不好,得去找一个人去。找谁?找筱翠花去。[1]

筱翠花即著名京剧花旦演员于连泉,擅演花旦、闺门旦、泼辣旦、玩笑旦和刀马旦戏,其《活捉》、《红梅阁》中的"鬼步"尤为一绝。在两年前的一次"首都戏曲界单折展览演出"中,筱翠花表演了《红梅阁》中的"阴配"一折,虽然"只有十分钟,四句唱和简短的一小段独白",却"博得全场掌声"[2]。

　　当舞台上为一片夜阑人静,景色幽然的气氛笼罩时,于连泉扮演的李慧娘,身着紫衣裙,腰曳白罗飘带,左手漫舞丝帕,右手轻挥阴阳扇,在紧迫的音乐节奏中,就像一阵旋风,突然出现在观众眼前:她那柔软如丝的双臂拉着云手,像飞燕掠空地旋转着身躯,飘飘然,行似轻烟的台步,以及那种凄凄楚楚的声、色、神、态,活像煞一具有影无形的幽灵。当人们正为他的精湛艺术叫好的时候,一个圆场,踩着碎步、倒步,迅如流星,一阵风似的,李慧娘又隐没于后台了。二次出场是在低回、轻缓的音乐节奏中,姗姗步向台口。在她道出要借助阴阳扇去拯救裴生并即将和他相会的时候,随着由缓转急的音乐节奏,于连泉的目光露出一丝喜色,而帕扇的舞动,步法挪移,也由敛到放,从简到繁。为了表现这个鬼魂情怀绵绵、悲喜交织的心情,这里于连泉采用了他勤学苦练,下过很大功夫的那些优美的步法,如碎步、倒步、磋步、撵步、花梆子……并且根据情绪变化,加以编排。等几句快板过后,我们只看见李慧娘在舞台上,像一只随风飞舞的彩蝶,忽左忽右,忽前忽后。特别引人注目的是他那优美沉稳的身躯,衬托着矫捷如飞的步法,真如滑行于冰川之上,只觉形移,不见足动。接着,又一阵低回轻转

[1] 引自2007年4月17日作者对周万江的采访。
[2] 《首都戏剧界单折剧目展览真精彩　京剧名演员竞献拿手剧目》,载《北京晚报》1959年7月10日。

的旋风步，一个软鹞子翻身，身后舞动着的那两根白丝带，轻飘像蝉翼，蜿蜒似炊烟，随着李慧娘消逝而消逝。

这篇描述筱翠花在《红梅阁·阴配》中的表演的文字，注意到筱翠花熟练运用诸如碎步、倒步、磋步、撺步、旋风步、软鹞子翻身等技巧，并将这些繁复的身段、步法"组织得好，运用得贴切"，"浑然一体，毫无断续游离、生硬、繁琐之感"，因而使得李慧娘鬼魂形象有"如此感人的艺术魅力"。[1]

两年前筱翠花表演的这段"李慧娘"的"吊场"给人留下了深刻的印象，因此，当确定由李淑君扮演"李慧娘"后，北方昆曲剧院的副院长郝成就带李淑君去找筱翠花学"鬼步"：

> 1961年排《李慧娘》时，需要鬼步，郝成亲自送我找筱翠花学，那时粮食紧张，他亲自拿着牛肉、拿着营养品送给筱翠花老师。[2]

对李淑君来说，筱翠花所展示的"鬼步"让她如此倾心，她回忆道："筱翠花就在他的房间里，也不立脚，也不走跷，就是平地走出鬼的形象来。腰在动，像风吹一样的。"[3]筱翠花研究、掌握这些步法也颇花了一番功夫。在解放前，这些步法需要"踩跷"，但由于解放后废除了"绑跷"，筱翠花又对一般花旦只用脚尖走的"碎步"不满意，于是就研究"怎样才能使不踩跷的步法比踩跷的步法更美"，"经过两年时间的反复练习和实践过程"，筱翠花终于找到了办法。[4]此次，李淑君诚意来学，筱翠花也被北方昆曲剧院聘为《李慧娘》一剧的"顾问"，因此筱翠花便"热情地把自己多年积累的花旦表演经验及基本动作，教给李淑君，并且帮助设计李慧娘所应用的身段及舞台地位"[5]。

筱翠花教给李淑君他精心研究的步法和身段——经过仔细比较"绑跷"和不"绑跷"的差别，筱翠花发现用"整个脚的移动"来代替"只用脚尖走路"，能够使得身段姿态"轻巧柔和"，这些步法包括：

[1] 袁韵宜：《纯熟的艺术技巧——看于连泉的〈红梅阁·阴配〉》，载《北京晚报》1959年7月17日。
[2] 引自2007年4月3日作者对李淑君的采访。
[3] 同上。
[4] 小翠花口述，柳以真整理：《京剧花旦表演艺术》，北京出版社1962年版，第141页。
[5] 孟庆林：《一出唱作并重载歌载舞的悲剧 北昆新戏〈李慧娘〉后晚上演》，载《北京晚报》1961年8月18日。

"捻步"——两只脚的脚尖和脚跟，向横的方向移动。脚尖离地时，用脚跟着地转动；脚跟离地时，用脚尖着地转动。

　　"赶步"——一只脚先向横的方向移动，另一只脚就跟着赶上去。脚在移动的时候，都不离地面。

　　"磋步"——两脚前后交叉着向前移动，步子的距离不超过脚的四分之一长。移动时，脚尖和脚跟也都不离地面。一般走起来用"S"形向前移动。

　　"倒步"——走法和"磋步"相同，只是倒退着向后移动。

　　这几种步法，由于是"用整个脚来移动"，所以比起一般用脚尖走路的"碎步"来，"上身也不会晃动得很厉害"，显得"平稳和柔和"。

　　除了步法之外，还有"腰的劲头"，因为"上半身的微微晃动，和两腿迈步移动之间，全靠用腰来进行调节。其实在走路的时候，上半身本身是不动的，只是随着腿的移动，通过腰部的控制，略微有一些轻微的、很自然的、和腿的移动相适应的摇晃，这样才能使走路的步法，显得协调，也才能达到'美'的要求。"[1]

　　"步法"和"腰的劲头"是练的是基本功，此外，还有一些身段的配合，也是筱翠花的"独得之秘"，如表现鬼魂的"孤单凄凉"——"身体要不住地摆动，由右到左地绕圈子摆动。摆动的目的，是为了使观众看起来演员好像是脚不落地悬在空中飘荡似的。这个摆动，主要是运用腰部和膝盖的劲头来带动全身的摇晃。身体的其他部分都必须放松肌肉，这样才能显得轻巧柔和。"[2]

　　还有在《李慧娘》中极为"惊艳"、极为"讨彩"的下场——"演员先用又稳又快的'碎步'、'磋步'，又用'软鹞子翻身'"[3]，这也是筱翠花多年研究的成果——他曾谈到"软鹞子翻身"这一身段的发明过程：那是解放前在天津演《活捉》时，因为舞台上的地毯太旧，踩跷走起来很费力，"走着走着，眼看快进下场门了，可是脚底下摇晃得很厉害；我当时灵机一动，为了避免摔倒，就趁着摇晃的那股势，来了个'鹞子翻身'，翻过来站住了，再进场"，由于这个动作得了"满堂彩"，而且"和鬼魂的轻飘配合很好"，筱翠花就将"鹞子翻身"处理得"软"一点，变成"软鹞子翻身"，"比一般的'鹞子翻身'，要稍慢一点和柔

---

[1]小翠花口述，柳以真整理：《京剧花旦表演艺术》，北京出版社1962年版，第140、141页。
[2]同上，第90页。
[3]孟庆林：《苦下功夫继承前辈艺术　看昆曲〈李慧娘〉表演》，载《北京晚报》1961年9月9日。

和一点，这样就更合乎随风飘荡的要求。同时再翻身回来，不等站定，就继续走比较快的'磋步'下场，显得像一缕烟似地被吹了下去"[1]。

为了学习"鬼步"，李淑君下了很多苦功。"我跟筱翠花学时，六点钟起床，八点钟上班，我已经在北昆大院里练了两个钟头了。筱翠花在他家里教我，我从北昆到他家去。我在他家已经很熟了，一直到筱翠花老师满意才走。""那时天天去，每天一个多小时，一直到演出为止。"[2]周万江先生还记得当年他看筱翠花教李淑君"鬼步"时的情景，那还是在北方昆曲剧院的院子里：

> 先是上筱翠花先生家学，后来又把先生接到北昆。在宣武门里，在院子里面，露天，很晒，那时候还没有天棚，没有那么多排练厅，就在院子里站着。晒啊，先生也是这个，晒得不得了，她在那里学，我们在旁边看着。[3]

为了理解"人物"和"剧情"，李淑君找来《红梅阁》的原本"来来回回地看"，还比较《红梅阁》的原本和秦腔《游西湖》、川剧《红梅记》的剧本，有不懂的地方，就去找《李慧娘》的作者孟超请教[4]。此外，她还观看其他剧种中《红梅阁》改编本的演出，并从中吸取表演的特色。

其时，有好几种由《红梅阁》改编的戏，都曾在北京演出，改编的情节有所不同，但各有绝技。如筱翠花的京剧《红梅阁》，其"鬼步"堪称一绝。秦腔《游西湖》曾在1959年于北京公演，这出戏删掉了《红梅阁》原本中"卢昭容"与"裴生"的爱情这条线，而以"李慧娘"与"裴生"的爱情为主，其中"李慧娘"在"放裴"一场中所显露的"喷火"功让人赞叹——"行至花园墙下，廖寅追上来了。眼看廖寅的刀，就要砍着跌扑在地上的瑞卿，慧娘闪在中间，宝扇一拂，一口怨火，廖寅吓倒了。以后，廖寅举起钢刀，迎面袭来的便是团团怨火。慧娘一气竟吐了二十九口火"[5]。1961年3月，重庆川剧团在北京公演川剧《红梅记》，保留了原本中"卢昭容"、"李慧娘"两条线，但是删去"裴生"和"李慧娘"的爱情关系，变成"李慧娘"救出"裴生"，并送"裴生"和"卢昭容"逃

[1]《京剧花旦表演艺术》，小翠花口述，柳以真整理，北京出版社1962年版，第86页。
[2]引自2007年4月3日作者对李淑君的采访。
[3]引自2007年4月17日作者对周万江的采访。
[4]据2007年4月17日作者对周万江的采访。
[5]晨郡：《美哉！慧娘——秦腔〈游西湖〉追忆》，载《北京晚报》1959年9月29日，"廖寅"即贾府追杀裴生的家丁。

走。其中"李慧娘"的"变脸"特技引人注目,"当贾似道派来的刺客,不听李慧娘鬼魂的阻止,再三扑向裴生,只见慧娘衣袖向上轻轻一抖,美丽的面孔一下子变得丑陋可怖,终于吓退了刺客"[1]。

在昆曲《李慧娘》的排演中,也曾尝试让"李慧娘"来用"喷火"功,但试过几次就放弃了[2],为什么呢?除了后来剧场里里禁止用明火外,当然还有李淑君自己的"考虑"——周万江先生回忆道:

> 吐火,就是"放裴"的时候放了点火,这个是秦腔里头有,昆曲没有。白云生老师和李淑君商量,你看,你要是觉得需要火的话你就可以加上。李淑君说她不用吹火,她说我再吹我再练我也演不过秦腔里面的,我躲。你不是吹火强吗?我躲,我躲你,我用戏来吸引人。这个是她很明智的地方。[3]

看来,理解和表现"人物"不仅仅是李淑君的优势,亦成为她追求的目标。周万江先生是"贾似道"的扮演者,他还记得在排戏过程中,李淑君帮他分析"贾似道"这个"人物":

> 万江,你这点不应该这样,你应该更凶着一点。凶,但是又不能太鲁了,你现在是太师,是丞相了,是有身份的。她说:咱们不能这么比,但是他的爵位就相当于现在的周总理,周总理他能张牙舞爪,能来回乱动吗?
>
> 那时我毕竟小。她说:你得阴沉一点。她说:你没读过历史吧?我说没读过。她说:贾似道不是无能之辈,他有本事,没用在正道上。李淑君和白云生老师跟我讲:贾似道是大收藏家,大书法家,不是光会斗蛐蛐。[4]

在《李慧娘》第一场的排演中,李淑君对一个细节的改动也让周万江钦佩不已,那就是"斗蛐蛐"一场戏。周万江饰演的贾似道正在斗蛐蛐,叫道:"慧娘,过来看啊。"原来导演安排叫两声,但是李淑君改成了叫一声。为什么呢?"你

[1]《重庆川剧团演出〈红梅记〉》,载《北京晚报》1961年3月26日。
[2] 这一细节据2007年8月3日作者对丛兆桓的采访。
[3] 引自2007年7月2日作者对周万江的采访。
[4] 引自2007年4月17日作者对周万江的采访。

《李慧娘》（1961年），李淑君饰李慧娘，周万江饰贾似道

得容我表现一下。"李淑君对周万江说。[1]于是，我们就似乎在想象中看到了这样一个场景：贾似道正在斗蛐蛐，两边丫鬟都蹲下看，只有李慧娘一人独自站立，默默流泪。李淑君获得了最好的表现机会，也创造了最打动人的舞台效果。

韩世昌传授的《刺虎》中的"变脸"也恰到好处地应用于《李慧娘》一剧之中。李慧娘对待贾似道，和《刺虎》中的费贞娥对一只虎、《刺梁》中的邬飞霞对梁冀相似，表面上顺从，口称"是"，但是一转脸就非常痛恨，"这个老不死的"。她们都是这样一种心态，但又不能太表露，流露出的感情很复杂，是一种不得已的感觉。

这种不得已、又不敢违抗的心理状态，通过面对观众的表演，来表达出内心的不满。在《李慧娘》中，借用了《刺虎》的表现手法，但是又不像《刺虎》那样强烈，因为《刺虎》中费贞娥一心想杀死一只虎，但在《李慧娘》的第一场中，李慧娘还没有想杀死贾似道，只是暗自表达内心中的不满。[2]李淑君在学习《刺虎》和主演新《渔家乐》时苦练的"变脸"技术，此时就又有了用武之地。

---

[1] 引自2007年4月17日作者对周万江的采访。
[2] 据2007年7月2日作者对周万江的采访。

在对昆曲《李慧娘》的报道中，提得最多的就是李淑君的"鬼步"和丛兆桓的"甩发"。李淑君"以熟练的'磋步'、'赶步'、'撵步'等步法，及'卧鱼'、'鹞子翻身'、'下腰'等身段创造了这个正直可爱的鬼魂形象。丛兆桓扮演的裴禹，在'救裴'一场里运用的'甩发'、'抢背'和'跌筋'等技巧，也都是经过刻苦练习，才达到紧密结合剧情和人物思想感情的需要"[1]。李淑君练"鬼步"自是辛苦，但所取得的成绩亦是不菲，"筱翠花管赵燕侠的鬼步叫拉洋车的，我是老老实实的，五六点钟就起床，练这鬼步，所以你看我这鬼步就跟飘起来一样"[2]。为了说明"鬼步"的效果，李淑君曾提及在彩排后发生的一件事：一位剧院的同事，因为看了《李慧娘》的彩排，晚上都不敢一个人出门了，因为"老感到有一个白色影子晃来晃去！"[3]

　　至于丛兆桓所施展的"甩发"，在一次采访中，丛先生也曾谈起："'甩发'，其实不是在排《李慧娘》时练的。早在排《煤山》——北昆建院排的大戏《铁冠图》里的一折——时，白云生先生让我扮'崇祯皇帝'，其中一个技巧就是甩发，要求先是很块地转动，甩甩甩，然后变得很直，一下子立起来，在脑袋上，然后四面蓬下，将脑袋都均匀地盖住，但是前面只能有稀稀拉拉的一层……但是，"丛先生自嘲地说，"我练了一千多次，脖子都硬了，只有一次有点这个意思。"[4]

　　或许，对李淑君而言，《李慧娘》不仅仅是"李慧娘"，也不仅仅

《李慧娘》（1979年），李淑君饰李慧娘，
丛兆桓饰裴禹，王德林饰家将

[1] 孟庆林：《一出唱作并重载歌载舞的悲剧　北昆新戏〈李慧娘〉后晚上演》，载《北京晚报》1961年8月18日。
[2] 引自2007年3月21日作者对李淑君的采访。
[3] 李淑君：《要演"红霞姐"，不做"鬼阿姨"》，载《戏剧报》1963年第9期。
[4] 引自2007年8月3日作者对丛兆桓的采访。

是"鬼步",她似乎将以往对于舞蹈的想望全部寄托到这出《李慧娘》中:

> 崔承喜的舞蹈班,一天跳七个小时,芭蕾、朝鲜舞、德国现代舞、东方的佛教的舞,所有的舞蹈,我打下了深厚的基础,最后,我都用到《李慧娘》上了,人家说太好了。《李慧娘》是我的代表作,我要把它排成中国的《吉赛尔》![1]

这真是一个固执的愿望。在见诸报刊的对《李慧娘》的报道、评论里,将昆曲《李慧娘》与浪漫芭蕾《吉赛尔》"联想"之举,实属"少见",更多的是将其与"政治斗争"挂钩,来评价"李慧娘"是"美鬼"、"善鬼"。这是时代氛围使然,亦能见出李淑君在与时代之间还是有着一定的"错位",这种"错位"或许表现为并不完全屈从于时代的流行话语,而有着自己的小小趣味或"愿望"。在李淑君看来,《李慧娘》显然是她自学习舞蹈以来,经过继续学习歌剧、昆曲的一次艺术上的"总结"。不过,还是拿一篇《李慧娘》公演后的评论来"总结"吧,这篇文章是李淑君的剧院同事孟庆林所写,在谈过《李慧娘》里李淑君和丛兆桓的表演后,他用略带戏谑的语气打趣道:

> 他俩过去都是歌剧演员,经过五年多的勤学苦练,虚心向前辈表演艺术家学习,继承了昆曲精湛的表演艺术,真是"半路出家也成佛"。[2]

四、《李慧娘》公演之后

> 南渡江山残破,
> 风流犹属临安。
> 喜读箨庵补"鬼辩",
> 意气贯长虹,
> 奋笔诛权奸。

---

[1] 引自2007年3月27日作者对李淑君的采访。写至此时,忽想起,在对李淑君的多次采访中,几乎每次李淑君都要提到《李慧娘》是中国的《吉赛尔》,是为之记。

[2] 孟庆林:《苦下功夫继承前辈艺术　看昆曲〈李慧娘〉表演》,载《北京晚报》1961年9月9日。

拾前人慧语，

申自己拙见，

重把"红梅"旧曲新翻。

检点了儿女柔情，私人恩怨。

写繁华梦断，

写北马嘶鸣钱塘畔。

贾似道误国害民，笙歌夜宴，

笑里藏刀杀机现，

裴舜卿愤慨直言遭祸端。

快人心，伸正义，

李慧娘英魂死后报仇怨！

    这首《重把"红梅"旧曲新翻——写在〈李慧娘〉一剧前》是孟超给《李慧娘》写的"序曲"，1961年8月23日，在《李慧娘》首演后的第三日，发表于《北京晚报》。

    从这首颇有气势的曲子中可见，虽然《李慧娘》的主演李淑君喜欢的是其中的"情调"和"技术"，但剧作者孟超关心的却是"政治"。从其时的政治环境"南渡江山残破"、"北马嘶鸣钱塘畔"，到剧中三位主要人物不同的"政治角色"之间紧张的"政治关系"——"贾似道误国害民，笙歌夜宴，笑里藏刀杀机现"、"裴舜卿愤慨直言遭祸端"、"李慧娘英魂死后报仇怨"，孟超将《红梅阁》"旧曲新翻"成《李慧娘》，删掉了原本中裴舜卿与卢昭容的爱情线索，裴舜卿与李慧娘的爱情戏也被压缩，而渲染了李慧娘赞赏和搭救裴舜卿的情节，实际上是将一部爱情戏改编成了政治戏。据说康生在剧本上改了一句词——那是在游西湖之时，裴舜卿怒斥贾似道，李慧娘见此情景，不由心生赞叹，原本中为："美哉少年！美哉少年！"康生见后，改了一字，变成："壮哉少年！美哉少年！"[1] 这一改动被认为是神来之笔，从李慧娘赞裴舜卿"美"到赞其"壮"，虽只是一字之差，但其中的"情调"却差异甚大，"美"或许只是个人化的评价，是某种个人情感的表达，但"壮"却是对裴舜卿怒斥贾似道之举的赞赏——

―――――――

[1] 孟健：《写在〈李慧娘〉再版的时候》，载《李慧娘》，孟超编剧，陆放谱曲，上海文艺出版社1982年版。

于此，个人化的情感变成了公共化的"政治"情感[1]。因此，等到剧末，"夜台弱女胜奇男，一辩秋堂正气酣"时，贾似道被李慧娘的鬼魂 "先夺魄"，观众也不禁"为之一快"[2]。

于是有词赞曰：

> 孟老词章，慧娘情事，一时流播京华。百花齐放，古干发新葩。重谱临安故实，牵遐思、缓拍红牙。撄心处，惊弦急节，铁板和铜琶。 堪嗟！南渡久，朝酣百戏，野哭千家。看美人碧血，沁作丹霞。鬼辩半闲堂上，夺奸胆、击鼓三挝。浑不似，秋阶蟋蟀，白露泣蒹葭。[3]

一方面是《李慧娘》中政治化的内容切合当时极度政治化的环境，另一方面是《李慧娘》中运用了一些不能上演的禁戏的"技术"——如李慧娘见贾似道时所用《刺虎》中的"两面脸"，"鬼步"又让人联想起《活捉》。所以，《李慧娘》红极一时。《北京晚报》上的演出预告显示，在《李慧娘》首演的前一日，就已报"客满"，此后一月内，登载预告的公演就达7次之多，而且是分散在各个剧院：人民剧场、吉祥剧院、长安大戏院、圆恩寺影剧院、五道口俱乐部……

除了公演，当然还少不了名目繁多的内部演出、晚会。特别是李淑君作为一名"当红演员"，或曰"名伶"，当然也免不了"应酬"，比如参加社会活动，出席高层领导人的宴会……据李淑君回忆，其时她经常和中央领导人打交道，康生、习仲勋等人更是座上客。

> 周扬看见我，说："我看了你多少戏呀。"是很亲切很亲切的。
> 康生带我到钓鱼台，带我去看画，说："这是梅兰芳的画，这是程砚秋的画，这是尚小云的画……"让我去学画，我没工夫。[4]

---

［1］在一篇名为《谈谈李慧娘的"提高"》的文章中，也注意到了这一点："不只是'美哉少年'这四个字——前面还加上了一句'壮哉少年'。而这一个'壮'字，就不仅完全改变了李慧娘的形象，而且也完全改变了这整个的故事。"而且，因前面的裴生的义愤之举，李慧娘对裴生的赞赏，再改一个'壮'字，其后的"美"字的内涵也发生了变化，如同此文所分析："这个'美'字早已不复具有对裴禹的容貌产生的爱慕之意，现在是完全针对着他的精神世界而发的了。"通过这一改动，一个"政治面貌""提高"的李慧娘出现了。《谈谈李慧娘的"提高"》，郦青云，载《戏剧报》1962年第5期。
［2］陈迩冬：《〈李慧娘〉观后》，载《〈东风〉旧体诗词选》，《光明日报》文艺部编，光明日报出版社1985年版。
［3］陈迩冬：《满庭芳·北方昆曲剧院上演孟超同志新编〈李慧娘〉》，载《〈东风〉旧体诗词选》，《光明日报》文艺部编，光明日报出版社1985年版。
［4］引自2007年3月27日作者对李淑君的采访。

李淑君向陈半丁学画（20世纪60年代初）

在一次采访中，李淑君的剧院同事顾凤莉谈到，在当时确实有一个命令，就是让演员们拜师学艺，学的是什么呢？书法、绘画……还拍了照片，登在《光明日报》上，但是最后都没有坚持下去，不了了之。[1]康生让李淑君去拜著名画家陈半丁为师，李淑君来到陈家，大师在作画，李淑君静立一旁，阳光斜射在宽大的书桌上……这一温馨的场景被拍了下来，登在报上，宣传了一番，但由于李淑君演戏太忙，再也没去学过。

这些自然是非常辛苦，有一次，李淑君在人民剧场演完《李慧娘》，爱人唐洪云来接她，两人出来一看，下了大雨，那时又没有出租车可乘坐，"出不去，就拿那个条凳一拼，没有被窝，也没有枕头，就这样忍一宿"[2]。扮演"贾似道"的周万江先生也忆起过在大冬天时演《李慧娘》时自己所碰上的"难题"：

> 有两次，演出结束，卸了装，骑车回家，天气很冷，等到了家再说话都出不了声了，赶紧地各种各样的中药就吃啊。第二天早上起来，去同仁医院，打针，晚上还得演出呢！就在这样的情况下，声音嘶哑的情况下，又连

[1] 引自2007年4月24日作者对顾凤莉的采访。
[2] 引自2007年4月10日作者对李淑君的采访。

着唱了两天。就《李慧娘》这出戏，一次是在沈阳市，一次是在邢台，另外一次是在哈尔滨，都是急性咽喉炎，哑了，坚持上，观众没有叫倒好。[1]

在《李慧娘》公演后颇为热闹的评价中，对李淑君所运用的"鬼步"是一致赞赏的，譬如在一篇评论中，作者用抒情的笔调描绘、感叹道：

这是一场鬼抒情。她含怨而死，不再受到人间苦难的威胁，却还是忘不掉人间的苦难，只是独自一人在集芳园里飘荡无主，从树阴游向树阴，这样的凄清，这样的孤寂，真是像俗话说的"幽灵"一样。演员李淑君从于连泉先生学了"魂步"，用在这里是十分合适的，她两臂下垂而飘荡，身躯僵硬而轻飏，风吹得绸带向后拖，两臂似乎也向后拖，没有重量似的，这些都在观众眼前，产生幻觉，仿佛台上的慧娘，果然只是幽魂一缕。[2]

直至在《李慧娘》上演三十多年后，仍然有其时的观众还记得、还在怀念李淑君所演的"李慧娘"，并对她的遭遇抱以同情之心：

……她还演过李慧娘，此剧刚刚推出时被称为反封建的戏，她也就把这当作政治任务来承担；为了把这冤屈的鬼魂演得形神俱似，着意练习女鬼飘忽来去的碎步、足尖步，她很下了一番功夫。但，她哪里能把握政治舞台的风云变幻，对艺术表演的忠诚却给她带来了不幸。[3]

对《李慧娘》所展示的"政治"线索，虽然亦有评论对李慧娘与裴舜卿的爱情被删减感到"不足"——如"慧娘在书馆与裴生的感情描写，演出时也似可加强，强调了政治感情，也不要忽略了人物形象的丰满、含蓄和感情的深化"[4]、"政治与爱情揉合的还不够自然"[5]——但基本上肯定《李慧娘》的"格调

［1］引自2007年4月17日作者对周万江的采访。
［2］张真：《看昆曲新翻〈李慧娘〉》，载《戏剧报》1961年第15、16期。
［3］彭荆风：《愿"京娘"无恙——忆李淑君》，载《新民晚报》1997年10月17日。
［4］张真：《看昆曲新翻〈李慧娘〉》，载《戏剧报》1961年第15、16期。
［5］《昆曲〈李慧娘〉别具一格——市文联就剧本改编问题举行座谈》，载《北京晚报》1961年9月9日。

高"[1]，是戏曲"推陈出新"[2]的一个范例。

在这些讨论中，较为有趣的是对"浪漫主义"的理解。在曾留学英伦的翻译家杨宪益看来，《李慧娘》较之《红梅阁》原本，"戏剧的浪漫主义气氛好像不如原作"，这是因为"李慧娘和裴生的爱情基础被缩减了；剧中虽也提到李慧娘对裴生的爱慕，但是有些突然，有些略嫌不足。裴生对慧娘的爱情就更说不上了"，而且"慧娘和裴生两个人物的性格也显得太单纯一些，人物性格的刻画似乎还不够深刻。剧本强调爱国主义思想，强调慧娘和裴生的不畏强暴和正义感，从大处着眼，都是好的；但是似乎不应该取消了爱情"[3]。但是，在当时中国的社会语境中，"浪漫主义"显然并非杨宪益所指，而是"死慧娘斗过活平章"的"鼓舞斗争的革命浪漫主义精神"[4]。

> 排出戏后，一演出，各方反映都挺好，报纸上开始有文章，说这是个"美鬼"、"善鬼"……很快，北京市文化局看到了这个好戏，南方有个《十五贯》，北方有了《李慧娘》，也是个"推陈出新"的典范。当时是这样评价的。它有很多新的东西，比如作曲的陆放，三分之一用的是原来的曲调，三分之一是改造的，还有三分之一是新创的，所以这个戏是在传统的基础上有改革有发展有变化有突破，是在"推陈出新"的总的文化方针下实践的一个产物。[5]

为《李慧娘》推波助澜的是康生。在《李慧娘》剧本的创作和排演中，康生就曾参与其中，改词，提意见，对这出戏非常欣赏，不仅如此，还向周总理推荐了《李慧娘》。于是，《李慧娘》连夜在钓鱼台的礼堂演出，演完之后，康生更是兴致勃勃，在自己的住所招待《李慧娘》剧组的主要成员。这一幕至今仍然鲜明地保留在曾参与其会的"裴舜卿"的扮演者丛兆桓先生的记忆里：

> 当时周总理预备代表中国共产党去参加苏共二十二大，由于中共和苏

---

[1] 同上。
[2] 程弘：《从〈李慧娘〉看戏曲的推陈出新》，载《北京晚报》1961年9月15日。
[3] 杨宪益：《红梅旧曲喜新翻——昆曲〈李慧娘〉观后感》，载《剧本》1961年第10期。
[4] 程弘：《从〈李慧娘〉看戏曲的推陈出新》，载《北京晚报》1961年9月15日。
[5] 丛兆桓口述，陈均整理：《我所亲历的"李慧娘"事件》，载《新文学史料》2007年第2期。

共有一个很大的争论，周恩来总理组织了一个理论班子，准备了一个月，准备文件、发言稿，非常辛苦，10月15号参加苏共二十二大。在去之前，先放一天假，让大家好好休息一下。于是，周总理就问康生："有什么好戏啊？给我们介绍一个，让大家轻松一下。"当时理论班子就住在钓鱼台，康生住在17号楼，康生就说了："最近戏剧舞台上，最好的一出戏就是《李慧娘》。""那好吧，就让他们来演一演！"周总理同意，这么一来，《李慧娘》就演了——看的人很多，除了理论班子的人，还有钓鱼台里的诸多官员和工作人员，实际上是一个戏曲晚会。

当时《李慧娘》剧组里演郭秩恭的宋铁铮是上海人，正好回家探亲，马上打电报，让他们赶回来参加这个晚会，就是参加苏共二十二大的代表团临走的前一天晚上，第二天早上6点的飞机要去苏联了。演完了以后，因为有外国客人，周总理上台匆匆和我们握手，说："有一个外事活动，来不及和你们细谈，由康生同志代表我好好招待你们、感谢你们！"就走了。走了以后，康生就叫我们几个——剧院的院长、党委书记、编剧、导演、主要演员——一桌人吧，大概十个人，在钓鱼台17号楼康生的"官邸"一起吃饭。当时正是三年自然灾害，吃不饱，那夜吃大块炖肉好解馋。康生在饭桌上讲了很多话，这一顿饭一直吃到夜里两点多，秘书催了几次："明天早上6点多还要上飞机呢，首长该休息啦！"几次催他，康生兴致非常高。"再等一会儿，"他说，"你们都是昆曲的专家，那么我问问你们——写林冲故事的两部作品，一部叫《宝剑记》，另一部叫《灵宝刀》，这两个本子有哪些异同？好在哪里？坏在哪里？"康生对中国的戏曲很有研究，先问了孟超，说不上来。他讲："孟超是我的老同学、老同乡、老同事，十几年没有干出多少好事来，这次干了一件好事，以后还得多做好事。"当时孟超也很高兴，得到了康生的赞扬，说："下次我们还是原班人马再搞一个戏，准备搞什么呢？搞李靖，叫《红拂传》，虬髯客、李靖、红拂，也是三个人物，一个花脸、一个生角、一个旦角，不是正好我们三个演员在那儿嘛。"孟超说："这个戏也很有意思，可以翻出新意来。" [1]

---

[1] 丛兆桓口述，陈均整理：《我所亲历的"李慧娘"事件》，载《新文学史料》2007年第2期，在整理丛兆桓先生关于《李慧娘》事件的"口述历史"，关于日期，有一个很有意思的插曲，就是丛先生将中共参加苏共二十二大的时记为"11月7日"，周总理观看《李慧娘》则是"11月6日"，《新文学史料》的编辑郭娟女士对此提出疑问。那到底是怎么回事呢？我询问丛先生，"记的大概是俄历吧"。查对之后发现，果然如此。

康生大力推荐《李慧娘》的情景，还出现在毛毛所写的《我的父亲邓小平》里："康生还特爱看戏，经常在钓鱼台小礼堂组织戏剧晚会……看得我们如醉如痴。康生还特地推荐和组织观看'鬼戏'昆曲《红梅阁》，李淑君演的李慧娘，真是令我这样的少女为之大大地神魂颠倒了一番。"[1]

《李慧娘》走红之后，不仅舆论上纷纷宣传，各昆剧团也派人来学习，在李淑君的相册里——由于文革的几次抄家，里面所保存的老照片非常少——还留有江苏省省昆的演员张继青的照片，那是一张五六十年代的黑白照片。"为什么在相册里放这张照片呢？"看到我探询的目光，李淑君解释说："这是张继青，在演《李慧娘》时，他们的文化局长带着她来跟我学。"[2]

但是，李淑君病倒了，"就是太累了，过累，得了神经官能症"[3]，从《北京晚报》上的演出预告上看，自1961年11月起，李淑君所演的戏越来越少，到12月8日，北方昆曲剧院再度公演《文成公主》时，"文成公主"由李淑君换成了虞俊芳。1962年1月7日，《李慧娘》经重排后再度演出，虞俊芳替代李淑君出演"李慧娘"，报道称虞俊芳曾"向以前扮演李慧娘的李淑君请教"[4]。但据周万江回忆，此时李淑君根本说不了戏，因为"神经官能症"。

> 虞俊芳从北京青年京剧团调到北昆来，正好李淑君病了，这戏又要演出，怎么办呢？叫虞俊芳接替，她又不会，怎么办？李淑君那神经官能症，说不了戏。白云生先生呢，年龄大了，又没有那精力了。白云生先生对我说："万江啊，这个任务你得完成啊。"我说："什么？"白先生说："你给虞俊芳说说戏成不？"我说："成，跟我同场的，我说行，跟我不同场的我说不了。"就这样，说了一个多月，不到俩月。[5]

在《李慧娘》的六场中，"贾似道"和"李慧娘"同场有四场。周万江回忆说，虞俊芳接手演"李慧娘"之后，也有一些小小的变动，比如《杀妾》一场，"贾似道"唱[油葫芦]："慧娘，俺看你身无彩凤双飞翼。"朝"李慧娘"一

[1]载《文汇报》，1993年8月17日。
[2]引自2007年3月27日作者对李淑君的采访。
[3]引自2007年4月17日作者对周万江的采访。
[4]庆林：《北昆重排〈李慧娘〉 今晚再度演出》，载《北京晚报》1962年1月7日。
[5]引自2007年4月17日作者对周万江的采访，以下关于虞俊芳替代李淑君演出《李慧娘》的相关情节、琐事均引自此次采访，不再另注。

撞，"李慧娘"一惊，一激灵……这个细节是他和李淑君初演时没有的。不过，后来李淑君再次演出《李慧娘》时，就也这样演了。为什么呢？"李淑君看到她这样演，觉得不错，就加上去了。"

在虞俊芳接演《李慧娘》后，也发生过一些趣事，比如说演"李慧娘"的"双簧"：

> 当时是李淑君病了，虞俊芳替她唱这个戏，上去了，急性喉炎，音不行。临时把洪雪飞给抓过来，她那时候基本上已经会这个戏了，赶紧拿着本子，照着简谱唱，唱双簧，虞俊芳在台上表演，洪雪飞在后面唱。

这一病就是大半年，李淑君偶尔露演的只有两次《千里送京娘》，还是在1962年的元旦、春节期间。到1962年3月24日，当《千里送京娘》在长安大戏院演出时，"赵京娘"也由李淑君变成了虞俊芳。

这段因生病无法上台的日子，李淑君又在做些什么呢？是否还"一宿一宿地睡不着觉"？

五、仙乐飘飘

直到1962年5月，李淑君所主演的戏在《北京晚报》的演出预告中才再次频频出现，《千里送京娘》、《游园惊梦》、《狮吼记》、《奇双会》、《昭君出塞》、《李慧娘》、《红霞》……

在一次采访周万江先生后，正要告别时，忽然，周先生叫住我："我还记得淑君大姐一件事——""什么事呢？""她的《游园惊梦》是用F调唱的，还曾经在剧院里引起了讨论，当时油印的院刊上，登了不少讨论文章，好像有一年多。"[1]对李淑君用F调唱《游园惊梦》，丛兆桓先生回忆说：

> 《游园惊梦》一般是小工调，也就是D调，她用F调唱，F调与D调之间是一个半音，所以她是提高了一个半调门。本来李淑君开始是提出提高一

---

[1] 据2007年7月2日作者对周万江的采访。

个调门，但是引起争议，老曲家们认为调门一高，味道就不对了，就不是昆曲了。有人说得很严重，说这么高，就是梆子了，就不是昆曲了，昆曲就应该低着唱。李淑君就想试一试。剧院里也有人认为要发挥她的嗓子，既然能提高一个调门，就能够再提高半个调门，笛子E调不好吹，F是常用的调，所以就用F调唱了。只有她唱这个戏是用F调唱。

既然李淑君的"杜丽娘"用比平常高一个半的调门唱《游园惊梦》，那"柳梦梅"该如何配呢？

"我嗓子也高啊。"丛先生笑曰，当时他正是李淑君舞台上的"死对"。

"我和李淑君是'争鸣'，《百花记》是'争鸣'，《李慧娘》也是'争鸣'。一般，除了侯永奎老师，就是我和她演。等她演不了啦，我也不演了。"[1]

在《狮吼记》和《奇双会》的排演中，留下了李淑君向韩世昌学戏、与白云生配戏的身影。1962年7月7日，北方昆曲剧院在长安大戏院演出《狮吼记》，这出戏是白云生重新整理和导演的，并亲自扮演"陈季常"一角，李淑君则扮演"陈季常"之妻"柳氏"。据报道称，李淑君不仅"向当年扮演这一角色的著名表演艺术家韩世昌先生请教，在排练过程中，一招一式认真琢磨"，"在导演的启示下还做了笔记"，因此演起来"很有分寸"：

> 在《跪池》一场，当柳氏见了苏东坡时，先礼后兵，开始对苏表示尊敬，直到苏东坡引导陈季常去访花问柳时，她才翻脸，不客气地下了逐客令。[2]

7月21日，北方昆曲剧院又组织了一台名为"老少合作　南北交流"的折子戏专场，所谓"南北交流"，指特邀张继青演出《痴梦》。张继青为江苏省苏昆剧团青年演员，以昆曲正旦戏《痴梦》知名，此时正在北昆向李淑君学《李慧娘》。所谓"老少合作"，指的就是白云生和李淑君合作演出《奇双会》，这出《奇双会》，早在1956年参加南北昆剧观摩演出期间，李淑君便已学会，在1957年建院演出中，也和白云生演过一场，此次演出，大约是又经韩世昌加工整理，所以表演起来，"从眼神、身段，一直到唱腔，都继承着著名昆曲表演艺术家韩

［1］据2007年8月3日作者对丛兆桓的采访。
［2］仲琪：《北昆重排一出讽刺喜剧　〈狮吼记〉明晚公演》，载《北京晚报》1962年7月6日。

《狮吼记》，李淑君饰柳氏，白云生饰陈季常

世昌的表演特色"：

> 如在《哭监》一场戏里，李淑君运用眼神和简单的身段表演，始终贯串
> 着一个"悲"字；人物复杂的内心感情变化，都是在极为含蓄的控制节奏下
> 表现的。[1]

曾在北方昆曲剧院习小生的宋铁铮在谈《奇双会》的表演时也忆及李淑君，
认为她扮演的"李桂枝""能紧紧地抓住这个人物善良、知礼、含蓄、温柔的分
寸，从外形到内心都能体现出这种少妇
的美"[2]。

接下来，李淑君又于8月4日演出了
《昭君出塞》，这是属于李淑君的第一
出本戏，当年她正是凭借这出戏在昆曲
舞台上崭露头角。报道称李淑君"因病
半年多未演这个戏"，此次演出，"李
淑君在唱腔和身段上，又做了细致的加
工排练"，"她以清脆圆润的嗓音，优
美动听的唱腔，有层次地抒发出昭君的
'悲'和'怨'的心情"。[3]

一直到10月，李淑君相继主演了
《李慧娘》、《红霞》和《牡丹亭》，虽
然《红霞》这出"新昆曲"，从现代化
布景的舞台到田间地头，李淑君已演过
不下百余场，但此次再度公演，她还在
一边排练一边"琢磨"。她在"琢磨"

《奇双会》，李淑君饰李桂枝

什么呢？"特别琢磨最后英勇牺牲的一场，怎样突出人物气质，更好地塑造一个

[1] 仲琪：《老少合作　南北交流　北昆明晚演出〈痴梦〉〈奇双会〉》，载《北京晚报》1962年7
月20日。另，李淑君于1956年南北昆剧观摩演出中即已学会《奇双会》这一细节，据2007年8月3日作
者对丛兆桓的采访。
[2] 宋铁铮：《充满温馨情调的家庭悲喜剧》，载《京剧流派剧目荟萃》（第二辑），文化艺术出版
社1990年版。
[3] 仲琪：《北昆明晚演出一台折子戏》，载《北京晚报》1962年8月3日。

共产党员在敌人面前坚贞不屈的英雄气概"[1]。

10月21日演出的《牡丹亭》，实际上是由三折戏联缀而来。《春香闹学》中的"春香"由乔燕和扮演，"杜丽娘"由王燕菊扮演。《游园惊梦》中的"杜丽娘"由李淑君扮演，"春香"由董瑶琴扮演，"柳梦梅"由丛兆桓扮演。其中乔燕和、王燕菊皆是"韩世昌小组"中人，而李淑君也时常向韩世昌学戏。《拾画叫画》由白云生主演。关于李淑君扮演的"杜丽娘"，被评曰"有着大家闺秀的气度。她以委婉动听、优美抒情的唱腔和身段，表现出一个少女受封建礼教约束，不得自由，内心强烈的反抗情绪"[2]。

居于香港的作家曹聚仁也曾兴奋地描述自己在北京观看李淑君所演《游园惊梦》的印象，这是他看到的第三回《游园惊梦》："第三回看的乃是北方昆曲剧院的《游园惊梦》，李淑君的杜丽娘，董瑶琴扮春香，江世玉扮柳梦梅，他们的姓名，在海外是生疏的，但，我早于两年前，看过他们主演的《红霞》，知道新一代的演员，不仅是青出于蓝，而且胜于蓝的。""他们显然更活泼，更有青春生命，活现两小无猜的恋爱"。[3]

从这些见诸报端的介绍和评价来看，"清脆圆润的嗓音，优美动听的唱腔"、"有层次"，以及对人物和剧情的理解，仍然是李淑君的"强项"，亦是人们所公认的李淑君表演特色。

1962年11月，李淑君终于得偿所愿，去上海向朱传茗学戏。据李淑君回忆，她一直想向朱传茗学习南昆特点的戏，但因是剧院主演，不能离开。为此她曾向周总理和文化部副部长齐燕铭表达过学戏的愿望[4]。不过，此次得以成行，或许还是得益于此时兴起的"拜师热"。

> 1962年三年自然灾害之后，有一些老的习俗又回过来，比如说拜师。解放以后，不主张拜师，都是老师的学生。这时候，又兴起了拜师风，很多外地的演员都到北京来拜白云生、韩世昌，所以我们也得跟着去拜师，哪儿拜去？先是她到上海拜朱传茗，白士林到武汉拜高盛麟，1963年我拜了俞振

---

[1] 仲琪：《昆曲〈红霞〉再度公演》，载《北京晚报》1962年9月30日。
[2] 仲琪：《共同创造 各展所长——北昆明晚重演〈牡丹亭〉》，载《北京晚报》1962年10月20日。
[3] 曹聚仁：《四看游园惊梦》，载《听涛室剧话》，北京出版社1985年版。
[4] 引自杨仕对李淑君的采访，时间为1994年，亦可参见杨仕据此次采访所整理、李淑君署名文章《关怀鼓励 铭刻在心》。载《周总理与北京》，中国人民政治协商会议北京市委员会文史资料委员会编，中央文献出版社1998年版。

飞……[1]

李淑君在上海学戏的状况，据说尚好，"我听说她学得非常好，朱传茗老师非常喜欢她，因为她嗓子特别好，唱出来又好听。她自己过去学过一些民歌、歌剧，处理那些装饰音、抑扬顿挫"[2]。

据李淑君回忆，当时她住宿、练功就和上海戏校昆大班的学生一样，但是，多了点"开小灶"：

> 那时我住在戏校里，华文漪、蔡正仁等都还没有毕业，我看他们排练演出，平常和他们一起练功，住在他们的宿舍里，跟他们一个食堂。但我就是跟朱传茗老师拍曲子，他专门教我一个人。[3]

在大约9个月的时间里，李淑君向朱传茗学了《游园惊梦》，此外还学过《痴梦》和《断桥》[4]。之前，韩世昌曾给李淑君"抠了半年"的《游园惊梦》，此时朱传茗又给李淑君教了大半年的《游园惊梦》，因此她总是自豪地宣称：

> 到了南昆，我拜了朱传茗。南北《游园惊梦》，我都学到身上了。所以我这出戏，是很好的。[5]

当然，在自豪之余，李淑君也暗暗思忖自己的优势和不足：

[1] 引自2007年8月3日作者对丛兆桓的采访。另《北京晚报》报道过湘昆到北昆交流并拜师的"盛况"："湘昆生角演员宋信忠和唐湘音拜侯永奎为师，旦角演员江永梅、文菊林和孙金云拜马祥麟为师，花脸演员雷子文拜侯玉山为师，小生演员郭镜蓉拜白云生为师，丑角演员谢序千和李忠良拜沈盘生为师。"《一脉相承的两个不同昆曲流派 湘昆北昆在京交流技艺》，孟庆林，载《北京晚报》1961年12月5日。此外，据丛兆桓《北方昆曲剧院〈大事记〉》记载："北昆演员丛兆桓、宋铁铮在京拜俞振飞为师，李淑君去上海拜朱传茗为师，苏昆演员张继青、上昆演员梁谷音等来北京向韩世昌等老师学习北昆表演艺术。白士林在武汉拜了高盛麟为师。"

[2] 引自2007年8月3日作者对丛兆桓的采访。

[3] 引自1992年4月1日洪惟助、周纯一对李淑君的采访，载《昆曲演艺家、曲家及学者访问录》，洪惟助主编，（台湾）"国家出版社"2002版，第109页。

[4] 据《北京晚报》报道，"李淑君从去年11月赴上海，向南昆名艺人朱传茗和沈传芷求教，日前回京。她通过《游园惊梦》、《痴梦》和《断桥》等折戏学习，在唱腔和表演上都有了进一步提高。"《北昆明晚演出〈千里送京娘〉》，载《北京晚报》1963年8月24日。由这一报道可确定，李淑君在上海学戏时间为1962年11月到1963年8月。

[5] 引自2007年3月15日作者对李淑君的采访。

南北昆我都学到了，糅合后，比较起来，还是我的好。但我比她们老，扮相不如她们。[1]

她还细心比较韩世昌与朱传茗两人的《游园惊梦》的差别，在四十余年后追忆起来，她的天平自然是倾斜在韩世昌这边：

朱传茗老师讲身段美，不讲情。韩老师专讲情。[2]

丛兆桓先生还记得，当时他参加拍摄西安电影制片厂的《桃花扇》，因为剧组要到外景地南京、杭州，去杭州之前，在上海等车，他就到上海戏校去看望李淑君，"她在那儿正好跟朱传茗老师学戏，出来吃了一顿午饭，晚上赶火车。那时上海戏校旁边有个西餐馆"，两人一起"从陕西南路走到淮海东路，路口有个吃西餐的馆子，味道不错"。[3]

在上海期间，李淑君还录了电影《桃花扇》的插曲。"1962—1963年，西影选定梅阡编剧的故事片《桃花扇》，请孙静导演，他们想拍成一部昆剧味道浓郁的电影。几经研究，特邀北昆金紫光院长任音乐顾问，樊步义任影片作曲之一，先选中丛兆桓饰侯朝宗，上海戏校昆曲班应届毕业生张洵澎饰李香君。后因上海戏校不准学生拍电影，才改请上影星王丹凤和珠影冯喆主演，北昆演员丛兆桓改饰吴次尾，虞俊芳饰郑妥娘，李倩影饰李贞丽，全片七段插曲及戏中昆曲《游园》等全由李淑君演唱。"[4]不过，当找李淑君配唱时，出了一个小小的意外，"西影厂找配唱的，请我，我刚睡完觉，嗓子是哑的。一听：'这哪行啊！'后来呀，有人跟他们说，你看看朱琳的《胡笳十八拍》，再听听她的录音。一听以后，'我们选了她'！"[5]

---

[1] 引自2007年3月21日作者对李淑君的采访

[2] 引自2007年4月3日作者对李淑君的采访。在1992年4月1日洪惟助对李淑君、周纯一对李淑君的采访中，李淑君的比较就更细致一些："朱传茗老师重于形体，在表演身段上，他是很讲究的，很漂亮的。比如塑造《游园惊梦》杜丽娘这个人物，我跟朱传茗老师学，也跟韩世昌老师学。朱传茗老师重在婀娜、潇洒、漂亮、美丽的身段上面；但是韩世昌老师的动作很少，他是重内心、眼神，他唱'没乱里，春情难遣'时的眼神，真是绝了！"载《昆曲演艺家、曲家及学者访问录》，洪惟助主编，（台湾）"国家出版社"2002版，第109页。

[3] 引自2007年8月3日作者对丛兆桓的采访。

[4] 丛兆桓：《北昆史话》，载《兰》1999年第4、5期合刊。

[5] 引自2007年3月21日作者对李淑君的采访。

据丛兆桓先生回忆，李淑君的录音是在上海完成的。"笛子是朱传茗，那个很好听，上海交响乐团伴奏，把带子拿到西安电影制片厂，录音车间一放，大喇叭那么一放，厂里的人一听。'诶，这是哪里来的仙乐？这么好听啊，从来没听过。这是什么音乐？'"

说到此处，丛先生颇为得意："然后，他们听说，这是昆曲，是《桃花扇》的插曲。哎哟。好多西安制片厂的人都学昆曲。"于是，"我在那儿教了他们《李慧娘》里第一段里的扇子动作。因为这个戏里，要用一些扇子。在杭州外景时，每天吹笛子给王丹凤吊嗓子，有一段要唱《游园》"[1]。

> 我《桃花扇》的唱，不是一般的唱，我创新了。昆曲是没人听了，我唱了《桃花扇》以后，电影厂的工人都说要学，服务员、蹬三轮的，都要找谱子来学。[2]

《桃花扇》上映后，李淑君还听说过一桩趣事，就是有观众接连看了十回电影《桃花扇》，是因为被电影吸引了吗？非也。他是专门去听《桃花扇》插曲的。[3]

> 我的《桃花扇》唱段，就是用的《陈三五娘》的原调，是樊步义给《桃花扇》写的。[4]

李淑君在歌剧院时去泉州所学的梨园戏《陈三五娘》，曾经在山东巡演时改编作《荔枝记》，大受欢迎。此时，又化作了《桃花扇》唱段。

当我采访江苏省昆的胡锦芳老师时，她一再提到——可见其印象之深——年轻时反复听《桃花扇》里的配唱："哎哟，唱得真好！"[5]但是后来，《桃花扇》也给李淑君带来了厄运，或者说是成为厄运的一部分。

> 文革时候就批我的《李慧娘》、《桃花扇》，红卫兵夜里把我叫出来，

---

[1] 引自2007年8月3日作者对丛兆桓的采访。
[2] 引自2007年3月15日作者对李淑君的采访。
[3] 据2007年3月27日作者对李淑君的采访。
[4] 引自2007年4月10日作者对李淑君的采访。
[5] 引自2007年5月27日作者对胡锦芳的采访。

没打我，问我为什么唱《李慧娘》，为什么唱《桃花扇》。我说这是上级分配，我没有权力不演。[1]

其实，在上海学戏时，这种阴影就开始时时袭来，仿佛是之后许多年中不幸遭遇的预演，李淑君回忆道：

上海没有暖气，我受不了冻，就病了，住院去了。文化部长听说我住院，就把我叫到锦江饭店，问我是不是和习仲勋有什么关系。我说确实没有。我不能说瞎话。文化部长才相信。[2]

有一天，当李淑君打开报纸，报纸上有一幅华君武的漫画，画的是一个小女孩和妈妈在睡觉时的对话。看完以后，李淑君的心收紧了，因为这幅漫画画的虽是日常的或许带着稚气的对话，暗藏的却是"政治"——其时正在进行对"有鬼无害论"的大批判，而处在这一大批判风暴中心的就是《李慧娘》：

画的是一个小女孩跟妈妈一起睡觉，很恐惧地问妈妈："妈妈有没有鬼？"妈妈自然回答："没有！"但孩子又问："没有鬼，那戏里为什么有鬼呢？"妈妈答不出来了。[3]

这种"微言大义"式的春秋笔法，在当时已是司空见惯的流行文风，所以当李淑君看到这幅漫画时，很自然地会想起自己主演的《李慧娘》，想起关于"鬼戏"的争论，想到……这无疑是一种沉重的精神压力。李淑君写到自己初见这幅漫画的心情："这幅漫画很刺激我，我心里很难过。我想，我演《李慧娘》难道不是在这幼小的心灵中散布下可怕的鬼的形象吗？"[4]

梦想中的美丽、善良、跳着凄美的芭蕾舞的"吉赛尔"，如今却被描绘成"散布下可怕的鬼的形象"的"鬼阿姨"，在这种多棱镜式的扭曲下，在此时极度政治化的中国社会里，李淑君又能如何呢？她只能屈服、检讨、忏悔，表态"要演'红霞姐'，不做'鬼阿姨'"，并希图过关。但是时代还在继续，更大

---

[1] 引自2007年4月3日作者对李淑君的采访。
[2] 引自2007年3月15日作者对李淑君的采访。
[3] 李淑君：《要演"红霞姐"，不做"鬼阿姨"》，载《戏剧报》1963年第9期。
[4] 李淑君：《要演"红霞姐"，不做"鬼阿姨"》，载《戏剧报》1963年第9期。

的浪潮将要袭来。

1963年8月，李淑君从上海归来，恰好侯永奎久病初愈[1]，于是又一起主演《千里送京娘》、《文成公主》。10月8日，李淑君随北方昆曲剧院南下巡回演出，从列出的剧目中，属于李淑君的戏有《红霞》、《文成公主》、《千里送京娘》，或许还演《昭君出塞》[2]。这次南下巡演，阵容颇为庞大，由副院长郝成、演出团团长侯永奎带队，一行八十余人，去济南、无锡、上海、杭州、苏州、南京、徐州等地演出，并和当地的"兄弟团体"交流[3]。本来准备巡演两个多月，但只到了苏州，便于11月26日提前结束了巡演，回到北京。原来，从12月7日到13日，北京市文化局、北京市文联组织了"北京市属剧院、团现代题材剧目观摩演出周"[4]，为了迎接这次演出周，北方昆曲剧院提前返京，并投入紧张的排演中。在演出周中，北方昆曲剧院拿出了五个剧目参演：《红霞》、《飞夺泸定桥》、《审椅子》、《悔不该》、《血泪塘》。其中，《红霞》和《血泪塘》由李淑君主演。《红霞》自从1958年推出后，可谓是昆曲现代戏的"名作"，此次再度出演，据报道称，演出票"很快就卖完了"[5]。

在此轮《红霞》的演出中，因痛感以往此剧被指责不像昆曲，李淑君将从上海拜师学艺习得的传统程式有意应用于表演中，但发现不太令人满意，"倒是更像昆曲了，可是红霞却变成了娇滴滴的样子"[6]。看来"现代戏"与"昆曲"之间的矛盾仍然困扰着李淑君，如何能运用"传统程式"演好"现代戏"？"昆曲"如何表现"现代生活"？剧种"分工论"亦是此时见诸报刊的大讨论，据说短短几月内就有一百多篇文章参加论辩。

《血泪塘》是此次南下巡演中从浙江昆苏剧团学来的现代戏，讲的是"旧时代地主无情剥削农民"的"史实"[7]，在排演场的现场报道中，出现了李淑君的

---

[1] 仲琪：《北昆明晚演出〈千里送京娘〉》，载《北京晚报》1963年8月24日。文中提及"应观众要求，北方昆曲剧院明晚将演出《千里送京娘》，由久病初愈的昆曲著名演员侯永奎和李淑君主演。"

[2] 此时《昭君出塞》常常为学员班毕业的演员张毓雯主演，李淑君只是偶一为之。

[3] 仲琪：《北昆南下巡回演出》，载《北京晚报》1963年10月11日。

[4] 孟庆林：《新枝怒放——昆曲现代戏排练见闻》，载《北京晚报》1963年12月8日。

[5] 《本市现代剧目观摩演出周今天开始　街道海报醒目　戏剧橱窗一新　观众争购戏票》，载《北京晚报》1963年12月7日。

[6] 李淑君：《演红霞所遇到和想到的》，载《北京日报》1964年1月30日。

[7] 据孟庆林的文章《新枝怒放——昆曲现代戏排练见闻》介绍："《血泪塘》围绕'救命塘'的斗争，说明了这样一个史实：千百年来，农村中广大劳动人民是用自己的血和泪写出了可歌可泣的村史和家谱，而垂死的压迫阶级却是用穷人的鲜血记载了他们的'发家史'。"载《北京晚报》1963年12月8日。

"特写"：

> 扮演任腊梅的李淑君和秦肖玉，两个人交错排练，互相观摩、互相学
> 习。腊梅的戏很重，李淑君不但努力琢磨自己演的角色，同时还帮助扮演王
> 冬花的洪雪飞练习用大嗓念白。[1]

1964年2月13日，《师生之间》在长安大戏院公演，李淑君扮演正面人物"王
卉老师"，丛兆桓扮演大反派"张教导主任"，两人围绕着如何"教育"坏学生
展开激烈的争论，"张教导主任"主张开除，"王卉老师"主张用爱心感化，一
系列冲突就此展开……[2]

> 这个戏是几个京郊的中学教师写的，当时是在三年自然灾害以后，思想
> 比较乱，社会上有一些人向学校渗透，小流氓之类的。在教育界，有一个关
> 于教育思想和教育方针的争论，就是我们社会主义的教育应该是用西方的泰
> 勒教育，还是要用革命的纪律教育？当时他们就抓住这个现象，写了这么一
> 个《师生之间》，来谈老师和学生的关系。[3]

《师生之间》上演后，顿时一片轰动，"简直是开了花了"，不仅报纸上评
论不断，各个学校包场、邀请纷纷不断，还引发了激烈的争论——"有人认为张
主任是对的，有人认为老师是对的。记得座谈会上，有一个女教导主任很激动地
说，张主任就是对的，就应该这样。"在见诸报端的文章中，也能见出《师生之
间》在这一敏感的"师生之间"问题上的作用：

> 宣武区的一些老师看过戏后，检查了他们平时对待学生爱犯急躁的毛
> 病，检查了自己的教育思想，表示要像王卉那样努力改进工作，做一个名副
> 其实的人民教师。一位年近七十，从事教育工作达三十年现在已退休的老人

---

[1] 孟庆林：《新枝怒放——昆曲现代戏排练见闻》，载《北京晚报》1963年12月8日。
[2] 这一情节据长乙在《打开心灵的"锁"——看昆曲〈师生之间〉》一文中的描述，载《北京晚
报》1964年2月20日。
[3] 引自2007年4月17日作者对丛兆桓的采访。本节关于《师生之间》演出状况，除特别注明外，均
据此次访谈，不再另注。

《师生之间》，李淑君饰王卉（中），丛兆桓饰教导主任（后）

　　郭凤鸣在信中激动地说，当她看到王卉为了挽救一个"特殊儿童"而一次又一次地教育向育周时，不禁使她想起过去所遇到的像小向那样的孩子，他们不是不能教育的，但是，在当时资产阶级教育思想支配下，他们却被开除了，断送了求学的机会。[1]

　　《师生之间》引起的反响，让北方昆曲剧院措手不及，"后来没有办法，分成很多组，有很多刚学就去演出。一票难求，甚至打架"。在对《师生之间》的评价中，李淑君的表演备受好评，"李淑君扮演的王卉，质朴无华，感情真挚"[2]，而且，也有观众并非仅仅关心"师生之间"，也欣赏李淑君的唱，并感叹说，"这段唱，听来非常亲切，把一个教师对学生的爱护、赞美和期望全唱出来了。唱得多么好，不！应该说昆曲太美了"[3]。

　[1]《演现代戏吸引了新观众　昆曲〈师生之间〉受到欢迎》，载《北京晚报》1964年3月25日。
　[2]长乙：《打开心灵的"锁"——看昆曲〈师生之间〉》，载《北京晚报》1964年2月20日。
　[3]殷怀振：《我爱这古琴的新声——喜看昆曲〈师生之间〉》，载《北京晚报》1964年2月22日。文中，在"殷怀振"前还加上了"北京第二十九中教师"的身份。

接下来的日子，可谓是"风雨飘摇"——不久，京剧现代戏观摩演出大会一轮轮地举行，江青的"试验田""样板团"正在进行；不久，康生从捧《李慧娘》（"首都舞台上最好的戏"）反戈一击，变成批《李慧娘》（"反党大毒草"）……在1964年秋季，北方昆曲剧院南下巡演，一路从郑州、武汉、黄石、长沙演过去，直到广州，参加贸促会，然后再一路郴州、开封……演回来。在这次巡演中，李淑君主演的戏有《红霞》和《师生之间》[1]，虽然她已经怀孕六个月了，但是仍然坚持演出。

> 演《红霞》，我怀着孕，什么翻身、扑，我都完成了。我爱人说：你们要是给她折腾下来，我跟你们没完。[2]

> 我怀孕了，演出到六个月，换了三次服装，我出去，横着就出去了，我怕观众看出来。[3]

李淑君演唱《红霞》

至于演出的效果，丛兆桓先生谈过此时让他终身难忘的一个场景：

> 李淑君在广州演出《红霞》的时候，她累了，演出结束的时候累极了。卸完了装，从后台出去一看，乌压压的全是人。[4]

等回到北京，就传来北方昆曲剧院要被撤销的消息。

在怀孕已有九个月时，李淑君又接到任务，去录《红霞》的唱片。录音师见到她这个样子，惊讶地对她说："九个月，我连楼都爬不上来，你还录唱片。"等唱片录好后，电台里经常播放，"公园里到处都在放这个唱片——"对于这个，李淑君几

［1］北昆南下巡演历程这一细节，据2007年8月3日作者对丛兆桓的采访。

［2］引自2007年4月3日作者对李淑君的采访。

［3］引自2007年3月15日作者对李淑君的采访。

［4］引自2007年4月17日作者对丛兆桓的采访。

乎用不着回忆，张口便来，还模拟着唱的样子。

　　"放的是哪一段呢？"

　　"就是那段'云山苍苍，雾海茫茫，凤凰岭上盼朝阳……'" [1]

---

［1］据2007年3月27日作者对李淑君的采访。

第六章 歌台何处

"歌台舞榭，钏影飞动"，李淑君所依恋的，不就是那三尺歌台吗？可是，随着《李慧娘》被批判，随着北方昆曲剧院的撤销，随着文革的席卷，随着陷身于新的困境，年华老去……昔年不再，歌台何处？命运日益显露出它狰狞的面孔。

一、《李慧娘》事件与北昆撤销

关于《李慧娘》戏剧般的遭遇，和李淑君一样，丛兆桓先生不仅仅是《李慧娘》的剧中人（扮演"裴禹"），而且也是"《李慧娘》的命运"的剧中人。在一次采访中，丛先生讲到"《李慧娘》热"，讲到康生对《李慧娘》异乎寻常的赞赏和热情，然后就是《李慧娘》厄运的起始：

　　江青1962年开始杀入文艺界，先做调查研究，看戏，她的职务本来在中宣部文艺局分管电影，因为她原来是个电影演员，但她也会唱京剧。她开始对戏曲做调查，调查以后——当然她的结论是有她政治目的的——最后的结论是：帝王将相、才子佳人、牛鬼蛇神一律打倒。这等于历史剧整个的倒了。在这个期间，周总理参加苏共二十二大回来以后，就看了第二遍《李慧娘》。为什么呢？是因为江青看了，江青看了后说这个戏不行，有问题，所以总理又看了第二遍。谁跟总理一起看的，周扬。周扬很为难，这方面江青的态度非常坚决，要批判，后来就在学术界引起了一场关于"鬼戏"的讨论。"鬼戏"先在学术界、舆论界讨论，讨论完了后，需要周扬做一个总结，周扬的总结模棱两可，说实际生活中是没有鬼的，但是有这种现象——很多戏都是"鬼戏"，"鬼戏"要有分析，在现阶段，中国的老百姓，特别是在农村地区，封建迷信的做法还是普遍的，在这种情况下，文化艺术不宜去宣传鬼神。周扬做了这么个总结，说最好不要搞"鬼戏"，也没有说禁止。[1]

在《李慧娘》公演后，就出现了关于"鬼戏"的讨论。1961年8月31日，《北京晚报》上登载了一篇署名"繁星"的文章《有鬼无害论》。"繁星"即廖沫沙，北京市委宣传部副部长，其时影响很大的《三家村》的作者之一。在当时的《北京晚报》上，经常会出现署名"繁星"的文章，回答或讨论人们所关心的"公共话题"，并带有某种引导式的半官方色彩。

《有鬼无害论》一文要"解决"的就是因《李慧娘》上演而引发的疑惑：

> 可是年轻的观众看过这出戏，却感觉有点缺陷：既是现代作家改编的剧本，为什么还保留旧戏曲的迷信成分？让戏台上出鬼，岂不是宣传迷信思想？

在对这一问题的回答中，"繁星"巧妙地将"鬼戏"由"迷信"问题转化为"阶级斗争"问题，"是不是迷信思想，不在戏台上出不出鬼神，而在鬼神所代表的是压迫者，还是被压迫者；是屈服于压迫势力，还是与压迫势力作斗争"，根据这一逻辑，"繁星"最后将论题落实到"好鬼""坏鬼"上：

> 我们要查问的，不是李慧娘是人是鬼，而是她代表谁和反抗谁。用一句孩子们看戏通常所要问的话：她是个好鬼，还是个坏鬼？

如此一来，"繁星"就将人们对"鬼戏"这一禁忌的关注，引导至对《李慧

---

[1] 丛兆桓口述，陈均整理：《我所亲历的"李慧娘"事件》，载《新文学史料》2007年第2期。本节中关于《李慧娘》事件及北昆撤销，除特别注明外，均引自该文，不再另注。

娘》剧情的关注。由于其话语带有半官方色彩，实际上也就是标明北京市委对于《李慧娘》一剧的"力挺"。

但是，江青对于《李慧娘》显然是"不感冒"的，从丛先生所回忆的江青到北昆看戏的场景，亦能见出其态度：

> 在这个期间，江青到北昆来看的戏也不少，看《李慧娘》，也看现代戏。第一次看《李慧娘》，她没反应，她身体很不好，癌症，中间休息时，还到首长休息室打针，坚持看完演出。我的记忆是，第一次去看时，陪她看的有一个红线女，红线女上台了，她也上台了，说"感谢演员"、"辛苦了"、"很好"什么的，很简单的几句话，就走了。第二次看的时候，没讲话，说身体不好。后来她又去看过现代戏，当时我们排的是《红霞》、《飞夺泸定桥》，这两个戏她看了，看了以后非常高兴，跑到后台去，我们正在卸妆，她去找演员，说这个戏好，革命的。

除了江青本人好恶外，《李慧娘》也成为高层领导人之间政治斗争的靶子：

> 报纸上，先是廖沫沙。文化大革命首先针对的是北京市委、文化部、中宣部，从上海的报纸开始发动批判、进攻，批判的不是这个戏，是从这个戏说起，鬼的问题，还出了本《不怕鬼的故事》，何其芳编的。从上海的《解放日报》开始，批《李慧娘》，批"有鬼无害论"，从批《李慧娘》到批《北京日报》。《北京日报》发表了"有鬼无害论"，市委宣传部副部长廖沫沙写的，这样一层一层揪，一下子就把北京市委、彭真揪出来了。文化大革命是"彭陆罗杨"（彭真、陆定一、罗瑞卿、杨尚昆），批判的文章，后来有人统计有一百多篇，从赞扬《李慧娘》到批判《李慧娘》，为了一出戏，全国总动员的意思。全国重要的报纸、有影响的领导干部都参与进来了，比批判《红楼梦》厉害。那个是学术界，是思想理论战线，这个政治性强，先是《北京日报》社长、总编做检查，检查不行，撤职。文化大革命还没开始，第一个牺牲的是北京市委宣传部长，叫李琦，他从北京饭店上跳楼自杀。他预感到过不去了，因为北京市委，特别是北京市委宣传部跟江青是针锋相对、寸土不让，文化大革命开始时，江青已经联合了林彪、军队，这

时再顶她就没活路了。批判《李慧娘》还不够，一共是三株"大毒草"，一出是《谢瑶环》，一出是《海瑞罢官》。《谢瑶环》是为民请命，《海瑞罢官》是替彭德怀翻案，就是把共产党历史上的一些政治事件牵强比附，与历史上的反面人物对号入座，强说作者就是这个意思。《李慧娘》"就是借鬼魂骂共产党"。

《李慧娘》被批判，自然祸及《李慧娘》的作者及演员，在如此强大的政治压力下，李淑君只好写了检讨：

> 那时候劈天盖地地批判《李慧娘》，我哪懂政治啊，我就一唱戏的，他们让我检讨，我就在报上发表了一篇《要做"红霞姐"，不当"鬼阿姨"》，是孟庆林帮我写的。[1]

在其时一位默默关注李淑君命运的观众印象里，此时的李淑君可谓是"凄风冷雨"：

> 《李慧娘》被批判，把她吓懵了，赶写了《要做"红霞姐"，不演"鬼阿姨"》的检讨发表。哪晓得没过几天，《红霞》也被列入"大毒草"，她一再被批斗、监禁。一个演员从35岁到45岁的演出生涯全被糟蹋了！[2]

尽管如此，《李慧娘》仍然摆脱不了"反党大毒草"的命运，曾经参与并高度赞扬《李慧娘》的康生，也反戈一击，那是1964年"部分省市现代戏会演"闭幕式的"万人大会"上：

> 中宣部的领导坐在主席台上，第二个讲话的是康生，康生这时充当的是给江青冲锋陷阵的角色，先讲了毛主席最近有什么指示，对文艺界的批示，两次。然后说这些年文化部怎么怎么样，办成了一个帝王将相才子佳人部什么的，这些批示现在都能看到文件。他点了史学界的问题，"一边是戚本

[1] 引自2007年3月27日作者对李淑君的采访。
[2] 彭荆风：《愿"京娘"无恙——忆李淑君》，载《新民晚报》1997年10月17日。

禹，一边是罗尔纲"。他明确支持戚本禹，打倒罗尔纲。文学界，"利用小说反党是一大发明"，也是这时候说出来的。电影界有很多坏东西，《早春二月》、《北国江南》……戏曲界，《李慧娘》在这个时候提出来了。这时候，提出了"党中央存在反党集团"，台下鸦雀无声。

更糟糕的是，李淑君与高层领导人之间的关系，也被牵扯进来，因而成为政治斗争的牺牲品，丛先生回忆那次大会的情景："所谓西北局的反党集团里有习仲勋，康生说：'西北的同志、北昆的同志应该知道。'"在李淑君的回忆中，因为与习仲勋的交往，她被多次审查，一直延续到文革之后。"连习仲勋都参加了，他住在人大会堂，把我叫去了，他把那些资料给我看，我说我对政治一向都没兴趣。审查了五六次以后，说李淑君是个好同志。"[1]

接下来，更是北方昆曲剧院的一曲悲歌。金紫光、郝成被调离北昆，韩世昌、白云生、侯永奎、马祥麟被调到文化局，吴南青、白玉珍被下放到保定干校，王德林、侯长志、侯新英、周万江等被调到北京京剧团——即江青的"试验田"……[2]

文化大革命开始前三个月，北昆剧院解散，建制撤销。北京市委宣传部顶这个事情顶了一年半，最后只得忍痛斩首。在这期间，北京市委曾经想了很多办法，比如把北昆改个名字，叫文工团吧；还有一种说法是，跟歌剧相结合，叫"昆歌剧院"……为什么要撤销北昆呢？因为江青假传圣旨，传言毛主席说："我什么时候才能看不见昆曲啊！"

1966年2月28日，北方昆曲剧院的建制被撤销，"大部分武戏演员和个别文戏演员（如洪雪飞等）六十余人，充实江青的'样板团'，剧院主演李淑君、虞俊芳等调到北京市京剧团，一部分演员下放到工厂当普通工人，一部分演员到书店当售货员。北昆的剧场及所有资财，包括图书资料近万册，艺术档案、服装头面、灯光器材、乐器家俱全被劫掠归北京京剧团所有"[3]。

［1］引自2007年3月27日作者对李淑君的采访。
［2］据《北昆史话》，丛兆桓，载《兰》，1999年第4、5期合刊。
［3］丛兆桓：《北方昆曲剧院〈大事记〉（1949—1985）》，未刊。

北京京剧团即江青的"样板团",李淑君所去的北京市京剧团虽与北京京剧团只有一字之差,通常被称作"京剧二团",但待遇却是天差地别,因为这里并非是样板团,而是安置那些身份不佳的"牛鬼蛇神"之地。那么,等待着李淑君的,将是何等的命运呢?

二、文革中的两枚剪影

文革时,李淑君特别惨,她是作为黑苗子啊,走资派的红人啊,来斗她。好多剧照都销毁了。还有北工大在宣武区的一个分校,也上她那儿斗她去,抄家。我听她说,把她的剧照都给毁了。[1]

她的身世也是很苦的,出身不苦,爸爸是国民党将领,文革中,中央文革给她立专案组。怎么斗李淑君我就不知道了。1965年我被调到样板团,1966年初北昆解散,李淑君到京剧二团,在那儿斗的。[2]

去京剧二团,基本上是靠边站。身份不太好的,去二团。很多人改行了,而且只顾自己的家庭生活了。我妈也不知道以后会怎么样,还是唱啊,练啊。不敢唱传统的,就是唱样板戏,每天都唱。[3]

听说京剧二团挺重视她,她还学了《海港》,只是没演。当时我在样板团,具体情况不太了解。[4]

当时我们在一个团……想不起来她做什么了,大概和其他人一样吧。[5]

1974年,我们被调去给毛主席录古诗词的唱段,我去了以后,以为李淑君会来,没想到没有她。后来听说名单上本来有她,结果被江青划掉了。[6]

我当了十年的特务,我上厕所都有人跟着,你说我的政治压力有多大。我自己还有病,都是我自己斗争出来的。[7]

种种声音,种种述说,穿过记忆的迷雾,勾勒出李淑君在文革中的惨淡岁

[1]引自2007年4月12日作者对王群兰的采访。
[2]引自2007年4月17日作者对周万江的采访。
[3]引自2007年7月17日作者对唐小君的采访。
[4]引自2007年5月24日作者对侯广有的采访。
[5]引自2007年4月24日作者对顾凤莉的采访。
[6]引自2007年7月17日作者对李倩影的采访。
[7]引自2007年3月27日作者对李淑君的采访。

月。在时人的回忆文章中，有两段文字，就像两枚剪影——大幕拉开，李淑君匆促而行，但在观者的脑海中，无意中定格了这个稍纵即逝的"亮相"。

一段文字出自钟鸿的自传《风雨半支莲》，写的是在"牛棚"里，里面出现了李淑君的身影：

> 我和我团内的"牛鬼蛇神"：马连良、张君秋、赵荣琛、李慧芳、李淑君、张伟君等人同住一明两暗的长形大房，南头房间里，铺一张大木板床，是我们这些女神们的卧榻；北边室内的大木板床是男鬼们的睡炕。中间堂屋，放上一张大桌、多张椅子，由戴着袖箍的红五类休息，以便他们彻夜看管我们。三间房顶都镶着长管日光灯，整宿整宿地亮着，强光透过眼皮刺激眼球，渐渐习惯了，也能睡着。尤其是张君秋，午睡也能做到鼾声如雷，气得红看管大声骂他："老子都没空儿合眼，你倒好，跑这儿养神来了。起来！交代问题！"已经发胖的张君秋死劲睁开眯眯瞪瞪的睡眼，歪着头，尖声尖气地说："除了唱戏，我没得可交代的呀！"看管说："没什么可交代的？你那次在外地演出，在饭馆吃饭时，你偷了人家一个勺子，怎么不说？"[1]

这是在北京市京剧团的时候，李淑君被关在了"牛棚"。关于"牛棚"经历，李淑君回想起来，和钟鸿所描述的场景一般无二，她印象最深的就是李慧芳很惨，因为被造反派折磨，腰都扭了。[2]所幸"牛棚"住的时间不长，她又恢复了"自由身"。

提起这段离乱岁月，李淑君常常会想起叶仰曦。

> 我生完孩子后，神经受刺激，十三天十三夜没睡觉，后来我就上叶仰曦家。我老说我要死，他说："我陪着你，你死不了。"他就带我到郊区，坐公共汽车到清河，我走了七里地。"你不能让我这老头子背着你吧，你就得跟着我吧。"叶仰曦也有我这样的病，他教我走路把我这病治好了。我记得好像是清河，远郊区，忘记了。他就带我走路，七里地，回来我就知道这样能治病。[3]

---

[1] 钟鸿：《风雨半支莲》，华龄出版社2006年版，第165页。
[2] 引自2007年7月17日作者对李淑君的采访。
[3] 引自2007年4月3日作者对李淑君的采访。

叶仰曦是著名书画家、著名曲家，北方昆曲剧院建院后，在剧院从事音乐艺术的工作。在文革中，叶仰曦的处境并不好，据宋铁铮回忆，"一次我去看望叶老师，正好遇上他为响应伟大领袖'深挖洞'的号召，70多岁还参加挖防空洞，因塌方受伤……X光检查，两上臂已经骨折"，"我去看他时，他在两屉桌旁的墙上，贴了座右铭'抑知昆腔误我我误丹青'"。[1]但是，当李淑君生病时，叶仰曦仍然陪着她治病，不仅如此，还给她上课，讲解中国古典文化。

> 文革初的时候，她得了肝炎，大概是1970、1972年左右，叶仰曦先生陪她治病，她从叶仰曦那儿学到了许多中国古典文化知识。叶先生每星期去我家一次，给她上课。她一边养病，一边跟叶先生学习。[2]

一老一少，荒唐的年代，昆曲，为治病长途奔走……这种情景，想想都会让人感动。在没病的时候，李淑君做什么呢？喊嗓子。她回忆说："不让我唱了以后，我天天一趟陶然亭，喊嗓子。下大雨，我穿着雨衣、雨鞋，戴上雨帽，我也去喊嗓子，我这嗓子一直没坏。"[3]在年幼的女儿眼中，她的这种行为在那个时代完全是个"另类"：

> 那时也没人理她，完全是自己意念在支撑着她，对艺术很执著。那时谁知道文革会结束？她完全是很另类，每天上午去陶然亭，肯定是自己唱，唱样板戏，喊喊嗓子，唱唱民歌。上海京剧团来演《龙江颂》，每次都去看。[4]

作家邓友梅那时正是陶然亭公园的"常客"，文革后，他以写陶然亭公园的小说闻名一时，在他的回忆[5]中，文革中的陶然亭公园是这样的一个地方：

> 陶然亭是文化艺术界人士常来的地方。到了"大革文化命"时期，这些人多被揪出，陶然亭就冷落了一个时期。一度除了"样板团"幸运者，几乎

[1]宋铁铮：《回忆"北昆剧院"时的几位师友》，载《兰》2003年第3、4期合刊。
[2]引自2007年7月17日作者对唐小君的采访。
[3]引自2007年4月3日作者对李淑君的采访。
[4]引自2007年7月17日作者对唐小君的采访。
[5]邓友梅：《无事忙侃山（上）》，载《小说杂拌》，燕山出版社1997年版。以下两段回忆均出自该文。

没有游客。上天有眼，不久后造反派窝里反了，这个造反团高喊要对那个队"揭老底"，那个队高叫自己"全无敌"。对打入另册的"死老虎"反倒放松了管制，除去责令劳动，按时批斗外，班前班后在家的时期就交街道居民去监视。居民们对他们睁一眼闭一眼，这些人为了减少麻烦，寻求安宁，就尽量少在家呆着，没地方可去，就奔到陶然亭躲事。我就在这时成了它的常客，不论是夏日炎炎，还是寒风刺骨，每天必到。

在陶然亭公园，邓友梅遍览了各色人物：有曾经权高位重的政坛人士，有曾红遍南北的绝世名伶，也有疯疯傻傻的戏迷戏痴……当然，经常见到的还有一位奇特的中年女子。于是，在邓友梅的记忆里，便留下了这样一枚关于她的剪影：

> 再有一位中年女子，风韵甚佳，见了男人都称老师，见了女士多叫师娘。总是一边走路一边自言自语小声说什么。那是以演"李慧娘"惊动了"旗手"、闹翻了半边天的昆曲名旦李淑君……

李淑君开始是常常去陶然亭公园喊嗓子，但到了后来，陶然亭的游客越来越多，她就转移阵地，到香山上喊嗓子。女儿小君还记得，那时，每天早上五点多，李淑君必定把她叫起来，带着她去香山[1]，找到一个地方，就喊嗓子。孰知，喊嗓子喊来喊去，竟然喊出了一番奇遇：

> 倪征燠大法官，岁数很大。他有一个难兄难弟，两人锻炼身体，就是爬山，他在山上听到我在喊嗓子，就追到平台去，跟我说话。他说，我知道你是李淑君。他见着我就说：你是昆曲的NO.1。[2]

在女儿小君的记忆里，这番奇遇更为具体化了，因为，倪征燠并不是贸然前去相认，而是先派出自己的老伴，逗这位小姑娘玩、打听——

> 倪征燠当时也下台了，每天锻炼身体，跟她老伴。倪征燠坐在那儿，说

---

[1] 引自2007年7月17日作者对唐小君的采访。
[2] 引自2007年4月3日作者对李淑君的采访。

这个人唱得怎么这么好听呢？谁呢？声音太好听了。见多了，就让她老伴来找我玩，问：你妈是谁呀？还带了一个小扇子，是从国外带回来的。我觉得这老头特奇特，这扇子都是别人见不到的。后来老头来聊天，到了以后就听她唱，特别高兴。[1]

在倪征噢的自传中，也曾忆起在玉华山庄邂逅李淑君之事，他说他虽是李淑君的"经常观众"，"但因台上、台下装束不同"，"竟历久没有认得出来"。在他印象中，李淑君带女儿到香山爬山是为了治病，而且常常在深山里"引吭高歌"，"由于山里有回音，虽无伴奏，仍很好听"[2]。

在香山巧遇知音，诚然是欣慰之事。此外，找赵荣琛拜师学艺，也让李淑君念念不忘。据说，赵荣琛本来不愿教她，因为一个是京剧，一个是昆曲，声腔不同。但是，李淑君有一个本事，就是"磨"：

> 她一而再、再而三地去。赵荣琛在家里无所事事，有很多学生，每天都在老师家里唱，中午走了，老师家里不管饭。下午，都去了，排着班，这一小时是谁，那一小时是谁，这样教。我妈妈特别喜欢他的发声，老去，你不理我，我就坐一会，看看老师就走了。后来，赵老师很感动，教了两年吧。[3]

据李淑君回忆，赵荣琛答应教她，还是郝成带她去的[4]——犹如当年排演《李慧娘》时，郝成带着她，去向筱翠花学"鬼步"——李淑君向赵荣琛学了《贺后骂殿》。

"您学了《贺后骂殿》，后来用上了吗？"在一次采访中，当李淑君又一次回忆文革中找赵荣琛学戏，我好奇地问道。

"有用啊。这出戏是赵荣琛老师的拿手戏，他一句一句，拿四声来唱。后来《蔡文姬》伴唱，后面拖的小腔怎么收尾，我都找赵荣琛去请教，结果我都唱得非常好。"

"《蔡文姬》伴唱不是1959年的事么？"

［１］引自2007年7月17日作者对唐小君的采访。
［２］倪征噢：《淡泊从容莅海牙》，法律出版社1999年版，第201页。
［３］引自2007年7月17日作者对唐小君的采访。
［４］据2007年4月3日作者对李淑君的采访。

"文革后，又唱了一次。我给朱琳配唱，她自己要唱，陈方迁导演说：'你问问录音师同不同意？'录音师一听，我是专业的，朱琳怎么能跟我比呀，坚决让我录。朱琳有点大团主义，欺负我，我就哭了。陈方迁见不得人的眼泪，他说：'等李淑君录完了《蔡文姬》后，你们给我翻一套录音。'"[1]

文革后，1978年，北京人民艺术剧院的《蔡文姬》再度公演，据说一票难求，观众之多挤塌了南墙。李淑君再次被邀请去给《蔡文姬》伴唱。

从1966年到1978年，除了极其稀少的机会[2]，舞台上再难寻觅李淑君的身影。一个可笑又可悲的事实，或许是文革中司空见惯的一景，就是批斗与被批斗，批来批去，批斗台成了舞台。据白士林先生回忆，那是一次批斗，在文化部礼堂，批斗的正是北昆的缔造者金紫光，人们纷纷上台……当李淑君上台时，吴吟秋忽然侧身对她说："真是一个好演员。"[3]

还是让我们记取，在陶然亭、在香山响起的，那甜美、无忧无虑的天籁般的歌声吧——即使是在动荡、非人、喑哑无声的岁月，也会有着动人的情感和传奇。

三、北昆恢复前后

1972年，李淑君和唐洪云离婚，从此一个人带着年幼的女儿独自过活。至于离婚原因，当事人和旁观者的说法各不相同。但有一点是肯定的，就是李淑君感觉怎么样也不能再和唐洪云共同生活。

> 我和我爱人吵架，我就到郝成家，他家在南河沿，到他家去哭。郝成了解我们感情实在不好，军宣队说李淑君带头离婚，不同意。郝成说，既然两人感情不好，不幸福，我同意可以离婚。他这一句话，救了我一条命。[4]

一离婚，问题就来了。以往，所有的家务都是唐洪云做，就如李淑君本人

---

[1] 引自2007年4月3日作者对李淑君的采访。

[2] 据2007年7月15日作者对白士林的采访。白士林回忆，在文革将近结束时，有两次，他曾找李淑君在公开场合演唱过纪念周总理和歌颂华主席的诗词。另，在一次举办于1977年1月的"纪念周恩来总理逝世一周年文艺演出"的节目单上，我发现有李淑君的女声独唱"陕北民歌《绣金匾》"。

[3] 据2007年8月4日作者对白士林的采访。时值北京昆曲研习社在国家图书馆文津分馆举行第106次同期，借此机，向周万江、白士林两位先生进行了采访。

[4] 引自2007年4月3日作者对李淑君的采访。

所感慨的："要没他做后盾，我也成不了一个表演艺术家。都是他晚上给我把夜宵准备好了，回去吃现成的。"[1]如今，她就要直接面对这些琐事，"我再也没有结婚。住牛街，沙栏胡同。女儿都是我照顾，我去买菜，做饭，推车换煤气罐。"[2]但是，由于李淑君什么家务也没做过，什么家务也不会，所以，生活琐事变成了难事：

> 以前都是爱人洗衣服，现在大被子、大衣服，我都吭哧吭哧地洗，晾在二团那个宿舍里头，拿下来。我得肝炎了，在沙栏胡同，冬天接水，一桶一桶接，倒在水缸里，我都咬牙干了。煤气罐，是我的院长郝成给我的本，我自己推着自行车，换煤气罐。[3]

由于在香串胡同的房子被占用，她带着女儿住在牛街清真寺附近的沙栏胡同，只有一间约14平米的房子，没有厨房。一到下雨，堆的煤炭就被淋湿了。怎么办呢？幸好二团有一个小伙子给她来帮忙修厨房。于是，李淑君递起了砖头。很多年后，她还说起这一幕，"我当了小工"[4]。昔日的大主演变成了小工，不知李淑君的心中是自嘲是苦涩还是好笑。直到文革结束后的一段时间，李淑君还住在这里，其简陋让曾到访的朋友大吃一惊[5]。

1978年初，随着文革的结束，四人帮的倒台，北方昆曲剧院酝酿恢复，"北京京剧团建立了'昆曲小分队'。除在北京京剧团的一部分北昆人员外，又从市京剧团及其他单位调回来李淑君等演职人员。经过短期的排练，演出了《断桥》、《千里送京娘》等折戏"[6]。

《千里送京娘》是由侯永奎和李淑君创演、此后风靡南北的新编折子戏，在这次演出中，由李淑君和侯永奎之子侯少奎搭档，并请来当年的导演樊放重新加工。由于在文革中李淑君坚持"喊嗓子"，功夫没有"搁下"，所以演起来据说效果还是不让昔日。1979年，香港百利唱片公司还录制出版了《千里送京娘》的盒带，"香港出磁带，选的演员就是张君秋、李世济、李淑君，我录的是《千里

---

[1]引自2007年4月10日作者对李淑君的采访。
[2]引自2007年4月3日作者对李淑君的采访。
[3]引自2007年4月10日作者对李淑君的采访。
[4]引自2007年3月27日作者对李淑君的采访。
[5]作者于2007年4月7日采访郑炳然、4月12日采访王群兰时，都谈及此。
[6]丛兆桓：《北方昆曲剧院〈大事记〉（1949—1985）》，未刊。

送京娘》，和侯少奎一起"[1]。有一位当年的观众重睹了李淑君的这次《千里送京娘》的演出，在回忆中写道：

> 1978年我去北京修改小说，有一天看报纸，知道李淑君将在民族文化宫演出《千里送京娘》，我大喜，她终于走出了劫难，时隔15年，还有当年的风采么？
> 那天晚上是3个折子戏，前两折《武松打店》、《双下山》的青年演员技艺生疏，表演平平，我颇失望，也为李淑君担心；她在乐曲声中轻盈地出场了，嗓音还是那样清脆甜润，表演仍然细腻娴熟，感情却更深沉，只是体态丰腴了一些，但演得投入，也就很感人。我很高兴，她没有被磨难所击倒，这是要对艺术有执着的信念。[2]

不过，在舞台上的光彩背后，也有着观众难以知晓的阴影和难言的隐痛。据李淑君言道，最初筹备重排《千里送京娘》，并没有她。于是，她去找文化局长张梦庚："我会唱歌，北昆我不回去了，我到北京歌舞团去。张梦庚跟我说：你问观众答应不答应。"[3]文革前，北方昆曲剧院有"北昆四旦"之说：李淑君、虞俊芳、张毓雯、洪雪飞。李淑君是当然的头牌，从老师辈的侯永奎、白云生，到同辈的丛兆桓，都是"陪"她唱戏。但没想到，时势易矣，伴随着时间流逝的，不仅仅是年华老去，而且还是整个演戏的处境。文革刚刚结束，李淑君就要去"争戏"了！

1979年4月，北方昆曲剧院正式恢复，重新排演《李慧娘》和《晴雯》，为这两部被批判的戏正名，正如丛兆桓先生所回忆："我回北昆之前，首先是把《李慧娘》恢复起来，我说：'个人没关系，但这个戏要平反。这个戏根本不是什么反党大毒草，罪名完全是牵强附会。'编剧、导演都死了，就我来兼任导演，几个人成立复排小组。所以，1979年北昆剧院恢复时，第一个工作就是把《李慧娘》恢复起来。"[4]

重排《李慧娘》，三位主演重又聚首，但是编剧孟超、导演白云生都已含冤

---

[1] 引自2007年3月27日作者对李淑君的采访。
[2] 彭荆风：《愿"京娘"无恙——忆李淑君》，载《新民晚报》1997年10月17日。
[3] 引自2007年3月27日作者对李淑君的采访。
[4] 丛兆桓口述，陈均整理：《我所亲历的"李慧娘"事件》，载《新文学史料》2007年第2期。

去世，真是令人不胜唏嘘。其后，《李慧娘》再度公演，在预告中，被称作"兰花重新放异彩"[1]，"当时人们的一个感觉是，昆曲又回来了"[2]。而观剧者的反应尚好，一则见诸于《光明日报》的剧评写道：

> 这次复演，虽然演员们业务荒疏多年，身心也备受摧残，但演出仍赢得了观众的热烈掌声。李淑君同志在唱和白方面一丝不苟，优雅动听；丛兆桓同志虽然年近半百，在裴禹逃出相府时用的"入被窝"和"跌筋"等高难动作做得干净利落，令人叹服；周万江同志在贾似道吓死时的"僵尸"动作，可说无懈可击，很难设想他们都是十多年没有登台的演员了。[3]

1979年10月31日晚，来北京开文代会的代表被安排去看《丝路花雨》，一位代表发现——他对舞台上的李淑君非常熟识，还曾经通信，但并不认识舞台下的李淑君——在回来的车上，有一位女士显得特别：

> 同车的人都在谈论这颇有新意的舞剧，一位女士不无遗憾地说："如果讲对古典舞蹈、音乐的演出技巧，对历史题材的理解，我们剧院不比他们差，甚至更精湛，可是我们却缺乏调动这些力量的优秀编导……"她就是李淑君。[4]

此时，演戏与家庭之间的两难更为突出，如果在文革中，不能演戏，面临的只是家务问题。如今，要演戏，还要常去郊区和外地去演，那女儿怎么办呢？据李淑君的女儿小君回忆，那时她是这家待一会，那家待一会，时间最长的是在李倩影家待了两个多月[5]。李倩影老师还记得当时的"两难"：

> 那时我们在郊区演出，李淑君带着小君，正好快开学了，那怎么办呢？李淑君是主演，剧院里竞争又很厉害，你一不演，别人就演了。于是我说："她

---

[1] 孟庆林：《兰花重放异彩　北昆再演〈李慧娘〉》，载《光明日报》1979年4月20日。
[2] 引自2007年8月3日作者对丛兆桓的采访。
[3] 高汉：《长使人间忆鬼雄——昆剧〈李慧娘〉复演观后》，载《光明日报》1979年6月15日。
[4] 彭荆风：《愿"京娘"无恙——忆李淑君》，载《新民晚报》1997年10月17日。
[5] 引自2007年7月17日作者对唐小君的采访。

是主演，不能走。反正我是个配角，谁来都可以，我就回去吧，带着小君。"[1]

1980年初，新编历史剧《血溅美人图》排演，由李淑君饰演红娘子，白士林饰演李岩，蔡瑶铣饰演陈圆圆，马祥麟和丛兆桓担任此剧的导演。据丛先生回忆，这出戏的出现和两个因素有关：一是与其时对毛泽东思想的讨论有关，"文革后期，有一种彻底否定毛泽东的思潮，而且势力颇大。后来邓小平发表意见说，毛泽东还是有功劳的，功大于过，三七开。有人要把毛泽东的大旗砍倒，邓小平说马列主义毛泽东思想的旗帜不能倒。这个剧目的结尾，李岩被冤枉致死，临死之前，红娘子非常气愤，要箭射闯字旗，受到了李岩的阻拦，李岩说闯字旗不能落地，闯字旗并不姓李"[2]。剧中，"闯字旗"实际上是"毛泽东思想"的象征。二是受"李自成热"的影响，当时姚雪垠正在发表长篇《李自成》，因此形成一股"李自成热"，以李自成为题材的作品不断出现，"北京京剧院排了一个《闯王旗》，裘盛戎演出的"[3]。因为抓住了此时中国社会的热点话题，《血溅美人图》的演出很受欢迎，"在吉祥戏院连演出六场。后来又到保定、高阳等地演出，中央新闻记录电影制片厂的负责人看了这个戏，觉得很好，就想要拍电影。又临时在保定租了一个剧场，运来服装，演了一场。最后，巡回演出都没有进行，就把队伍调回来，开始拍电影。电影拍了半年，大约10月份全部拍摄完毕"[4]。

在排演《血溅美人图》时，主演之争就稍见端倪。原来，最初导演组本来是安排洪雪飞饰演陈圆圆，但是洪雪飞此时因在文革中饰演《沙家浜》中的"阿庆嫂"名满天下，并不愿意屈居李淑君之下，并说"我再也不给李淑君挎刀了"，拒绝饰演陈圆圆这个第二女主角。最后，只好安排刚从上海调来的蔡瑶铣饰演。

关于《血溅美人图》的演出，白士林曾经回忆起一个动人的细节，他说：

> 我扮演的是李岩，李岩死了以后，我回到后台，也不卸妆，就在后台侧耳倾听，这时李淑君演的红娘子有一段独唱，唱得感人极了。等唱完后，我发现，后台所有的人都在听。[5]

---

[1] 引自2007年7月17日作者对李倩影的采访。
[2] 引自2007年4月17日作者对丛兆桓的采访。
[3] 同上。
[4] 引自2007年4月17日作者对丛兆桓的采访。
[5] 引自2007年7月15日作者对白士林的采访。

《血溅美人图》（1980年）
李淑君饰红娘子（左），侯少奎饰李自成（右）

　　电影《血溅美人图》的拍摄很辛苦，尤其是对单身过活的李淑君来说，"我吃了半年的方便面，身体垮了"[1]。当电影拍摄到尾声时，李淑君病了，她当时就住在剧院一楼的宿舍里。"1979年李淑君演过几场《李慧娘》，1980年就不演了，最后演的一个戏是《血溅美人图》，没演完就进精神病院了。"[2]据张毓雯老师回忆，当时李淑君的精神状态，显得非常苦闷、自闭：

　　　　恢复北昆以后，不晓得淑君大姐为什么和以前不一样了，不经常跟人交流了，就在我们进门的小房间。非常闭塞，最厉害的时候，就是每天关着门不出来，不吃也不喝，谁都敲不开她的门。院里就让很多人打开她的门，生拉硬拽的，拉到医院里去了。[3]

---

　[１] 引自2007年3月27日作者对李淑君的采访。
　[２] 丛兆桓口述，陈均整理：《我所亲历的"李慧娘"事件》，载《新文学史料》2007年第2期。
　[３] 引自2007年7月21日作者对张毓雯的采访。

听丛兆桓先生回忆起当年之事，即使已相隔近三十年，也是感觉异常惨烈：

> 她住在现在剧院的一楼，一进大门旁边的一个小屋子里。她当时幻听幻觉，说有人要害她，电视里有射线。晚上就不睡觉，跑到外面过道，弄一个椅子凑合着。一宿一宿不睡觉，最后几天就锁着门，谁也不见。
>
> 李淑君在拍电影的最后一个镜头，最后一个镜头没有拍就进了精神病院。她很惨，中间一度非常厉害，拍摄的过程中，最后几天时，她把自己锁在屋子里，好几天不吃不喝的，后来强制送到精神病院。再在里面待两天就要死在里面了。[1]

时光无情流转，当事人、旁观者对此事都或多或少有所忘怀，当时的许多细节已很难寻觅，比如，李淑君到底拍完了电影《血溅美人图》么？在采访中，回答各不相同：

"拍完了吧？"[2]

"没拍完，后面有几个镜头用的是试镜时拍的。"[3]

"她当时虽然病了，但还记得台词，就那样拍下来的。"[4]

直至如今，关于李淑君的病因还是众说纷纭，毋论出自好奇或者其他心理。有人坚信她当时其实没病，结果到了精神病院，就被当成精神病来治了。或许，综合起来，最为可靠的解释是：由于文革前工作太累，身体多病，得了神经官能症，"一宿一宿睡不着觉"，文革中政治压力太大，精神上受了很多刺激。剧院恢复后，演出环境又不好，人事关系的纷争，演员之间的竞争，家庭生活的破碎……种种压力之下，李淑君就病了。

在医院时，李淑君经常唱昆曲，她回忆道：

> 住医院啊，院长是院士，听我唱了一次［皂罗袍］，说我唱得非常好，他要我给全院，那些疯病人、那些工作人员唱一场。她们都开着窗户，我的歌声就留在六院了。李均看我去，临走的时候找大夫，了解我的情况，出来

---

[1] 引自2010年6月4日作者对丛兆桓的采访。
[2] 引自2007年7月15日作者对白士林的采访。
[3] 引自2007年4月17日作者对周万江的采访。
[4] 引自2007年4月17日作者对丛兆桓的采访。

笑了，说大夫夸你呢，说你替她们做了工作——"音乐疗法"。[1]

这一轶事不免让人心酸。之后的十余年，李淑君的病时好时坏，又犯了五六次之多。严重时老想"跳楼"、"上吊"、"吃安眠药"，但是——

我的生活能力很差，我只有对戏最聪明了，我上吊，我不知道这绳怎么系，我从上面掉下来了。大把的安眠药我往嘴里填了，我又吐出来了，我说我这么善良的一个人，该死的不是我。[2]

幸好弟弟李兆仁宽慰了她，"大夏天的，一周来看我一次"[3]。

一个是不能停药，一停药就犯病。另一个就是不能谈戏，一谈戏就很兴奋，整晚失眠。[4]

四、拆散的笔记簿

《血溅美人图》未拍完，李淑君即发病。此后十余年间，病情时好时坏，数度入院治疗，但她对昆曲之事仍异常关注。反过来，这种关注带来的焦虑与期望，又影响着她的病情。

我的面前摆放着一本红色笔记簿，封面上有着一个毛主席戴着军帽的黄色头像的剪影，这是上世纪80年代初流行的笔记本。纸张如今已发黑、发黄，有几页似被撕去。笔记簿的前半部分用圆珠笔、钢笔杂乱地记着一些文字，后半部分是联系地址、电话号码。其中，有些人早已辞世。

仔细翻阅，笔记簿上所写的文字，有的是名人名言的摘录，有些是会议的记录和发言草稿，有些是信的底稿，有些大概是随意而写的一些心事和计划。从这些文字所涉及的人和事，可以推测大致是写于80年代，也就是李淑君反复发病期间。

[1] 引自2007年3月27日作者对李淑君的采访。
[2] 引自2007年3月15日作者对李淑君的采访。
[3] 引自2007年3月21日作者对李淑君的采访。
[4] 引自2007年7月17日作者对唐小君的采访。

笔记簿的首页抄录的是一句徐悲鸿的"名言"："悲鸿先生在艺术创作上主张：尽精微，致广大。对中国画主张：古之往者守之，垂绝者继之，不佳者改之，未足者增之，对西方绘画，可采入者融之。"如今很难揣测李淑君是在何种情境下，又抱着怎样的心情写下这些话，不过，我想，当她抄录时，心中所想或有感而发的必定是她梦萦魂绕的昆曲。

笔记簿中文字部分的最后一页工工整整记的是"剧院评委意见"（与其他页的潦草字迹形成对比），下写着"李淑君 一级"，这也许是她从申请国家一级演员的表格上抄下来的，这段评委的评语是这样写的：

> 著名昆曲表演艺术家，业绩显著。在演唱方面有较高造诣，嗓音甜润动听，韵味深厚，表演细腻深入，为北昆剧院事业的发展有较大贡献。艺术受到南北昆及专家们的一致承认，是全国及昆曲界知名度很高的著名演员。

这段评语虽是官样文章，但谈及了李淑君在演唱方面的特点，为北昆所做的贡献，以及知名度。看来这些不仅是李淑君的自许，也是人们的公认。李淑君想必也重视这段评语，所以认真地将之抄录在笔记簿上。

然而，凌乱的笔记簿中更多的是倾诉着艰难的处境和愈加渺茫的希望，这些"倾诉"大多是草草写下，但主题却相当的一致：要求演出，要求继承传统戏，和革新昆曲音乐。

在一封未写收信人姓名的信的底稿中，她写到剧院领导班子"光用京剧改编成昆曲"，"对昆曲发展不利"，并"希望市委派人调查"。据说，她曾和顾凤莉、侯少奎等人一起，向文化局上书，要求恢复传统戏。蔡瑶铣也参与了这一行动，只是在最后一刻没有签名。顾凤莉老师曾向我展示了一份1981年4月7日的北京市文化局的《文化工作简报》，文件上就载有因此次上书而作出的决定，名为《北方昆曲剧院进一步明确方针任务的情况》。其中就谈到：

> 对老艺人的作用也发挥得不够。有些中、青年演员要求学习传统剧目，也未得到领导重视和具体落实；演员窝工现象比较严重。经过了解，群众写信反映剧院所存在的上述问题，是基本上符合实际情况的。

此次"上书"之后，固然剧院排演剧目的情况有所改观，马少波被派驻到北方昆曲剧院进行整顿，开始筹备排演《牡丹亭》、《西厢记》等古典名著。但当事人却承受着很大的精神压力，这封信或许写在"上书"之后，因为信中提及在"上书"之后的流言（被告者扬言"要一个一个收拾"），李淑君谈及对被打击报复的恐惧，并认为"我的病和这些精神压力有关。"而且，参与签名上书的演员，后来有人被勒令检讨，有人则被迫当众下跪。[1]

当李淑君病愈后，要求恢复演出时，却发现舞台离她越来越远，为了获得演出机会，她甚至要找文化局去申诉。在信中，她写到了这件伤心事：

> 年初我要求去古北口为农民演出，剧院不同意，说要照顾我身体。后来因洪雪飞提出不去，听说在家搞外快。但古北口已经宣传她的《千里送京娘》，无法，只得用我去补空，我才得以演出。这是病后第一次演出，内外放映时好的。
>
> 3月份去大庆演出，我向X提出我愿去大庆为工人演出，X说：洪得大轴戏。你要去，你们两人演这一出"千"剧。是我和侯永奎老师创演的戏，就这我也同意了。但没和我打招呼，就全院宣传大庆演出没我，我无法，找了赵局长要求再假使……恢复舞台生命。赵局长说叫我演一半回来一半，我同意了。赵局长给我院打了电话，我才能下大庆为工人演出。
>
> ……我演出一直是挂的洪雪飞的演出剧照，我没有剧照。[2]

文革前，李淑君是"北昆四旦"的"第一旦"，当然的主演和头牌。但如今，却只能在反复申请之下，才获允演出一个折子戏《千里送京娘》，而且还是挂在洪雪飞的名下。此时李淑君的心情不言而喻。

尽管自身处境不好，但李淑君倾注身心的仍是对昆曲的忧虑、愿望和烦恼：

> 下去带三个大戏。《宗泽》在大庆打炮，上一千四百人，中途观众走了几乎一半。《西厢记》在哈尔滨打炮，上五六百人，是送票，走了三分之一。大庆是管吃管住，每场三百元，观众每场四五百人，没满过场。满了一

---

[1] 据2007年4月24日作者对顾凤莉的采访。
[2] 此处隐去当事人姓名，以X代替。以下亦是，不再一一注明。

场，有代表看戏（还临时换戏）。昆曲（是）曲牌体，看起来牌子很多，但听起来一个味，很沉闷，像演《牡丹亭》时，临退场观众睡着了……昆曲要活下来，还是要靠自身的生命力。

有人劝我，你五十出头了，拿着一百多元，在家过安生日子多好。我就像外国人说的一样，经久耐用的知识分子，没有事业还不行。在生命没结束之前，我还要发光。在演唱上我还是有一定水平的，剧院内部也承认，我愿做这音乐改革工作。

我想贡献我的力量。我是党培养起来的演员。我学过四年舞蹈，演过豫剧《红娘》，演过黄梅戏《天仙配》、梨园戏《陈三五娘》、京剧《贺后骂殿》、现代戏《龙江颂》、歌剧《小二黑结婚》、民歌《瞧情郎》，这说明我学的是杂家。又向韩世昌老师学了近十几出北昆有特色的传统戏，最拿手的有四五出，如《游园惊梦》、《思凡》、《刺虎》、《刺梁》等等。我想恢复韩老师教我的一招一式的宝贵遗产，以便流传下去。一方面我想通过一个戏革新，从剧本、词搞通俗，让人能听得懂，又要雅。第二是音乐，就像上面那样三结合的专搞……但是我处境很困难……现在我只有一出戏《千里送京娘》，五十分钟的折戏，这次去古北口，到大庆，全年只演了十四场，这一出。

她还满怀希望地写下"恢复传统戏"的计划，尽管这些计划仅仅停留在笔记簿上：

继承老师教我的传统折戏：

《游园惊梦》 小生问题（已演出）。

《昭君出塞》 马老师健在，从组织上帮助恢复，王龙、马童、鼓笛要最好的。

《思凡》　　 马老师帮助恢复，音乐可搞配器。

《刺梁》　　 马老师帮助恢复。

《刺虎》　　 （不能演，但是是韩老师拿手戏，恢复可作教学）（有变脸等好的表演艺术）音乐好听，有北昆特色。

《奇双会》　 演员乐队要配好，要给场地排练，剧本和音乐略，小生、老生，要给好的，加改动。

全年传统折戏先恢复这五出。

恢复这传统戏是代表剧院传统戏水平的。

在笔记簿中，李淑君感叹"入党太难了"（在档案中，亦能找到数封李淑君在不同时期所写的入党申请书），感叹要求恢复传统戏是多么难：

> 我向×同志谈过想恢复一些我从韩世昌老师身上学来的老折戏，先立在舞台上演出，我再往下教。但没有得到答复。念及我还能有两三年的舞台艺术生命，再不恢复和演出，就完了。青年没见过韩世昌是什么样。一是恢复老传统戏，一是有新戏在音乐上要作革新、尝试。因为这些艺术都体现在具体人身上，不是书面文字。我们老师带来了大批遗产，我们也快了，再不搞，过两年也演不动了唱不动了，还谈到什么承上启下。

这些诉说是如此的无力，又让人心酸。且罢，再抄录一段不知写于何年何月何时何地，又是欲向何人所说的话吧：

> 《思凡》、《奇双会》、《小宴》等，例如《游园惊梦》，1959年全院选了十对，选中我……加上我十九年的演出实践。这样的戏是精品，应该演出，留给青年人，把韩派艺术留传下去，这是国家的财富。
> 我现在要求也不是每天演，如在节日可以安排我演演，《李慧娘》、《千里送京娘》、《游园惊梦》、《昭君出塞》等我的代表剧目。

自从拍完《血溅美人图》，李淑君不仅深陷于精神分裂之厄，而且渐渐失去了属于自己的舞台。之后，北方昆曲剧院新排的大戏，再也不见李淑君的踪影。本来，时殳改编的《牡丹亭》原是为李淑君所设计，但现在也换上了刚从上海调来、因饰演《血溅美人图》中的陈圆圆一炮打响的蔡瑶铣。之后的北昆剧院的舞台，呈现的是洪雪飞和蔡瑶铣的一争长短、互放光芒。

笔记本上还有一首写于1982年8月的诗，笔迹较为正式，能看出并非李淑君所书，或许是友人有感于李淑君的境况，为宽慰她而赠：

艺涯争峙险恶生，一席之地鬼神惊。

历数梨园多奇事，说说笑笑笔量中。

五、教戏和告别舞台演出

"大概是1980年，俞振飞舞台生涯六十周年，她到上海去祝贺演出。我们领导请她来教《千里送京娘》，我们把唱念都准备好，她回北京时，在南京中途待了一天，综合加起来就是教了我们六个小时。在学戏过程中，感觉她这个人很朴实、真的很朴实，一点架子都没有。我们那时虽然不小了，三十出头，但那个时代，文革耽搁了这么多年，在她面前，我们是无名的小演员吧。她在我们心目中是个大名家，特别是年轻时看过《桃花扇》里的配唱，哎哟，唱得真好。一来就进排练场，我们感觉她对人一点架子都没有。"[1]

说起当年李淑君教戏的事，胡锦芳老师娓娓道来："后来，我们知道她处境不好，昆曲界都知道，太可惜了。"[2]

由于《千里送京娘》是侯永奎和李淑君两人唱"红"的，所以在很长时期里，南北昆曲剧团都有人来找她学。"我也算是'京娘'的祖师爷了"，在一次采访中，李淑君笑谓。在80年代初去东北的一次巡演中，她将《千里送京娘》教给了剧院里三个青年演员，其中就有董萍。

"有一天早上我在吊嗓子，李老师听着就过来了。"[3]董萍回忆起这个开始。

"她吊嗓子的时候，丛兆桓说：'我还以为李淑君在吊嗓子呢。'"[4]李淑君也依然记得这个开始。

接下来，就是李淑君认定了董萍当学生，还"追"着给董萍教戏。

学生是董萍，我看上她了，她在香山住，我追到香山去教她。我选她当第三代的接班人，她嗓子只比我窄一点，音色、音量、甜度都跟我差不多。第一代是韩世昌，第二代是我，第三代是她。[5]

---

[1] 引自2007年5月27日作者对胡锦芳的采访。
[2] 同上。
[3] 引自2007年5月15日作者对董萍的采访，本节中董萍的回忆均引自此次采访，不再另注。
[4] 引自2007年4月3日作者对李淑君的采访。
[5] 引自2007年3月15日作者对李淑君的采访。

在大庆（1982年），左起：秦肖玉、张兰、李淑君、董萍。

"这是李老师让我最感动的一件事：原来我家住香山，她为了教我，带了水和面包，每天赶头班车上香山，111路到动物园，倒360路。我住二楼，每天掐着点起床，八点前出门，在外面玩，到十一点左右回来。先在楼道里看看李老师还在不在。看见我不在，就在楼道里等。到中午了，还等不着，就留话说，明儿再来。就这样跑了半年。"

先是"追"，等到"追"不动了，就是"等"。

"很长时间里，我觉得李老师就是一件事，在家等着董萍上门学戏。"董萍谈起上李淑君家学戏的经历，也是颇为感人：

希望我一个整的时间去，要不然我礼拜一去了，她就一个礼拜都等着我，"你什么时候来啊，我等着你……"她现在就是这种状态。我学《游园惊梦》，天天去，我到那，茶给我放好了，中午吃涮羊肉，她不会做别的，但是会弄这个，把羊肉弄好了，菜弄好了，粉丝拿出来。学到中午差不多吃饭了，拿锅一煮，吃完饭，你走人。

不过，董萍又深有感慨："李老师，她什么时候都盼着你去和她学戏……到什么程度吧，有时她说不出来，她就用最笨的方法，她唱一遍，我唱一遍，所以说，今天的工作量我是90，她也是90。比如那个"梦回"的"梦"，ong这个音，早上9点到11点半，一个星期，那时还没有上五天班，礼拜一到礼拜六。第二个星期，我再去，我就说：'李老师，咱们往下来吧，再不来，这个《游园惊梦》咱学不完了。'就这个ong，这一个音，学了一星期，她就这么认真，她只能说：'好吧。'其实她特别不高兴，她希望一步到位再往下来，但是不行，'梦'不下去，我也着急啊。"

在北方昆曲剧院庆祝成立40周年时，董萍被临时指派主演《西厢记》。当董萍在长安大戏院后台化妆，临上场了，还接到李淑君的电话，说什么呢？说的是小小的"垫底"。"你个子矮，没我高，要穿垫底。"可是都快上场了，哪儿去找垫底呢？李淑君还是一个劲儿地叮嘱："一定要穿啊，穿上就不一样了！"

"别的东西对她都是没意义的，只有戏。"李淑君的女儿小君总结道，"后来有一段时间身体好，她就把身心都放在董萍身上。她认为她的生命在董萍身上延续，当她身体好的时候，去看董萍演《千里送京娘》，她在台底下掉眼泪。她认为是转化了，那是就是她自己，她上不了台了。"[1]

南方的昆曲演员中，她还教过张静娴、王奉梅等人。不仅是倾囊以授，而且热情招待。在王奉梅学完《千里送京娘》，给李淑君的来信中，就提到李淑君对她的"热情招待"，并希望以后能得到"进一步的加工提高"。2002年，北方昆曲剧院庆祝建院45周年，本来邀请胡锦芳来串演《长生殿》，但胡锦芳提出一个愿望：自从学了《千里送京娘》，就想来北昆演一场《千里送京娘》。在演出前，胡锦芳还特意来到李淑君家再次请教，据李淑君回忆："胡锦芳来学，说：'我可找到正宗了。'我不但教她戏，我还请她吃鸡腿。"[2]

1989年2月，北京昆曲研习社主办"纪念著名昆曲艺术大师韩世昌先生诞辰九十周年专场演出"，大轴是李淑君、李倩影和朱心合演的《游园惊梦》。据说，是否请李淑君来主演这出《游园惊梦》，曾经有过一番争论，但是金紫光坚持要让最好的演员来演，其意便是李淑君[3]。

---

[1] 引自2007年7月17日作者对唐小君的采访。
[2] 引自2007年3月21日作者对李淑君的采访。
[3] 引自2007年7月17日作者对李倩影的采访。

朱心跟李倩影都是研习社的，剧院退休了，她们到我家里来，跟我合了有半个月的《游园惊梦》。李倩影说："你可真是大家闺秀，演得太文了，我可不行。"她们俩天天到我这儿来，我给她们煮面条吃。[1]

演出后，有观感言道："其中有韩先生的两位弟子李淑君和李倩影合演的《游园惊梦》，可能是她们有意识地完全照韩先生的路子演的，还能在一定程度上保持韩先生当年演出的风貌。她们的表演动作不尚雕琢，是那样的洒脱、自然，节奏较快而感情丰满，特别是能够较为鲜明地分出两个人物身份、年龄、性格、心情的不同。"[2]在李淑君看来，她所演的《游园惊梦》和前辈们比起来，确实是要"开放"，但在此，"开放"并非指杜丽娘如现代之"开放"，而是在演员与观众的交流上，"是要更感动观众。她的情感接近于观众，不是完全孤芳自赏的"[3]。

《游园惊梦》（1989年）
李淑君饰杜丽娘（右），李倩影饰春香（左）

这一天是1989年2月16日，李淑君请来化妆师，在家中化好妆——为了保证妆化得好，她经常在演出前请化妆师来家中化妆——然后用纱巾将已定妆的脸一包，坐上公共汽车，去了吉祥戏院。在那里，"纪念著名昆曲艺术大师韩世昌先生诞辰九十周年专场演出"即将开场，而她，带着韩世昌传授的《游园惊梦》的"一招一式"、"一颦一笑"，或许还带着几十年前的旧梦，来告别舞台，这是她的最后一次演出。

[1] 引自2007年4月3日作者对李淑君的采访。
[2] 刘乃崇：《〈优孟衣冠八十年〉读后杂感》，载《优孟衣冠八十年》，侯玉山口述，刘东升整理，中国戏剧出版社1991年版，第317、318页。
[3] 引自1992年4月1日洪惟助、周纯一对李淑君的采访，载《昆曲演艺家、曲家及学者访问录》，洪惟助主编，（台湾）"国家出版社"2002版，第114页。

煞尾：一个梦

写至此处，可谓是"吟罢低眉无写处"。心中所思所感，正是波兰诗人米沃什的一首诗中所写：

> 因为那些已经完成了，而且变成
> 谁也不知道谁的纪念碑，变成
> 几乎听不见的咏叹调，变成口头禅。

还是回到从电梯中出来，内子搀扶着杨仕老师步上楼梯的那一刻吧。

"欢迎，请进。"

一个嘶哑的声音传来。

从那一刻到这一刻，我的心是沉重。

虽然，在采访中，在写作中，我也伴随着她，同悲同喜。分享着小小的欢乐，而烦恼于她的烦恼。

而一切又都是在这电光石火的一霎。

刹那间，就像阿拉丁的神灯一样，一擦，就会放出一个魔鬼，或者精灵——它是往昔的幻影，它是过去的年代所释放出来的，如梦如露如泡影……时而激烈，时而伤感，时而无奈……它也是一个生灵。我感觉到，它能呼吸，它就在我的呼吸中，坐在我的键盘上、手上和膝上，在我写作的瞬间，它也在对我述说着它，直至我朦胧睡去。

我想，这几个月的光阴，其实就是一个梦。

一个梦被建构，一个梦被打破，一个梦又正在诞生……

那日，正在写这本传记，我梦想将在采访中的各种声音容纳进这个文本，使得它的众声喧哗与那个年代相称。我正在奋战，那个年代以它特有的傲慢、冷漠和禁忌面对着我，我却想着"把苦难转变成音乐"——忽然断电、停水……整个世界陷入某种意识的黑暗……电又来了，这是一个日常的繁忙世界。

内子跑过来，告诉我，说刚才做了一个梦：

我们接到电话，李淑君跟我们说："你们快来，我又想到了一些事。"我们踏上楼梯，听着李淑君述说往事，忽然，我们看见她步履轻快；忽然，我们看见她皱纹退缩；忽然，我们听见一个甜美的声音，那一切声线之上的，无忧无虑的天籁……忽然，我们看见她，又回到了她，回到那个站在陈半丁身边，恬静、温润的她。我们看见了……一个梦。

附录一　李淑君大事年表

1930年，1岁

　　3月21日（阴历二月二十二日），生于上海。一说为生于山东济南。

1935年，5岁

　　父亲李实甫在山东胶县当县长，亦随去山东胶县。

1936年，6岁

　　回原籍江苏东海。

1937年，7岁

　　抗战兵乱，全家自江苏东海迁往上海，住太原路台柱别墅193号。

1938年，8岁

　　进入上海海光小学读一年级。

1941年，11岁

　　随母亲李美芳迁往北平，和外祖父一家住西马尾帽胡同，进入北京崇文门外金台书院读四年级。

1942年，12岁

寒假回上海，返北平后，进入北平崇文门外羊市口回教慕德小学读五年级。

暑假回上海。因四叔父在南京任和泰钱庄总经理，住南京丰富路196号，便和四叔父的女儿李淑珍、李淑英、李淑堇一起到南京模范女中读书，小学没毕业，跳一级，直接读初一。参加童子军。

1944年，14岁

因父亲李实甫被革职查办，母亲李美芳携其返回北平，并购买一所有十九间的房子，位于崇文门外香串胡同11号。进入北方中学女校读初三。曾在电台参加集体唱歌。

1945年，15岁

初中毕业，考上中国大学附中女子部，读高一。参加学校的演剧组织（没活动）。一学期后，考上慕贞女中。

1946年，16岁

在慕贞女中读高一下半学期，转考华光女中，读高二上半学期，参加学校组织的游艺会，在班级排演的短剧中女扮男装，是为其第一次演戏。

高二上半学期结束后，又考回慕贞女中。

1947年，17岁

在慕贞女中读高二下学期。参加沈崇事件引起的"一二九"游行。转读辅仁大学女附中。

1948年，18岁

在辅仁大学女附中读高三。高中肄业后，考上中国大学。因觉学校不好，便只交了学费，未去上课。在家复习功课，准备考辅仁大学。

1949年，19岁

请同学白丽石替考，考上辅仁大学经济系，读一年级。认识同系同级另一班的班主席陈子谨，并发展为恋爱关系。

1950年，20岁

10月，观看欧阳予倩编剧、戴爱莲主演的大型舞剧《和平鸽》演出，产生学习芭蕾的意愿。

11月、12月间，送父亲李实甫去广州。

12月，陈子谨参军赴东北。与陈子谨订婚。

1951年，21岁

3月，考入中央戏剧学院崔承喜舞蹈研究班。因报考条件为不超过20岁，因此称21岁为虚岁，才得以报考。

1952年，22岁

3月，崔承喜舞蹈研究班课程结束，转入吴晓邦的"舞蹈运动干部训练班"学习。

5月25日到6月15日，参加在实验剧场举行的崔承喜舞蹈研究班毕业公演。

6月28日，参加崔承喜舞蹈研究班和吴晓邦舞蹈运动干部训练班的联合毕业汇报演出。

9月，崔承喜舞蹈研究班毕业，申请去新疆工作，未获同意，留在中央戏剧学院舞蹈系舞运班担任助教。自此至1953年，跟随吴晓邦、盛婕到云南采风，学习民间舞蹈。

1953年，23岁

5月至12月，作为"中国民间舞教学研究小组"的成员，在组长盛婕的带领下，和其他组员共十余人，到辽宁、吉林、黑龙江三省的农村，学习盛行于当地的高跷、二人转等东北民间舞蹈。

6月，舞运班被并入中央歌舞团。

1954年，24岁

3月，调中央实验歌剧院民间戏曲团任演员。先后去安徽向严凤英学黄梅戏，去福建泉州学梨园戏《陈三五娘》，转学闽剧《钗头凤》；并演唱常派豫剧《红娘》、东北民歌《瞧情郎》、《挑新娘》等，以"青年歌手"闻名。

8月，去武汉学习地方戏，同行者有李倩影、边军等。

1955年，25岁

3月，民间戏曲团改组，调歌剧一团。排演歌剧《小二黑结婚》，饰C组小芹。

6月10日，参加周恩来总理招待印度文化代表团酒会，并演唱歌曲。

7月11日，参加中央歌舞剧院举行的招待闽南戏实验剧团的联欢晚会，并表演清唱节目。

8月27日，言慧珠在《新民晚报》发表《关于京剧〈春香传〉的改编与排演》一文，谈及向李淑君学习朝鲜舞的经历，"很感谢一位搞民间舞蹈的李淑君同志，帮我找到了道路，将朝鲜舞蹈基本动作的特征，引入到戏剧动作中"。

1956年，26岁

5月，浙江省昆苏剧团进京演出《十五贯》、《长生殿》等戏，《十五贯》轰动北京。

7月，王晋在《人民音乐》1956年第7期上发表《听李淑君唱民歌》一文。

10月27日，随北方昆曲代表团至上海，下榻国际饭店。

11月3日，南北昆剧观摩演出在上海长江剧场开幕，首场是北方昆曲代表团专场，有白玉珍、侯炳武主演的《麒麟阁·三挡》、侯永奎主演的《宝剑记·夜奔》、侯玉山主演的《天下乐·嫁妹》，大轴是韩世昌、白云生、张凤翔主演的《牡丹亭·游园惊梦》。在《游园惊梦》的"堆花"一场中饰演花神。

11月5日夜场，在《通天犀·坐山》中饰演许佩珠，侯玉山饰许士英，侯炳武饰程老学。

11月8日夜场，在《西游记·火焰山》中饰观音，侯长志饰孙悟空，安维黎饰翠云，马祥麟饰铁扇公主，张肇基饰灵吉，白玉珍饰牛魔王，赵德贵饰龙王，孟祥生饰猪八戒，丛肇桓饰李靖，侯新英饰哪吒。

11月18日日场，在《游园惊梦》中饰演花神（同11月3日）。

11月25日日场，在《通天犀·坐山》中饰演许佩珠（同11月5日）。

11月25日夜场，在《游园惊梦》中饰演花神（同11月3日）。

11月26日夜场，在《长生殿·惊变》中饰演杨贵妃，白云生饰唐明皇，沈传锟饰杨国忠。

11月28日，南北昆剧会演落幕，一共演出了二十六天三十场。

12月3日，北方昆曲代表团去杭州演出。

12月13-15日，在苏州举行"北方昆剧观摩演出"。

12月17日，去南京演出。直到1957年初才回北京。

1957年，27岁

2月10日，北方昆曲代表团返京公演。在北京剧场演出《昭君出塞》，饰演昭君。新华社消息称："在去年举行的第一届全国音乐周上演唱民歌而引起音乐界重视的青年女演员李淑君，也将参加演出，在她新近学会的昆剧《出塞》中扮演昭君。"有评论赞道："《昭君出塞》是名演员马祥麟的拿手戏之一。今晚这出戏由他的得意门生、青年女演员李淑君主演。她成功地表演了绝代佳人王昭君出塞和番时一路上的痛苦心情。她原是中央实验歌剧院的演员，学演昆剧还不到三个月，可是已经像老演员一样的熟练。她的表演，同样得到了观众们热烈的彩声。"

2月13日，在大众剧场演出《昭君出塞》，饰演昭君。

3月，与本团的演奏员唐洪云结婚。

5月16日，在王府大街64号中国文联参加《戏剧报》组织的"首都昆曲界座谈会"，与会者有沈盘生、韩世昌、白云生、金紫光、侯永奎、马祥麟、白玉珍、侯玉山、魏庆林、傅雪漪、高景池、叶仰曦、丛肇桓、孔昭、梁寿萱、俞平伯、张伯驹、伊克贤、袁敏宣、钱一羽、周铨厂、张琦翔、刘厂一、张允和、张定和等。

6月22日，参加在文化部大礼堂召开的北方昆曲剧院的建院大会。

6月23日晚，庆祝建院纪念晚会在人民剧场举行，演出《昭君出塞》，饰演昭君。在梅兰芳、韩世昌、白云生主演的《牡丹亭》中饰演花神。

6月27日，在西单剧场演出《百花记》，饰百花公主，白云生饰海俊，陶小庭饰安西王。

6月29日，在西单剧场演出《昭君出塞》，饰昭君，孟祥生饰王龙，侯长治饰马童。

6月30日，在西单剧场演出《奇双会》，饰李桂枝，白云生饰赵宠，魏庆林饰李奇，傅雪漪饰李保童。

7月7日，日场演出《长生殿》，晚场演出《昭君出塞》。

7月20日，在天桥剧场演出《昭君出塞》，饰昭君，孟祥生饰王龙，侯长治饰马童。

11月2日，在西单剧场演出《昭君出塞》，饰昭君，孟祥生饰王龙，侯长治饰马童。

12月20日，在大众剧场演出《昭君出塞》，饰昭君，孟祥生饰王龙，侯长治饰马童。

12月21日，在三里河礼堂演出《昭君出塞》。

12月28日，在西单剧场演出《游园惊梦》，饰杜丽娘，崔洁饰春香，丛肇桓饰柳梦梅。

1958年，28岁

2月19日，在西单剧场演出《百花记》，饰百花公主，丛肇桓饰海俊，孟祥生饰叭喇铁头。时为农历大年初二。

2月20日，在西单剧场演出《游园惊梦》，饰杜丽娘。时为正月初三。

2月21日，在丰台铁路工人俱乐部演出。

2月22日，在实验剧场演出《百花记》，饰百花公主，丛肇桓饰海俊，孟祥生饰叭喇铁头。

2月23日，在西单剧场演出《昭君出塞》，饰昭君。

3月1日，在西单剧场演出《百花记》，饰百花公主，丛肇桓饰海俊，孟祥生饰叭喇铁头。

3月8日，在西单剧场演出《百花记》，饰百花公主，丛肇桓饰海俊，孟祥生饰叭喇铁头。

3月17日，在南苑区工人俱乐部演出《昭君出塞》，饰昭君。

4月至6月，随北方昆曲剧院离京巡演，在山东济南、青岛、淄博等地演出，出演《百花记》、《昭君出塞》、《荔枝记》等共约50余场。

7月16日，参加在首都体育馆举行的文化部跃进献礼大会，北方昆曲剧院在会上放出"十五天排出《红霞》"的"卫星"。

8月2日，参加在文联礼堂举行的首都文艺界招待四川革命残废军人教养院课

199

余演出队的临别联欢茶会，并表演清唱。与座者有阳翰笙、老舍、田汉、欧阳予倩、冰心、马思聪、杜近芳等。

8月8日，在西单剧场演出《红霞》，郑振铎在其日记中评价："这是了不起的一个创举！以最古老的戏曲来表现现代题材，而能获得颇大的成功，的确值得鼓励。"

8月9日，在西单剧场首次公演"六幕四景新昆曲"《红霞》，饰红霞，侯永奎饰赵志刚，丛肇桓饰白五德。

8月10日，在西单剧场演出《红霞》，饰红霞，侯永奎饰赵志刚，丛肇桓饰白五德。《北京晚报》发表王江的评论文章《昆曲新葩——〈红霞〉》，称赞"饰红霞的李淑君，饰赤卫队队长的侯永奎，不仅字音清楚，而且声调悠扬、清越，比他们原来所擅长的《出塞》、《夜奔》等并无逊色之处"，"它给人的鼓舞和教育，确是远远超过了《十五贯》"，"愿《红霞》是它第一面红旗"。

8月11日，在西单剧场演出《红霞》，饰红霞，侯永奎饰赵志刚，丛肇桓饰白五德。

8月14日，在长安大戏院演出《红霞》，饰红霞，侯永奎饰赵志刚，丛肇桓饰白五德。《红霞》由"六幕四景新昆曲"改作"六幕五景新昆曲"。

8月15日，在长安大戏院演出《红霞》，饰红霞，侯永奎饰赵志刚，丛肇桓饰白五德。

8月16日，在航空学院演出《红霞》，饰红霞，侯永奎饰赵志刚，丛肇桓饰白五德。

8月17日，在中南海怀仁堂举行的欢迎柬埔寨王国国家代表团的音乐歌舞晚会上表演《游园惊梦》。

8月20-22日，在西单剧场演出《红霞》，饰红霞，侯永奎饰赵志刚，丛肇桓饰白五德。

8月23、24日，在民主剧场演出《红霞》，饰红霞，侯永奎饰赵志刚，丛肇桓饰白五德。

9月，北方昆曲剧院建立学员班，从全国招收学员二十余名。

9月3日，《北京晚报》发表《昆曲再现青春 〈红霞〉大放异彩》一文，报道了周恩来总理观看《红霞》的情况，"对扮演赤卫队长赵志刚的侯永奎和扮演红霞的李淑君连说：'不错嘛！'"，在交谈中，周总理指出"《红霞》的演出，给昆曲艺术的发展开辟了一条新的道路"。

9月中旬，随北方昆曲剧院下放周口店劳动，12月返回北京。李淑君下放劳动的地点在"北京市周口店区十渡乡马安人民公社"，担任文化工作队马鞍公社组长之职。

12月19、20日，在首都剧场演出《红霞》，饰红霞，侯永奎饰赵志刚，丛肇桓饰白五德。

12月21日，演出《红霞》，饰红霞，侯永奎饰赵志刚，丛肇桓饰白五德。

1959年，29岁

1月2-4日，在西单剧场演出《红霞》，饰红霞，侯永奎饰赵志刚，丛肇桓饰白五德。

1月10日，在吉祥剧院演出《红霞》，饰红霞，侯永奎饰赵志刚，丛肇桓饰白五德。

1月11日，日场在吉祥剧院演出《百花记》，饰百花公主，丛肇桓饰海俊，孟祥生饰叭喇铁头。晚场在吉祥剧院演出《红霞》，饰红霞，侯永奎饰赵志刚，丛肇桓饰白五德。

1月17日，在西单剧场演出《红霞》，饰红霞，侯永奎饰赵志刚，丛肇桓饰白五德。

1月19日上午，与祁剧《昭君出塞》、京剧《昭君出塞》同场演出《昭君出塞》。

1月22日下午，参加三台《昭君出塞》演员座谈会并发言。

1月25日，《北京晚报》发表《交流〈昭君出塞〉演出体会 京、昆、祁演员取长补短》一文，报道了三个剧种的《昭君出塞》的交流活动，并刊发李淑君、小王玉蓉、谢美仙三位"昭君"的合影。

1月底-3月，随北方昆曲剧院至河北、山西巡回演出，出演《百花记》、《红霞》等共约50余场。

4月14日，《北京晚报》发表"庆林、钟秀"的署名文章《北方昆曲剧院的早晨》，描写了北方昆曲剧院排演新编《渔家乐》的繁忙景象，并提及李淑君参加"《刺虎》小组"学习的情景。

5月21日，北京人民艺术剧院排演的话剧《蔡文姬》首演，李淑君应邀帮腔，演唱《胡笳十八拍》。

5月22、23日，在人民剧场演出新编《渔家乐》，李淑君饰邬飞霞，侯永奎饰万家春，其他主要演员有侯玉山、白玉珍、白云生、丛肇桓等。

8月1日，在西单剧场演出《游园惊梦》，饰杜丽娘，崔洁饰春香，白云生饰柳梦梅。

8月8日，在广和剧场演出《游园惊梦》，饰杜丽娘，崔洁饰春香，白云生饰柳梦梅。

8月9日，在劳动剧场演出《游园惊梦》，饰杜丽娘，崔洁饰春香，白云生饰柳梦梅。

8月14日，在西单剧场演出《游园惊梦》，饰杜丽娘，崔洁饰春香，白云生饰柳梦梅。

8月21-23日，在劳动剧场演出《红霞》，饰红霞，侯永奎饰赵志刚，丛肇桓饰白五德。

8月25日，在北京大学演出《赠剑联姻》，饰百花公主，白云生饰海俊。

8月26、27日，在后勤礼堂演出《红霞》，饰红霞，侯永奎饰赵志刚，丛肇桓饰白五德。

8月29、30日，在人民剧场演出《红霞》，饰红霞，侯永奎饰赵志刚，丛肇桓饰白五德。

8月底，参加由中国作家协会和音乐家协会组织的《胡笳十八拍》音乐会，演唱话剧《蔡文姬》中的《胡笳十八拍》。参加者有管平湖、吴景略、傅雪漪、李倩影、朱琳等。

9月1日，在中和剧院演出《游园惊梦》，饰杜丽娘，崔洁饰春香，白云生饰柳梦梅。

9月至11月，因太累，从手术台上摔下，磕掉门牙，戴假牙坚持演出。

12月26日，在西单剧场演出《昭君出塞》，饰昭君，孟祥生饰王龙，侯长治饰马童。

12月31日起，与侯永奎、白云生等在天津中国戏院演出《红霞》、《游园惊梦》、《昭君出塞》、《生死牌》等剧目。

1960年，30岁

春，北方昆曲剧院成立韩世昌继承小组，组员有创研人员时弢、秦谨，演员李倩影、林萍、乔燕和、王燕菊等，专门继承韩世昌的表演艺术。

录制《昭君出塞》唱片，由中国唱片厂本年出版。

1月16日，在西单剧场演出《赠剑联姻》，饰百花公主，丛肇桓饰海俊。

1月17日，在西单剧场演出《昭君出塞》，饰昭君，张肇基饰王龙，侯长治饰马童。

4月10日，马少波在《北京晚报》上发表《雪山绿遍长安柳——谈昆剧〈文成公主〉》一文，称赞"演员李淑君的悠扬的歌唱和细腻的表演"。

4月19日，在政协礼堂首次公演《文成公主》，饰文成公主，侯永奎饰松赞干布，其他主要演员有周万江、丛肇桓、富德忠、马玉森、程增奎等。

4月20日，在政协礼堂演出《文成公主》，饰文成公主，侯永奎饰松赞干布，其他主要演员有周万江、丛肇桓、富德忠、马玉森、程增奎等。

5月3日，常任侠在《文汇报》发表《观昆剧〈文成公主〉四绝》一文，诗赞"宛转能歌李淑君"，并附言"北昆剧院青年演员李淑君，妙擅音律，饰文成公主，唱折柳远行之曲，尤为动听"。

6月，陈延龄在《戏剧报》1960年第12期发表评论文章《独具一格的昆曲〈文成公主〉》，文中称赞"李淑君没有忽略人物的庄重从容、仪态万方的一面，同时更赋予人物以年轻少女所特有的精神气质：坚决、活泼、娇稚、矜持，以及对陌生事物的新奇、揭露奸人后的喜悦等。我觉得这是演员的创造，是青年演员在艺术上成长的可贵标志"。

7月5日，在北京市工人俱乐部演出《登上世界最高峰》。

7月7日，在人民剧场演出《登上世界最高峰》。此戏见诸报端的公演仅两场。

9月，《戏剧报》1960年第17期发表李淑君署名文章《做一个真正工农化的演员》。

9月3、4日，在西单剧场演出《文成公主》，饰文成公主，侯永奎饰松赞干布，其他主要演员有周万江、丛肇桓、满乐民、虞俊声、程增奎等。

9月17、18日，在吉祥剧院演出《文成公主》，饰文成公主，侯永奎饰松赞干布，其他主要演员有周万江、丛肇桓、满乐民、虞俊声、程增奎等。

10月8日，在西单剧场演出《游园惊梦》，饰杜丽娘，崔洁饰春香，丛肇桓饰柳梦梅。

10月16日，在西单剧场演出《昭君出塞》，饰昭君，孟祥生饰王龙，侯长治饰马童。

10月30日，在广和剧场首次公演《千里送京娘》，饰赵京娘，侯永奎饰赵匡胤。

11月5日，在吉祥剧院演出《千里送京娘》，饰赵京娘，侯永奎饰赵匡胤。

11月27日，在长安大戏院演出《游园惊梦》，饰杜丽娘，丛肇桓饰柳梦梅，崔洁饰春香。

12月3日，在吉祥剧院演出《昭君出塞》，饰昭君，韩建成饰王龙，侯长治饰马童。

12月4日日场，在人民剧场演出《千里送京娘》，饰赵京娘，侯永奎饰赵匡胤。

12月11日，在人民剧场演出《文成公主》，饰文成公主，侯永奎饰松赞干布，其他主要演员有周万江、丛肇桓、满乐民、虞俊声、程增奎等。

12月18日，在人民剧场演出《千里送京娘》，饰赵京娘，侯永奎饰赵匡胤。

12月24日，在长安大戏院演出《奇双会》，饰李桂枝，其他主要演员有满乐民、富德忠等。

12月28日，在人民剧场演出《红霞》，饰红霞，侯永奎饰赵志刚，丛肇桓饰白五德。

1961年，31岁

1月8日日场，在人民剧场演出《红霞》，饰红霞，侯永奎饰赵志刚，丛肇桓饰白五德。

2月11日，在吉祥剧院演出《奇双会》，饰李桂枝，其他主要演员有满乐民、富德忠等。

3月5日，在广和剧场演出《千里送京娘》，饰赵京娘，侯永奎饰赵匡胤。

3月12日日场，在人民剧场演出《相梁刺梁》，饰邬飞霞，其他主要演员有孟祥生等。

3月19日，在人民剧场演出《文成公主》，饰文成公主，侯永奎饰松赞干布，其他主要演员有丛肇桓等。

3月26日日场，在人民剧场演出《昭君出塞》，饰昭君，韩建成饰王龙，侯长治饰马童。

4月4日，在人民剧场演出《千里送京娘》，饰赵京娘，侯永奎饰赵匡胤。

4月8日，在圆恩寺影剧院演出《文成公主》，饰文成公主，侯永奎饰松赞干布，其他主要演员有周万江、丛肇桓、满乐民等。

4月9日日场，在人民剧场演出《游园惊梦》，饰杜丽娘。

4月14日，在二七俱乐部演出《文成公主》，饰文成公主，侯永奎饰松赞干布，其他主要演员有周万江等。

4月29日，在广和剧场演出《相梁刺梁》，饰邬飞霞，其他主要演员有韩建成、周万江等。

4月30日，在人民剧场首次公演《吴越春秋》，饰越夫人，侯永奎饰越王勾践，虞俊芳饰西施，周万江饰吴王夫差，丛肇桓饰范蠡。

5月，在《中国戏剧》上载有《戏剧界重视积累保留剧目和剧目轮换上演制度》，提及李淑君的看法："这一点，北方昆曲剧院青年演员李淑君也有很深的体会。她在学过和演出过的传统剧目里，曾扮演过闺门旦、刺杀旦、刀马旦、贵夫人等不同类型的角色，对于青年演员来说，把戏路子学宽一点，很有好处。比如在演《游园惊梦》、《小宴》、《惊变》一类戏的同时，再演演《百花公主》，就可以得到更多方面的锻炼。"

5月3日，在长安大戏院演出《思凡》，饰小尼姑。

5月6、7、13日，在人民剧场演出《吴越春秋》，饰越夫人，侯永奎饰越王勾践，其他主要演员有虞俊芳、周万江、丛肇桓等。

5月21日，在新北京礼堂演出《吴越春秋》，饰越夫人，侯永奎饰越王勾践，其他主要演员有虞俊芳、周万江、丛肇桓等。

5月27日，在北京工人俱乐部演出《吴越春秋》，饰越夫人，侯永奎饰越王勾践，其他主要演员有虞俊芳、周万江、丛肇桓等。

5月28日，在人民剧场演出《千里送京娘》，饰赵京娘，侯永奎饰赵匡胤。

6月2日，在北京工人俱乐部演出《吴越春秋》，饰越夫人，侯永奎饰越王勾践，其他主要演员有虞俊芳、周万江、丛肇桓等。

6月4日，在民族宫礼堂演出《吴越春秋》，饰越夫人，侯永奎饰越王勾践，其他主要演员有虞俊芳、周万江、丛肇桓等。

6月8日，在吉祥剧院演出《游园惊梦》，饰杜丽娘，丛肇桓饰柳梦梅，崔洁饰春香。

6月10日，在人民剧场演出《文成公主》，饰文成公主。

6月11日，在天桥剧场演出《文成公主》，饰文成公主。

6月27日，在长安大戏院演出《千里送京娘》，饰赵京娘，侯永奎饰赵匡胤。

7月29日，在吉祥剧院演出《牡丹亭》，共有《春香闹学》、《游园惊梦》、《拾画叫画》，在《游园惊梦》一折中饰杜丽娘，其他主要演员有白云生、崔洁、丛肇桓、富德忠、梁寿萱等。

8月20日，在人民剧场首次公演《李慧娘》，饰李慧娘，周万江饰贾似道，丛肇桓饰裴禹，韩建成饰廖莹中，王德林饰家将。

8月26日，在人民剧场演出《李慧娘》，饰李慧娘，周万江饰贾似道，丛肇桓饰裴禹，其他主要演员有韩建成、王德林等。

8月27日，在吉祥剧院演出《李慧娘》，饰李慧娘，周万江饰贾似道，丛肇桓饰裴禹，其他主要演员有韩建成、王德林等。

8月底，张真在《戏剧报》1961年第15、16期发表评论文章《看昆曲新翻〈李慧娘〉》，称赞"演员李淑君从于连泉先生学了'魂步'，用在这里是十分合适的，她两臂下垂而飘荡，身躯僵硬而轻飏，风吹得绸带向后拖，两臂似乎也向后拖，没有重量似的，这些都在观众眼前，产生幻觉，仿佛台上的慧娘，果然只是幽魂一缕"。

9月9日，在长安大戏院演出《李慧娘》，饰李慧娘，周万江饰贾似道，丛肇桓饰裴禹，其他主要演员有韩建成、王德林等。孟庆林在《北京晚报》发表《苦下功夫继承前辈艺术 看昆曲〈李慧娘〉表演》一文，称赞李淑君、丛肇桓"过去都是歌剧演员，经过五年多的勤学苦练，虚心向前辈表演艺术家学习，继承了昆曲精湛的表演艺术，真是'半路出家也成佛'"。

9月10日，在圆恩寺影剧院演出《李慧娘》，饰李慧娘，周万江饰贾似道，丛肇桓饰裴禹，其他主要演员有韩建成、王德林等。

9月16日，在人民剧场演出《李慧娘》，饰李慧娘，周万江饰贾似道，丛肇桓饰裴禹，其他主要演员有韩建成、王德林等。

9月17日，在五道口俱乐部演出《李慧娘》，饰李慧娘，周万江饰贾似道，丛肇桓饰裴禹，其他主要演员有韩建成、王德林等。

9月24日，在人民剧场演出《李慧娘》，饰李慧娘，周万江饰贾似道，丛肇桓饰裴禹，其他主要演员有韩建成、王德林等。

10月1日，在长安大戏院演出《千里送京娘》，饰赵京娘，侯永奎饰赵匡胤。

10月8日，在人民剧场演出《李慧娘》，饰李慧娘，周万江饰贾似道，丛肇桓饰裴禹，其他主要演员有韩建成、王德林等。

10月15日日场，在吉祥剧院演出《昭君出塞》，饰昭君，韩建成饰王龙、侯长治饰马童。

10月29日，在长安大戏院演出《游园惊梦》，饰杜丽娘，丛肇桓饰柳梦梅，崔洁饰春香。

11月9日，在长安大戏院演出《千里送京娘》，饰赵京娘，侯永奎饰赵匡胤。

11月17日，在人民剧场演出《李慧娘》，饰李慧娘，周万江饰贾似道，丛肇桓饰裴禹，其他主要演员有韩建成、王德林等。

12月3日，在长安大戏院演出《千里送京娘》，饰赵京娘，侯永奎饰赵匡胤。

1962年，32岁

与侯永奎一起录制《千里送京娘》，由中国唱片厂本年出版。

1月13日，在长安大戏院演出《千里送京娘》，饰赵京娘，侯永奎饰赵匡胤。

2月3日，在长安大戏院演出《千里送京娘》，饰赵京娘，侯永奎饰赵匡胤。

3月3日，《北京晚报》发表李淑君署名文章《在舞台上怎样叫"美"》。

5月6日，在长安大戏院演出《千里送京娘》，饰赵京娘，侯永奎饰赵匡胤。

6月23日，在长安大戏院演出《游园惊梦》，饰杜丽娘，丛肇桓饰柳梦梅，崔洁饰春香。

7月6日，《北京晚报》发表署名"仲琪"的文章《北昆重排一出讽刺喜剧〈狮吼记〉明晚公演》，提及李淑君不仅"向当年扮演这一角色的著名表演艺术家韩世昌先生请教，在排练过程中，一招一式认真琢磨"，"在导演的启示下还做了笔记"。

7月7日，在长安大戏院演出《狮吼记》，饰柳氏，白云生饰陈季常，其他主要演员有张肇基、梁寿萱。

7月20日，《北京晚报》发表署名"仲琪"的文章《老少合作　南北交流——北昆明晚演出〈痴梦〉〈奇双会〉》，评论中有"如在《哭监》一场戏里，李淑君运用眼神和简单的身段表演，始终贯穿着一个'悲'字。人物复杂的内心感情变化，都是在极为含蓄的控制节奏下表现的"之语。

7月21日，在长安大戏院演出《奇双会》，饰李桂枝，白云生饰赵宠。

8月3日，《北京晚报》发表署名"仲琪"的文章《北昆明晚演出一台折子戏》，称李淑君"因病半年多未演这个戏"，"李淑君在唱腔和身段上，又做了细致的加工排练"，"她以清脆圆润的嗓音，优美动听的唱腔，有层次地抒发出昭君的'悲'和'怨'的心情"。

8月4日，在吉祥剧院演出《昭君出塞》，饰昭君，孟祥生饰王龙，刘国庆饰马童。

9月1日，在长安大戏院演出《昭君出塞》，饰昭君，孟祥生饰王龙，刘国庆饰马童。

9月9日日场，在长安大戏院演出《李慧娘》，饰李慧娘，周万江饰贾似道，丛肇桓饰裴禹，其他主要演员有韩建成、王德林等。

10月2日，演出《红霞》，饰红霞。

10月21日，在西单剧场演出《牡丹亭》，在《游园惊梦》一折中饰杜丽娘，其他主要演员有白云生、丛肇桓、乔燕和、张肇基、王燕菊等。

10月31日，参加中国音协民族音乐研究委员会和北方昆曲剧院主办的昆曲音乐会，演唱了《李慧娘》、《红霞》等剧的唱段，参加演出的还有白云生、侯永奎、傅雪漪、叶仰曦等。据《人民音乐》1963年第1期的报道称："像这样以清唱为主的昆曲音乐会在北京还是第一次，引起音乐界的很大兴趣。"

11月，李淑君赴上海学戏，拜朱传茗为师。

11月11日下午，举行李淑君拜师仪式，参加典礼的有上海市文化局局长孟波、上海市戏曲学校校长俞振飞等。

1963年，33岁

5月，《戏剧报》1963年第9期发表由孟庆林代写的李淑君署名文章《要演"红霞姐"，不做"鬼阿姨"》。

8月，赴上海学戏结束，返回北京。

8月25日，在长安大戏院演出《千里送京娘》，饰赵京娘，侯永奎饰赵匡胤。

9月29、30日，在长安大戏院演出《文成公主》，饰文成公主，侯永奎饰松赞干布，其他主要演员有周万江、王庆达、满乐民、何金鹏、韩建成、程增奎、宋铁铮、王德林等。

10月8日，随北方昆曲剧院南下巡回演出，去济南、无锡、上海、杭州、苏州、南京、徐州等地演出，并和当地的"兄弟团体"交流。本来准备巡演两个多月，但只到了苏州，因迎接"北京市属剧院、团现代题材剧目观摩演出周"，于11月26日提前结束巡演，回到北京。

10月26日晚，参加上海人民广播电台组织的"北昆剧院广播会"，与侯永奎一起演唱《红霞》、《文成公主》、《千里送京娘》等剧的主要精彩选曲。此外，还有白云生的《迎像哭像》，董瑶琴、马玉森的《晴雯》和侯少奎的《林冲夜奔》。

11月8日晚，在上海演出《牡丹亭·游园惊梦、拾画叫画》，饰杜丽娘，白云生饰柳梦梅。

11月10日晚，在上海演出《长生殿·小宴、惊变、埋玉、闻铃》，饰杨贵妃，白云生饰唐明皇。

12月7日，在长安大戏院演出《红霞》，饰红霞，侯永奎饰赵志刚。

12月8日日场、晚场，在长安大戏院演出《红霞》，饰红霞，侯永奎饰赵志刚。同日，孟庆林在《北京晚报》上发表《新枝怒放——昆曲现代戏排练见闻》一文，谈及排演《血泪塘》的情景："扮演任腊梅的李淑君和秦肖玉，两个人交错排练，互相观摩、互相学习。腊梅的戏很重，李淑君不但努力琢磨自己演的角色，同时还帮助扮演王冬花的洪雪飞练习用大嗓念白。"

12月11—14日，在长安大戏院演出《血泪塘》，饰任腊梅，其他主要演员有周万江、王庆达、何金鹏、王德林、刘国庆、王宝忠、韩建成、洪雪飞、张肇基。

12月15日日场、晚场，在长安大戏院演出《血泪塘》，饰任腊梅，其他主要演员有周万江、王庆达、何金鹏、王德林、刘国庆、王宝忠、韩建成、洪雪飞、张肇基。

12月17、18、21日，在长安大戏院演出《血泪塘》，饰任腊梅，其他主要演员有周万江、王庆达、何金鹏、王德林、刘国庆、王宝忠、韩建成、洪雪飞、张肇基。

12月22日日场、晚场，在长安大戏院演出《血泪塘》，饰任腊梅，其他主要演员有周万江、王庆达、何金鹏、王德林、刘国庆、王宝忠、韩建成、洪雪飞、张肇基。

12月下半月，参加由文化部艺术局和中国音乐家协会联合主办的民族音乐会，演唱昆曲《红霞》。

是年，电影《桃花扇》由西安电影制片厂拍摄上映，导演孙敬，王丹凤饰李香君，冯喆饰侯朝宗，由李淑君配唱电影中的插曲。

1964年，34岁

1月2日，在长安大戏院演出《红霞》，饰红霞，侯永奎饰赵志刚。

1月30日，在《北京日报》上发表署名文章《演红霞所遇到和想到的》，同期还有金紫光的《高举革命红旗　发展昆曲艺术》和侯永奎的《行于脚下　喜在心头——演昆曲现代戏的体会》。

2月13日，在长安大戏院首次公演《师生之间》，饰王卉，丛肇桓饰张主任，赵书城饰向育周。

2月14日，在长安大戏院演出《师生之间》，饰王卉，其他主要演员有丛肇桓、赵书城等。

2月15日日场、晚场，在长安大戏院演出《师生之间》，饰王卉，其他主要演员有丛肇桓、赵书城等。

2月20日，《北京晚报》发表署名"长乙"的评论文章《打开心灵的"锁"——看昆曲〈师生之间〉》，称赞"李淑君扮演的王卉，质朴无华，感情真挚"。

2月25-29日，在长安大戏院演出《师生之间》，饰王卉，其他主要演员有丛肇桓、赵书城、白玉珍等。

3月1日日场、晚场，在长安大戏院演出《师生之间》，饰王卉，其他主要演员有丛肇桓、赵书城、白玉珍等。

3月2日，在长安大戏院演出《师生之间》，饰王卉，其他主要演员有丛肇桓、赵书城、白玉珍等。

3月13-15日，在长安大戏院演出《师生之间》。

3月20-22、25-30日，在长安大戏院演出《师生之间》，饰王卉，其他主要演员有丛肇桓、赵书城等。

4月2、4日，在吉祥剧院演出《师生之间》。

4月7日日场、晚场，在朝阳区工人俱乐部演出《师生之间》。

4月9日日场、晚场，在群众剧院演出《师生之间》。

4月10、11日，在群众剧院演出《师生之间》。

4月12日日场、晚场，在群众剧院演出《师生之间》。

4月26—29日，在长安大戏院演出《师生之间》。

秋季，随北方昆曲剧院南下巡演，一路从郑州、武汉、黄石、长沙演过去，直到广州，参加贸促会，然后再一路自郴州、开封等地回程并演出。在这次巡演中，李淑君主演的戏有《红霞》和《师生之间》。回京后，传来北方昆曲剧院要被撤销的消息。

5月11日，在《光明日报》上发表署名文章《坚定不移地走革命化、民族化的道路》。

年底，录制《红霞》唱片，次年由中国唱片厂出版。

1966年，36岁

2月28日，北方昆曲剧院的建制被撤销，被调到北京市京剧团。

1972年，42岁

与唐洪云离婚，独自带女儿小君生活。

1977年，47岁

1月，参加由北京市专业、业余文艺单位联合演出的"纪念周恩来总理逝世一周年文艺演出"，演唱陕北民歌《绣金匾》。

1978年，48岁

年初，随着文革的结束，四人帮的倒台，北方昆曲剧院酝酿恢复，与侯少奎重排折子戏《千里送京娘》。

给电影《蔡文姬》配音。

10月，在北京京剧团昆曲小分队演出。

1979年，49岁

4月，北方昆曲剧院正式恢复，重新排演《李慧娘》。

4月25日，参加田汉追悼会。

10月31日，参加中国文学艺术工作者第四次代表大会，被安排观看舞剧《丝路花雨》。

与侯少奎一起为香港"百利唱片公司"录制《千里送京娘》立体声磁带。

教授上海昆剧团张静娴《千里送京娘》。

1980年，50岁

年初，排演新编历史剧《血溅美人图》，饰演红娘子，白士林饰演李岩，侯少奎饰李自成，蔡瑶铣饰演陈圆圆。后被中央新闻纪录电影制片厂拍摄为戏曲艺术彩色电影上映，导演沙丹，编剧陈奔、涤新、习诚、王亘、兆桓，主演李淑君、白士林、蔡瑶铣、侯少奎、韩建成等。

4月15日，上午参加俞振飞演剧生活六十年纪念大会。晚，在上海艺术剧场与侯少奎一起演出《千里送京娘》。会后，应江苏省昆剧院之请，返程中赴南京教《千里送京娘》。

1982年，52岁

年底，随北方昆曲剧院去古北口演出，主演《千里送京娘》。

1983年，53岁

年初，随北方昆曲剧院赴东北演出，主演《千里送京娘》。

8月22日，在北京大学临湖轩参加北京昆曲研习社西郊小组组织的欢迎美籍学者李方桂教授、徐樱曲家夫妇的曲叙，与会有林焘、王传蕖、陈安娜、朱德熙等。

9月18日，去工商联参加曲会，与会人有赵荣琛、许姬传、张充和、洪雪飞等。

10月10日，参加北京昆曲研习社中秋曲会，演唱《千里送京娘》[山坡羊]。

11月5日，参加北京市政协部分文化艺术界委员"提高自身抵制精神污染的能力"座谈。据《人民日报》1983年11月8日报道："北方昆曲剧院演员李淑君结合以前自己演《红霞》一剧的体会说，演革命英雄人物，首先要学习革命英雄的品德。"

1984年，54岁

3月31日，参加北京市政协的分组讨论会，提出"昆曲要改革，不改革是没有出路的"。

4月2日，《北京日报》发表《李淑君委员在市政协分组讨论会上说 昆曲要改革 不改革没有出路》一文。

5月27日，观看北京昆曲研习社在中和戏院的演出，剧目有《琵琶记·描容、扫松》、《长生殿·小宴》、《雷峰塔·断桥》、《浣纱记·寄子》，俞振飞夫妇亦观看了演出。

与侯玉山一起为中国艺术研究院舞研所录制《通天犀·坐山》。

1986年，56岁

随北方昆曲剧院到河北高阳河西村演出，演了一个多礼拜，演出《李慧娘》、《血溅美人图》等戏。

1988年，58岁

3月17日，经北京市艺术系列高级职务评审委员会评审通过，获得"一级演员"任职资格。

12月，参加"纪念昆曲表演艺术家韩世昌先生诞辰九十周年"曲会，与李倩影一起唱《牡丹亭》。

1989年，59岁

由中央电视台拍摄昆曲《李慧娘》录像，后因发病未完成。北京音像公司出版昆曲《李慧娘》盒带，饰李慧娘，周万江饰贾似道，丛兆桓饰裴禹。

2月19日，参加北京昆曲研习社在吉祥戏院举办的"纪念韩世昌大师诞辰90周年"专场演出，出演《游园惊梦》，饰杜丽娘，李倩影饰春香，朱心饰柳梦梅。

8月17日，参加北京昆曲演习社在中国民主同盟北京市委礼堂（西四羊肉胡同内）召开的"庆贺《优孟衣冠八十年》出版"专题曲会，与会人有侯玉山、刘东升、马祥麟、倪征噢、朱家溍、楼宇烈、丛兆桓、朱复、陈颖、朱世藕、黄人道等。

10月，《辅仁校友通讯》总第11期上发表石椿年署名文章《李淑君校友的艺术生涯》。

1992年，62岁

3月，参加《纪念毛泽东同志〈在延安文艺座谈会上的讲话〉发表五十周年文艺晚会》的演出。

4月1日，接受台湾学者洪惟助、周纯一的采访。访谈文章载于2002年由台湾""国家出版社""出版的《昆曲演艺家、曲家及学者访问录》。

1994年，64岁

接受杨仕、赵其昌、李滨声的采访，后杨仕据此次采访整理撰写李淑君署名文章《关怀鼓励　铭刻在心》，载于1998年由中国人民政治协商会议北京市委员会文史资料委员会编、中央文献出版社出版的《周总理与北京》一书。

5月，被北京市科技干部局批准"享受社会科学类100元档政府特殊津贴"。

1997年，67岁

10月17日，彭荆风在《新民晚报》上发表《愿"京娘"无恙——忆李淑君》一文。

2002年，72岁

10月，文化部颁发"长期潜心昆曲艺术事业成就显著特予表彰"奖状。

2005年，75岁

9月，田静、李百成主编的《新中国舞蹈艺术的摇篮》一书由中国文联出版社出版，载有李淑君的小传及署名文章《我的艺术生命从这里开始》。

2007年，77岁

3月至7月，北方昆曲剧院组织撰写李淑君的舞台艺术及传记，作为迎接北方昆曲剧院建院50周年之献礼。为此，接受杨仕、陈均、陆云雅多次采访，并与丛兆桓、周万江、李倩影等老友共同回忆。

5月，《新文学史料》2007年第2期发表丛兆桓口述、陈均整理的文章《我所亲历的"李慧娘"事件》。

12月，由杨仕、陈均所著李淑君传记《歌台何处》由人民文学出版社出版。

2009年 79岁

移居大兴某敬老院。

2010年 80岁

4月，北方昆曲剧院为李淑君祝寿，除杨凤一等院领导外，还邀请丛兆桓、周万江、崔洁等老友参加。

（丛兆桓 审订）

附录二　李淑君源流谱系

李淑君之于昆曲，亦是彼一时代之倒影。

当日，在新中国的召唤下，一大批新文艺工作者投身于昆曲领域，将之作为自己的事业。

李淑君原为歌舞演员，以演唱民歌和若干地方戏剧目闻名，后因《十五贯》进京、南北昆会演、北方昆曲剧院成立等一系列契机而走上昆剧舞台。

初因韩世昌、白云生、马祥麟诸多北昆老艺人从事中国古典舞的编创和教授，学习了《游园惊梦》等昆曲唱段，在南北昆会演中开始充当主演，直至北方昆曲建院后的十余年间，成为北方昆曲剧院的第一名旦。其时报端有"北昆四旦"之说，为李淑君、虞俊芳、洪雪飞、张毓雯。

李淑君首度主演的剧目为马祥麟所授《昭君出塞》，在建院初期，此戏亦是她的看家戏。

此后，李淑君获韩世昌所授传统戏十余出，如《游园惊梦》、《思凡》、《刺梁》、《刺虎》、《百花赠剑》、《奇双会》、《狮吼记》、《小宴惊变》、《埋玉》等。据李淑君云，《游园惊梦》虽早已学演，但在迎接建国十周年时，剧院曾挑选多对演员，并确定国庆演出《游园惊梦》的人选。她被选中，因此向韩世昌学习半年，精心打磨此戏。

斯时，北方昆曲剧院有"韩世昌继承小组"，李淑君并未列名其间。其中缘由，乃是因李淑君、虞俊芳都是剧院主演，主要任务为演出，但也可随时向韩世昌学戏也。

此外，在彼时演戏时，李淑君常与白云生、侯永奎搭档，耳熏目染，亦是受益匪浅。

1962年11月，李淑君获准去上海戏校向朱传茗学戏，并正式拜师。在上海约有九月，获授《游园惊梦》、《断桥》等剧。

以上为李淑君所继承的传统折子戏。

从20世纪50年代到80年代初，北方昆曲剧院所演出的新戏大戏，李淑君大多参与了创演，以《红霞》、《文成公主》、《千里送京娘》、《李慧娘》、《师生之间》、《血溅美人图》等最为著名，其中，《李慧娘》曾为彼时席卷中国社会之一大事件，时有"南有《十五贯》，北有《李慧娘》"之势。《千里送京娘》亦是南北昆团所常演的保留剧目，直至今日。

李淑君以唱功见长，有诗云"宛转能歌李淑君"，她将民歌的唱腔揉入昆曲之中，声音高亢、音色甜美，常被赞为"仙乐"。还曾为话剧《蔡文姬》中的《胡笳十八拍》配唱、演唱电影《桃花扇》插曲，彼时流播于国中，为人所喜听。

李淑君择徒甚严，学生仅有董萍，曾授《游园惊梦》、《红霞》、《千里送京娘》等剧。自董萍之后，北昆由"韩世昌——李淑君"所传、在昆曲演唱中融入民歌元素之一脉即已难续。

附录三 李淑君研究资料索引

一、李淑君署名及访谈文章

1. 李淑君：《做一个真正工农化的演员》，载《戏剧报》1960年第17期

2. 李淑君：《在舞台上怎样叫"美"》，载《北京晚报》1962年3月3日

3. 李淑君：《要演"红霞姐"，不做"鬼阿姨"》，载《戏剧报》1963年第9期

4. 李淑君：《演红霞所遇到和想到的》，载《北京日报》1964年1月30日

5. 李淑君：《坚定不移地走革命化、民族化的道路》，载《光明日报》1964年5月11日

6. 李淑君：《关怀鼓励 铭刻在心》，载《周总理与北京》中国人民政治协商会议北京市委员会文史资料委员会编，中央文献出版社1998年版

7. 《1992年4月1日洪惟助、周纯一对李淑君的采访》，载《昆曲演艺家、曲家及学者访问录》，洪惟助主编，（台湾）"国家出版社"2002版

8. 李淑君：《我的艺术生命从这里开始》，载《新中国舞蹈艺术的摇篮》，田静、李百成主编，中国文联出版社2005年版

二、涉及李淑君及其演出剧目的新闻报道

1. 《周总理举行酒会招待印度文化代表团》，载《新民晚报》1955年6月11日

2. 《闽南戏实验剧团在京作汇报演出　中国戏剧家协会举行闽剧座谈会　中央实验歌剧院戏曲剧团最近排演了〈陈三五娘〉》，载《新民晚报》1955年7月21日

3. 《北方昆曲代表团在北京举行首次公演》，载《新华社新闻稿》1957年2月10日

4. 《〈蔡文姬〉开始在首都公演》，载《人民日报》1959年5月23日

5. 《〈胡笳十八拍〉音乐会　古雅而别具风格》，载《北京晚报》1959年8月31日

6. 《戏剧界重视积累保留剧目和剧目轮换上演制度》，载《中国戏剧》1961年第5期

7. 孟庆林：《一出唱作并重载歌载舞的悲剧　北昆新戏〈李慧娘〉后晚上演》，载《北京晚报》1961年8月18日

8. 庆林：《北昆重排〈李慧娘〉　今晚再度演出》，载《北京晚报》1962年1月7日

9. 仲琪：《北昆重排一出讽刺喜剧　〈狮吼记〉明晚公演》，载《北京晚报》1962年7月6日

10. 仲琪：《北昆明晚演出一台折子戏》，载《北京晚报》1962年8月3日

11. 仲琪：《昆曲〈红霞〉再度公演》，载《北京晚报》1962年9月30日

12. 仲琪：《共同创造　各展所长　北昆明晚重演〈牡丹亭〉》，载《北京晚报》1962年10月20日

13. 《别开生面的昆曲音乐会》，载《人民音乐》1963年第1期

14. 《北昆明晚演出〈千里送京娘〉》，载《北京晚报》1963年8月24日

15. 孟庆林：《新枝怒放——昆曲现代戏排练见闻》，载《北京晚报》1963年12月8日

16. 《演现代戏吸引了新观众　昆曲〈师生之间〉受到欢迎》，载《北京晚报》1964年3月25日

17. 孟庆林：《兰花重放异彩　北昆再演〈李慧娘〉》，载《光明日报》1979年4月20日

18. 《纪念韩世昌90诞辰专场演出》，载《北京日报》1989年2月17日

三、涉及李淑君及其剧目的剧评、采访记、回忆文章等

1. 之江：《令人难忘的演出　看中央实验歌剧院的第二期节目》，载《新民晚报》1956年3月24日

2. 王晋：《听李淑君唱民歌》，载《人民音乐》1956年第7期

3. 陈朗：《北方昆曲剧院难产种种》，载《中国戏剧》1957年第10期

4. 茅盾：《观北昆剧院初演〈红霞〉》，载《人民日报》1958年8月13日

5. 王江：《昆曲新葩——〈红霞〉》，载《北京晚报》1958年8月10日

6. 马少波：《〈红霞〉辉映昆曲舞台》，载《人民日报》1958年8月22日

7. 《昆曲再现青春　〈红霞〉大放异彩》，载《北京晚报》1958年9月3日

8. 欧阳予倩：《〈红霞〉开了昆曲的新生面》，载《人民日报》1958年9月15日

9. 王永运：《谈昆曲〈红霞〉的改编及其它》，载《百花》1960年第2期

10. 马少波：《雪山绿遍长安柳——谈昆剧〈文成公主〉》，载《北京晚报》1960年4月10日

11. 常任侠：《观昆剧〈文成公主〉四绝》，载《文汇报》1960年5月3日

12. 陈延龄：《独具一格的昆曲〈文成公主〉》，载《戏剧报》1960年第12期

13. 张真：《看昆曲新翻〈李慧娘〉》，载《戏剧报》1961年第15、16期

14. 《昆曲〈李慧娘〉别具一格——市文联就剧本改编问题举行座谈》，载《北京晚报》1961年9月9日

15. 孟庆林：《苦下功夫继承前辈艺术　看昆曲〈李慧娘〉表演》，载《北京晚报》1961年9月9日

16. 程弘：《从〈李慧娘〉看戏曲的推陈出新》，载《北京晚报》1961年9月15日

17. 杨宪益：《红梅旧曲喜新翻——昆曲〈李慧娘〉观后感》，载《剧本》1961年第10期

18. 郦青云：《谈谈李慧娘的"提高"》，载《戏剧报》1962年第5期

19. 吴芝：《评昆曲〈红霞〉》，载《上海戏剧》1963年第11期

20. 长乙：《打开心灵的"锁"——看昆曲〈师生之间〉》，载《北京晚报》1964年2月20日

21. 殷怀振：《我爱这古琴的新声——喜看昆曲〈师生之间〉》，载《北京晚报》1964年2月22日

22. 高汉：《长使人间忆鬼雄——昆剧〈李慧娘〉复演观后》，载《光明日报》1979年6月15日

23陈毅：《在戏曲编导工作座谈会上的讲话（一九六一年三月二十二日）》，载《中国文艺年鉴1981》，文化艺术出版社1982年版

24. 陈玉和：《李淑君委员在市政协分组讨论会上说 昆曲要改革 不改革没有出路》，载《北京日报》1984年4月2日

25. 陈迩冬：《满庭芳·北方昆曲剧院上演孟超同志新编〈李慧娘〉》，载《〈东风〉旧体诗词选》，《光明日报》文艺部编，光明日报出版社1985年版

26. 陈迩冬：《〈李慧娘〉观后》，载《〈东风〉旧体诗词选》，《光明日报》文艺部编，光明日报出版社1985年版

27. 赵景深：《北昆与推陈出新》，载《中国戏曲丛谈》，赵景深著，齐鲁书社1986年版

28. 孔相如：《昆曲大家韩世昌》，载《人民日报》（海外版）1989年2月25日

29. 石椿年：《李淑君校友的艺术生涯》，《辅仁校友通讯》总第11期，辅仁大学校友会编，1989年10月

30. 宋铁铮：《充满温馨情调的家庭悲喜剧》，载《京剧流派剧目荟萃》（第二辑），文化艺术出版社1990年版

31. 刘乃崇：《〈优孟衣冠八十年〉读后杂感》，载《优孟衣冠八十年》，侯玉山口述，刘东升整理，中国戏剧出版社1991年版

32. 毛毛：《我的父亲邓小平》，载《文汇报》1993年8月17日

33. 穆欣：《鬼戏〈李慧娘〉冤案画上句号》，载《炎黄春秋》1994年第10期

34. 穆欣：《孟超〈李慧娘〉冤案始末》，载《新文学史料》1995年第2期

35. 葛献挺：《新长安大戏院开幕忆旧》，载《炎黄春秋》1996年第12期

36. 韩世昌口述，张琦翔整理：《我的昆曲艺术生活》，载《荣庆传铎》，王蕴明主编，华龄出版社1997年版

37. 邓友梅：《无事忙侃山（上）》，载《小说杂拌》，燕山出版社1997年版

38. 丛兆桓：《北昆思忆》，载《中国戏剧》1997年第8期

39. 彭荆风：《愿"京娘"无恙——忆李淑君》，载《新民晚报》1997年10

月17日

40. 杨仕：《北昆薪火——记韩世昌与李淑君》，载《兰》1997年2、3期

41. 丛兆桓：《关于昆剧〈李慧娘〉》，载《新文化史料》1999年第3期

42. 丛兆桓：《北昆史话》，载《兰》1999年第4、5期合刊

43. 倪征燠：《淡泊从容莅海牙》，法律出版社1999年版

44. 夏荷：《昆剧表演艺术家李淑君追记》，载《艺苑往事：连云港文史资料》，第16辑

45. 杨仕：《李淑君〈惊梦〉表演艺术浅析》，载《兰》2003年第3期。

46. 张允和：《1957年5月17日日记》，载《昆曲日记》，张允和著，欧阳启名编，语文出版社2004年版

47. 孙邦华：《北京辅仁大学丰富多彩的文体活动》，载《北京档案史料》2005年第2期

48. 陈福康整理：《郑振铎一九五八年日记选》，载《出版史料》2005年第4期

49. 张善荣：《我的舞蹈摇篮曲》，载《新中国舞蹈艺术的摇篮》，主编田静、李百成，中国文联出版社2005年9月版。

50. 田静：《吴晓邦主持的舞蹈运动干部训练班》，载《新中国舞蹈艺术的摇篮》，主编田静、李百成，中国文联出版社2005年9月版

51. 钟鸿：《风雨半支莲》，华龄出版社2006年版

52. 丛兆桓口述，陈均整理：《我所亲历的"李慧娘"事件》，载《新文学史料》2007年第2期

53. 陈均、杨仕：《歌合何处》，人民文学出版社2007年版

54. 周长江：《记看侯永奎最后一次演〈四平山〉》，未刊

55. 丛兆桓：《北方昆曲剧院〈大事记〉（1949—1985）》，未刊

四、音像资料

1. 《昭君出塞》（李淑君），唱片，1960年录制出版，中国唱片厂

2. 《千里送京娘》（侯永奎、李淑君），唱片，1962年录制，中国唱片厂

3. 《红霞》，唱片，1964年录制，1965年出版，中国唱片厂

4. 《千里送京娘》（李淑君、侯少奎），磁带，1979年录制发行，香港"百利唱片公司"

5. 《千里送京娘》（李淑君、侯少奎），小薄膜唱片，1979年录制发行，中国唱片厂

6. 《〈桃花扇〉插曲》（李淑君演唱），DVD，电影《桃花扇》，西安电影制片厂1963年上映，中影音像出版社

7. 《胡笳十八拍》（李淑君配唱），DVD，电影《蔡文姬》，北京电影制片厂1978年上映，中影音像出版社

8. 《血溅美人图》彩色戏曲电影艺术片，中央新闻纪录电影制片厂1980年上映，未出版

9. 《李慧娘》（李淑君、周万江、丛兆桓），磁带，北京音像公司，1989年

10. 《千里送京娘》（侯永奎、李淑君录音，侯少奎、史红梅录像），天津市文化艺术音像出版社，为《中国京剧音配像精粹（昆曲专集）》之一

11. 《千里送京娘》（李淑君、侯少奎），VCD，《（昆曲）浣纱记·寄子、游街、千里送京娘》，人民音乐出版社出版，为《中华地方戏曲经典大观》之一

12. 《游园惊梦》［皂罗袍］（李淑君），CD，《中国戏宝——昆曲精粹》，广东珠江音像出版社

13. 《千里送京娘》（李淑君、侯少奎），DVD，北京文化艺术音像出版社，2006年，为《大江东去浪千叠——著名昆曲表演艺术家侯少奎舞台艺术专辑》之一

14. 《游园惊梦》（李淑君、李倩影、朱心），VCD，北京电视台1989年摄录，未出版

此外，流传于世的还有《百花记》、《李慧娘》、《文成公主》、《血溅美人图》（舞台版）实况录音等，中国艺术研究院图书馆存有《昭君出塞》、《游园惊梦》、《百花赠剑》、《相梁刺梁》、《红霞》、《百花记》、《文成公主》、《师生之间》、《血溅美人图》等剧的录音。

后　记

　　三年前的今日，恰好是完成初稿的日子。同样的电扇疯转的夏夜，我再次回到我所叙述的李淑君往事。

　　在本书的"引子"中，我写到初次见到李淑君老师时的情景，其时让我震惊的不仅是她与想象的巨大反差，还有其中所呈现出的时代变迁之中人的命运。

　　那些日子里，正好每周只有两节课，剩余的四个工作日，我便两天去做采访——访问李淑君，以及她的中学、大学同学，剧院同事；两天去首都图书馆查阅上世纪五六十年代的报刊。休息日便整理录音和旧刊资料。内子正处孕期，亦是从旁协助，默默且温婉，有时还一起去拜访各位先生（如今小女已是言笑晏晏）。如是，整整三个月飞快地流去了。

　　之后，我决定采取读者诸君所见到的此种方式来写作这本评传。一是因为有感于时下传记尤其是戏曲演员传记中的"虚构"，希望用确凿的材料、实证的态度来展示历史的"真实面貌"——尽管历史据言都是重新建构之叙述，但我仍寄冀于趋近历史之真实；另一原因是也确实只能如此，当我整理完六次采访李淑君老师的录音，发现言辞断续破碎，且多有重复，着实难以构成篇章。而且，在一些关键问题上，如致使李淑君多次发病的原因、李淑君与高层领导人之间的关系等，各方说法又大相径庭，且多牵涉在世者，真是让人头疼得难以处理。

　　当我看到台湾洪惟助教授于1992年采访李淑君的记录，不禁羡慕于这次比我早了15年的采访，因为洪教授必定亲耳倾听过李淑君如黄莺般婉转的嗓音（我仅在一盘磁带中听到），还因为很多属于记忆的细节已然流逝，不复再回……

感谢李淑君的中学时代的"闺蜜"王群兰老师，感谢李淑君当年的搭档丛兆桓、周万江两位先生，他们热烈且细致的回忆被我投射入由旧刊材料营造的氛围，而得以编织出彼一时代的"李淑君"，因而重现出李淑君老师丰富、曲折又艰难的艺术生涯，这亦是昆曲在彼一时代的命运之侧面。但又正如苏轼诗云："人间无正味，美好出艰难。"

感谢时任北昆剧院院长的刘宇宸先生，当初正是由于他的支持，才有了写作这本评传的契机。感谢李淑君的老友、老戏迷杨仕老师，她一直推动李淑君传记的写作，参加了对李淑君的部分采访，并提供了相关资料。感谢李淑君的中学同学刘桂芬，中戏崔承喜舞研班同学张善荣，曾任北京政协秘书长的郑炳然，剧院同事顾凤莉、侯长治、白士林、李倩影、侯广有、张毓雯等，江苏省昆剧院的胡锦芳，李淑君的学生董萍，他们的回忆不仅化为这本传记中弥足珍贵的细节，而且给了我一种对于围绕着李淑君的"人和事"的多层面的观照。

感谢李淑君的女儿唐小君，她富于理解地支持了这些采访和传记写作，尽管带着忧虑。在我最后一次采访李淑君时，她忧心忡忡地问我采访何时能结束，并担心采访的刺激会导致李淑君的病情复发。此时我能感觉到女儿之于母亲的一片好意。

自前岁起，李淑君不再居于崇文门的那座有着高高楼梯的楼房，而是住到了郊区的养老院。据说，新的生活使她的精神面貌大为改观。前些时候，丛兆桓先生参加了北昆剧院杨凤一院长为李淑君组织的祝寿会，回来便说李淑君的身体比两年前更好。有一次在网络上，我还看到一位医院的护士说，李淑君到她们那儿补牙，笑着自称是"李淑君"……祝福她能享受平静且幸福的晚年，而且当闲暇时拿起这本书，能够回想起年轻美妙的时刻，那些演唱昆曲的美好日子。

最后，感谢王若皓先生推荐此书，更要感谢中国戏曲学院的谢柏梁教授将本书纳入《中国京昆艺术家传记》丛书，因而使其有机会"行之更远"。

陈 均

于庚寅盛暑

图书在版编目（CIP）数据

仙乐缥缈：李淑君评传 / 陈均著. 一上海：上海古
籍出版社，2011.4
（中国京昆艺术家传记丛书）
ISBN 978-7-5325-5805-6

Ⅰ.①仙… Ⅱ.①陈… Ⅲ.①李淑君—评传
Ⅳ.①K825.78

中国版本图书馆CIP数据核字（2011）第014934号

版面设计：周爱明、鲍秀兰

中国京昆艺术家传记丛书
仙乐缥缈
——李淑君评传

陈 均 著

上海世纪出版股份有限公司
上 海 古 籍 出 版 社　出版
（上海瑞金二路272号 邮政编码200020）
（1）网址：www.guji.com.cn
（2）E-mail:guji@guji.com.cn
（3）易文网网址：www.ewen.cc

上海世纪出版股份有限公司发行中心发行经销
上海丽佳制版印刷有限公司印刷
开本787×1092　1/18　印张14$\frac{4}{18}$　字数250,000
2011年4月第1版　2011年4月第1次印刷
印数　1-1,800
ISBN　978-7-5325-5805-6/J·351
定价：36.00元

如有质量问题，读者可向工厂调换